보물 반야심경

―― **전상역** 지음 ――

보물 반야심경

— 전상억 지음 —

글빛향기

| 머리글 |

　현재 우리나라에서 가장 많이 읽히고 있는 반야심경은 당나라 삼장법사 현장 스님이 단 268자(우리나라 불교에서 제목에 붙인 '마하'를 포함하면 270자)의 한자로 번역해 놓은 반야심경인데, 반야심경은 모든 불교 경전 가운데서도 가장 짧은 경전이다.

　이 반야심경은 대승불교 경전이기도 하지만 대승불교와 소승불교를 떠나 팔만대장경이라는 방대한 양의 석가모니 부처님 가르침을 관통하는 근본 진리와 지혜와 수행 방법을 함축하고 있는 불교의 핵심 중의 핵심 경전이다.

　그런데 출가 수행자도 아니고 그저 평범한 불자인 필자가 반야심경을 우리말로 해설해 보겠다고 결심을 하게 된 이유는, 석가모니 부처님의 이 위대한 가르침을 제대로 알리는 데 미력이나마 일조하여, 필자가 그랬던 것처럼 많은 분들이 불교를 더욱 사랑하게 되어 진정으로 자유와 평화와 행복을 맛보게 되고, 나아가 세상을 살기 좋아지도록 하는 데 조금이라도 도움이 될 수 있다면 일생에 더 바랄 것이 없다고 생각했기 때문이다.

　불자로서 부끄러운 얘기지만, 필자가 30대 젊었을 때에 가깝게 지내던 지인이 필자에게 반야심경 내용이 무엇인지 좀 설명해 달라고 한 적이 있었는데, 그때 겨우 해준다는 말이 "부모님 따라

1년에 한두 번 부처님 오신 날 같은 때에만 절에 다니는 정도라서 자세한 내용은 잘 모른다"고 둘러댄 일이었다.

그 이후로 좀 창피하기도 해서 반야심경 책을 사다가 열심히 줄도 쳐가며 읽어보기도 하고, 직장 불자회에서 반야심경 강의도 좀 들었지만 내용이 알쏭달쏭하여 마음에 다가오질 않아 필자의 소양 부족을 탓하며 불교가 아닌 다른 깨달음의 방법은 없는지 찾아다니다 보니 어느새 환갑도 넘긴 나이가 되었다.

'마음의 대자유를 얻지 못하면 출세한들 무슨 의미가 있나? 마음의 대자유를 얻을 수만 있다면 억만금을 주어도 아깝지 않겠다'는 생각으로 마음 수행에 관심을 가지고 살아오면서, 그래도 가끔씩 불교방송 TV를 시청하거나 불교방송 라디오도 들었다.

2020년 5월에는 BTN 불교방송 TV에서 방영한 석가모니 부처님의 일대기 장편 드라마인 「드라마 붓다」를 주중과 주말에 걸쳐 1회도 빠뜨리지 않고 재방송까지 반복해 보면서 보석 같고 감로수와도 같은 부처님 말씀들을 잊을까 봐 노트에 깨알같이 받아 적기도 하였고, BBS 불교방송 만공회에도 가입하여 부처님 가르침의 끈을 놓지 않은 채 나름대로 필자 스스로 몸과 마음을 관찰하고 수시로 떠오르는 생각들을 기록해가며 생활을 해온 덕분에 몸의 건강과 마음의 평화를 조금이나마 관리할 수 있을 정도로 발전하였다고 생각하게 되었다.

그러던 차에 2022년 9월 어느 날 석가모니 부처님 가르침의 효과에 대한 믿음과 확신이 들게 되어 기존에 시중에 나와 있는 해설들을 토대로 하되 필자가 이해하는 방법으로 반야심경을 우리말로 해설해 보아야겠다는 결심을 하게 되었다.

석가모니 부처님께서도, "책에서 읽은 것이거나 현자나 붓다의 말이라도 믿지 마라. 점검하고 확인해 본 다음에 비로소 믿어라. 어떤 지식이라도 확인 없이 그냥 믿지 마라. 스스로의 지성과 자기 지혜로 확인한 후 비로소 믿어라. 깨달음의 길에서 누구를 만나든 그를 바로 받아들이지 마라. 깨달음의 길에서 붓다나 아버지를 만나도 그에게 미혹되지 마라. 누구에게도 매이지 말고 자유롭고 당당하게 살아라"라고 말씀하신 데 힘입어 용기를 내게 되었다.

마치, 미당 서정주 시인의 시(詩) 「국화옆에서」에 나오는 '그립고 아쉬움에 가슴 조이던 머언 먼 젊음의 뒤안길에서 인제는 돌아와 거울 앞에 선 내 누님같이 생긴 꽃이여'라는 구절처럼 필자도 마음의 대자유를 찾아 돌고 돌다가 결국은 부처님 앞에 다시 돌아와 합장하고 서있는 느낌이다.

'구슬이 서 말이라도 꿰어야 보배'라는 속담이 있듯이, 이 책에서 해설하는 내용은 기존의 훌륭하신 많은 분들의 글을 참고하되

'석가모니 부처님께서 어떤 뜻으로 이렇게 말씀하셨을까?'라는 생각으로, 필자의 마음에 비추어 석가모니 부처님 가르침의 참뜻을 헤아려가며 써 내려간 내용들이라 필자의 주관이 일부 반영된 내용이 있을 것이니 여러분께서 넓은 아량으로 보아주시면 감사하겠다.

비록 힘은 들었지만, 필자의 인생을 통틀어 보았을 때 이 반야심경 해설서를 쓸 때가 가장 즐겁고 행복한 시간이었다.

이 책 내용의 주요 특징은 다음과 같다.

1. 반야심경은 팔만대장경이라는 방대한 양의 석가모니 부처님 가르침을 관통하는 근본 진리와 지혜와 수행 방법을 단 270자의 한자로 짧게 요약해 놓은 경전이기 때문에 석가모니 부처님의 핵심 가르침들을 알지 못하고서는 아무리 정성껏 반야심경을 읽고 암송하더라도 그 내용을 제대로 알 수가 없다.

이에, 석가모니 부처님의 핵심 가르침인 연기법(緣起法), 십이연기(十二緣起), 사성제(四聖諦), 팔정도(八正道)의 진리와 주요 불교 용어도 설명해 놓아 누구나 관심을 가지고 이 책을 처음부터 읽어가다 보면 반야심경의 내용을 충분히 알 수 있도록 하였다.

2. 한문으로 번역된 반야심경을 읽어야 하는 불편함을 줄여드리기 위해 반야심경에 나오는 한자들의 뜻을 찾아 놓아 누구

든 한자 때문에 반야심경을 읽고 해석하지 못하는 일이 없도록 하였다.

3. 글자도 크게 하여 어르신들도 읽어보시기 편하게 하였고, 다른 책과 언론 보도의 내용 및 깨달음의 명언들도 요소요소에 배치하여 본문 내용을 이해하는 데 도움이 되도록 하였다.

화엄경에 '인생난득(人生難得)이요 불법난봉(佛法難捧)이다'라는 말씀이 나온다. '사람의 몸 받아 태어나기 어렵고 부처님의 법 만나기 어렵다'는 말씀이다.

이처럼 만나기 어려운 불법(佛法)을 필자가 만나게 된 것은 어머니 덕분이다. 필자가 초등학교 1학년 때쯤 어머니께서 불자이신 이웃집 할머니께 절에 가실 때 어머니도 좀 데려가 달라고 부탁해 집 근처인 인천 부평 산곡동 산골짜기(현재 명신여고 뒷산)에 있던 영덕사(靈德寺)라는 절에 다니기 시작하면서 처음으로 불교와 인연을 맺게 된 것이다.

절이라고 해야 비구니 스님인 혜원(慧元, 1999.1.28. 입적) 스님 한 분이 흙벽돌을 손수 찍어 지은 방 한 칸, 부엌 한 칸의 작은 오두막 같은 절이었다고 한다. 이후 명신여고가 들어서면서 산에서 나올 수밖에 없게 되자 스님께서 불상을 등에 업고 산에서 내려와 몇 군데 옮겨 다니다 산곡동 산자락 아래 동네의 민가를 구입해 정착하게 되었다.

혜원 스님께서 입적하신 후에는 스님의 상좌인 선봉(先峰) 스님께서 이어 오시다가 재개발사업으로 2018년에 헐리게 되었고, 그 보상비로는 인근에서 절터를 구하기 어렵게 되자 세종시로 옮겨 용운사(龍雲寺)라는 이름으로 혜원 스님의 구도심(求道心)을 이어가고 계신다.

영덕사의 주지이셨던 혜원 스님은 작은 체구임에도 추운 겨울에 산속 계곡물로 목욕을 하고 기도를 올리실 정도로 구도심이 강한 분이셨다. 우리 집에도 여러 번 다녀가셨고 어머니와 필자가 아플 때도 낫도록 애써주셨다.

혜원 스님께서는 필자가 초등학교 2, 3학년 때쯤 우리 집에 오셨다가 저만치 걸어오는 필자를 보시고는 얼굴에서 광채가 나는 것이 이다음에 크면 큰스님이나 법사가 되겠다고 말씀하셨다는데 필자는 얼마 전까지만 해도 반야심경도 제대로 외우지 못할 정도였기에 스님께서 잘못 말씀하신 것이라고 생각해 왔었다. 그런데 비록 큰스님이나 법사와는 거리가 멀지만 지금 이렇게 반야심경 해설서를 쓰게 될 줄이야…

그렇게 어머니께서 영덕사에 다니시게 되면서 아버지와 필자 형제도 불자가 되었다. 이러한 인연으로 필자의 형제는 결혼해서도 아내와 아이들을 데리고 부모님과 함께 매년 사월초파일 부처님 오신 날에는 영덕사에 가서 혜원 스님과 선봉 스님께서 주관하시는 봉축법요식에도 참석하고, 아기 부처님의 정수리에 물을 부어 몸을 씻어드리는 관불(씻을 관灌, 부처 불佛)의식에도 참여

한 후에 신도님들과 여기저기 모여 앉아 비빔밥과 절편을 맛있게 먹던 기억이 아직도 새록새록하다.

 지금은 어머니께서도 많이 연로하시게 되었지만 오래전부터 집안의 방 한 칸에 조그만 기도방을 마련하여 새벽과 오후에 기도와 염불을 열심히 해오고 계신다. 그리고 다른 방송은 거의 시청하지 않으시고 불교방송만 주로 틀어놓고 사신다. 그만큼 불자로서의 신행생활이 어머니 삶의 전부라고 할 수 있을 정도이다.

 이 부처님 석상은 필자가 초등학교 2학년 때쯤 동네 근처 폐장된 채석산(採石山)에 동생과 놀러 갔다가 주워온 돌 3개를 그대로 상체, 하체, 좌대로 맞춰 필자가 아교로 붙여 만든 불상(佛像)으로서 필자의 모친께서 50여 년간을 모시며 기도해 오고 계시는 불상이다.

 이렇게 영덕사 주지 혜원 스님과 선봉 스님은 부모님과 필자에게 부처님 법을 만나게 해주신 고마운 분들이시다. 이 지면을 빌어 감사의 말씀을 올린다.

그리고 이 책을 쓰는 과정에서 큰 도움을 주시고 부처님 가르침 열심히 공부하라며 격려해 주신 대한불교조계종 미래본부 사무총장 성원(性圓) 스님과, 이 책이 대중들에게 부처님의 가르침을 널리 알리는 데 도움이 되길 바란다며 추천사를 써주신 동국대학교 윤재웅 총장님께도 감사의 말씀을 올린다.

또한 한국아파트신문 홍권희 사장님과 아라크네 출판사 김연홍 사장님 등 이 책이 나오기까지 여러 가지로 조언을 해주시고 도와주신 많은 분들께도 깊은 감사의 말씀을 올린다.

아울러 필자가 올바르게 공직을 수행하도록 사표(師表)가 되어주시고 늘 깊은 은혜를 베풀어주신 장인 장모님(장인 愚松 高在雄, 장모 蔡英子)과, 필자가 평생을 큰 탈 없이 살아오고 부처님 법을 만날 수 있도록 끊임없는 기도와 헌신적인 사랑을 베풀어주신 부모님(부 蒼田 全炳千, 모 大覺成 金正叔)께 이 책을 바친다.

불기 2568년(단기 4357년, 서기 2024년) 부처님 오신 날에
전상억 합장

| 추천사 |

   금년 3월 저자를 만난 자리에서 『보물 반야심경』을 쓰게 된 취지와 책 내용 등에 대해 이야기를 나누게 되었다.

   반야심경은 불교 신자가 아니더라도 경전의 이름은 들어본 적이 있을 만큼 많이 알려져 있으면서도 그 내용이 심오하여 대부분의 사람들이 독송은 해도 그 내용은 잘 알지 못하는 경우가 많다. 때문에 저자가 어떠한 심정으로 공직에서 퇴직하자마자 반야심경 해설서를 쓰게 되었는지 궁금했다.

   저자는 어려서부터 부모님을 따라 절에 다니기 시작한 불자임에도 가장 기본이 되는 반야심경의 내용도 잘 모르고 있다는 것이 부끄러워 늦게나마 반야심경 공부를 시작하게 되었다고 한다. 그래서 저자 자신이 불교 초보자의 입장에서 반야심경에 대해 궁금한 것들을 찾아 정리하고 사유하며 해설서를 쓰기 시작하였다고 한다. 그러다가 저자의 부모님께도 저자가 공부한 내용을 읽어 보시도록 하면 좋겠다고 생각해 한 편, 두 편 써지는 대로 프린트하여 갖다 드리다 보니 지금의 원고 분량이 되었다고 한다.

   그런데 원고들을 모아 임시 제본한 책자 몇 권을 저자의 부모님께서 가까운 지인들에게 읽어보라고 드렸는데, 그 지인들께서 책의 내용이 알기 쉽게 쓰여 있고 읽다 보면 감동과 힐링을 받게 되어 좋으니 몇 권 더 달라고 했다는 이야기를 전해 들어 이 책을 낼 결심을 하게 되었다고 한다.

저자는 기회가 닿으면 이 책이 군부대와 교도소 등에도 보내져서 많은 이들이 석가모니 부처님의 가르침을 통해 힘과 용기와 지혜를 얻을 수 있기를 바란다고 하였다.

저자가 이 『보물 반야심경』을 쓴 2년여의 기간은 그야말로 인고의 수행 기간이었으리라고 짐작된다. 그 힘든 수행의 결과로 탄생한 이 책이 저자의 바람대로 석가모니 부처님의 가르침을 제대로 전하는 데 쓰여 많은 이들에게 큰 힘과 용기와 지혜를 주었으면 좋겠다.

우리 동국대학교는 1906년 불교계 선각자들이 세운 불교종립대학으로서 부처님 가르침의 핵심인 '깨달음을 얻은 뒤 이웃을 이롭게 하라(상구보리上求菩提 하화중생下化衆生)'를 모토로 35만여 명에 이르는 인재들을 배출하여 한국의 근대화와 민주화의 기틀을 다지는 데 기여했으며 미래를 경영할 새로운 인재를 꾸준히 길러내고 있다. 동시에 한국불교의 발전을 위한 노력을 지속해오고 있다.

불교종립대학인 동국대학교 총장으로서 『보물 반야심경』이 세상에 나올 수 있도록 수고해 주신 저자의 노고에 감사드리며, 이 책이 석가모니 부처님의 가르침을 널리 알려 한국불교 발전에 크게 기여할 수 있기를 진심으로 기원한다.

동국대학교 제20대 총장 윤재웅 합장

| 차 례 |

머리글 _4
추천사 _12
산스크리트어 반야심경 _18
한문 반야심경 _20

1. 반야심경은 지혜와 자비로 중생을 구제해 주는 위대하고 영험한 경전이다 _23

2. 반야심경의 제목은 어떻게 지어졌나? _35

3. 불경번역가 삼장법사 구마라집과 삼장법사 현장 _41
　① 삼장법사(三藏法師)란? _41
　② 삼장법사 구마라집(鳩摩羅什)은 어떤 분인가? _44
　③ 삼장법사 현장(玄奘)은 어떤 분인가? _50

4. 삼장법사 현장의 경전 번역 5대 원칙 _55

5. 대승불교와 소승불교는 어떻게 다른가? _62

6. 불기, 서기, 단기는 어떻게 다른가? _73
　① 불기(佛紀)란? _74
　② 서기(西紀)란? _75
　③ 단기(檀紀)란? _80

7. 석가모니 부처님의 탄생과 열반 _87

8. 석가모니 부처님의 고행과 명상 _110

9. 연기법(緣起法)을 알면 석가모니 부처님의 가르침이 보인다 _125

10. 연기법과 십이연기, 사성제와 팔정도를 공부하면 무지(無知)가 없어진다 _152

11. 팔정도는 쾌락이나 고행에 치우치지 않는 중도(中道)의 수행 방법이다 _169

12. 오온(五蘊)을 알면 몸과 마음이 보인다 _189

13. 반야바라밀다는 번뇌와 고통에서 벗어날 수 있는 해탈의 지혜를 완성해가는 수행 방법이다 _215

14. 모든 고통은 그 발생 원인을 없애면 소멸시킬 수 있다 _254

15. 여시아문(如是我聞) : 이와 같이 나는 들었다 _265

16. 반야심경 해설 _273
    ① 반야심경의 문장구조 _282
    ② 경의 제목 : 마하반야바라밀다심경(摩訶般若波羅蜜多心經) _285
    ③ 관자재보살(觀自在菩薩) _288
    ④ 행심반야바라밀다시(行深般若波羅密多時) _302
    ⑤ 조견오온개공 도일체고액(照見五蘊皆空 度一切苦厄) _304
    ⑥ 사리자 색불이공 공불이색 색즉시공 공즉시색 수상행식 역부여시(舍利子 色不異空 空不異色 色卽是空 空卽是色 受想行識 亦復如是) _313
    ⑦ 사리자 시제법공상 불생불멸 불구부정 부증불감(舍利子 是諸法空相 不生不滅 不垢不淨 不增不減) _320

⑧ 시고 공중무색 무수상행식 무안이비설신의 무색성향미촉법 무안계 내지 무의식계(是故 空中無色 無受想行識 無眼耳鼻舌身意 無色聲香味觸法 無眼界 乃至 無意識界) _323

⑨ 무무명 역무무명진 내지 무노사 역무노사진(無無明 亦無無明盡 乃至 無老死 亦無老死盡) _328

⑩ 무고집멸도 무지역무득(無苦集滅道 無智亦無得) _334

⑪ 이무소득고 보리살타 의반야바라밀다고(以無所得故 菩提薩埵 依般若波羅蜜多故) _335

⑫ 심무가애 무가애고 무유공포 원리전도몽상 구경열반(心無罣礙 無罣礙故 無有恐怖 遠離顛倒夢想 究竟涅槃) _337

⑬ 삼세제불 의반야바라밀다고 득아뇩다라삼먁삼보리(三世諸佛 依般若波羅蜜多故 得阿耨多羅三藐三菩提) _339

⑭ 고지 반야바라밀다 시대신주 시대명주 시무상주 시무등등주 능제일체고 진실불허(故知 般若波羅蜜多 是大神呪 是大明呪 是無上呪 是無等等呪 能除一切苦 眞實不虛) _340

⑮ 고설 반야바라밀다주 즉설주왈 아제아제 바라아제 바라승아제 모지 사바하(故說 般若波羅蜜多呪 卽說呪曰 揭諦揭諦 波羅揭諦 波羅僧揭諦 菩提 娑婆訶) _345

17. 필자의 반야심경 한글 해설문 _351

참고문헌 _359

प्रज्ञापारमिताहृदयसूत्रम्

- 아래는 산스크리트어 반야심경 원문의 발음을 영문자로 표기한 것임 -

Prajñāpāramitā-Hṛdaya Sūtra

Namas Sarvajñāya.

āryā-avalokiteśvaro bodhisattvo gambhīrāyāṃ prajñāpāramitā-caryāṃ caramāṇo vyavalokayati sma: pañca-skandhās, tāṃśca svabhāva-śūnyān paśyati sma.

iha Śāriputra rūpaṃ śūnyatā śūnyataiva rūpam. rūpān na pṛthak śūnyatā, śūnyatāyā na pṛthak rūpam. yad rūpaṃ sā śūnyatā, yā śūnyatā tad rūpam: evam eva vedanā-saṃjñā-saṃskāra-vijñānam.

iha Śāriputra sarva-dharmāḥ śūnyatā-lakṣaṇā anutpannā aniruddhā amalā avimalā nonā na paripūrṇāḥ. tasmāc Śāriputra śūnyatāyāṃ na rūpaṃ na vedanā na saṃjñā na saṃskārā na vijñānam. na cakṣuḥ-śrotra-ghrāṇa-jihvā-kāyamanāṃsi, na rūpa-śabda-gandha-rasa-spraṣṭavya-dharmāḥ, na cakṣur-dhātur yāvan na mano-vijñāna-dhātuḥ.

na vidyā nāvidyā na vidyākṣayo nāvidyākṣayo yāvan na jarā-maraṇaṃ na jarā-maraṇa-kṣayo na duḥkha-samudaya-nirodha-mārgā, na jñānaṃ na prāptiḥ.

tasmād aprāptitvād bodhisattvānāṃ prajñāpāramitām āśritya viharaty a-cittāvaraṇaḥ. cittāvaraṇa-nāstitvād atrasto viparyāsātikrānto niṣṭhanirvāṇaḥ. tryadhvavyavasthitāḥ sarva-buddhāḥ prajñāpāramitām āśrityānuttarāṃ samyaksambodhim abhisambuddhāḥ.

tasmāj jñātavyaṃ: prajñāpāramitā mahā-mantro mahā-vidyā-mantro nuttara-mantro samasama-mantraḥ, sarva-duḥkha-praśamanaḥ. satyam amithyatvāt. prajñāpāramitāyām ukto mantraḥ tad yathā:

gate gate pāra-gate pāra-saṃgate bodhi svāhā.

iti prajñāpāramitā-hṛdayaṃ samāptam.

출처 : (사)한국불교연구원 불연 이기영 박사 역해 『반야심경』

摩訶般若波羅蜜多心經
마하반야바라밀다심경

觀自在菩薩 行深般若波羅密多時 照見五蘊皆空 度一切苦厄
관자재보살 행심반야바라밀다시 조견오온개공 도일체고액

舍利子 色不異空 空不異色 色卽是空 空卽是色 受想行識 亦復如是
사리자 색불이공 공불이색 색즉시공 공즉시색 수상행식 역부여시

舍利子 是諸法空相 不生不滅 不垢不淨 不增不減 是故 空中無色 無受想行識
사리자 시제법공상 불생불멸 불구부정 부증불감 시고 공중무색 무수상행식

無眼耳鼻舌身意 無色聲香味觸法 無眼界 乃至 無意識界
무안이비설신의 무색성향미촉법 무안계 내지 무의식계

無無明 亦無無明盡 乃至 無老死 亦無老死盡 無苦集滅道 無智亦無得
무무명 역무무명진 내지 무노사 역무노사진 무고집멸도 무지역무득

以無所得故 菩提薩埵 依般若波羅蜜多故 心無罣礙 無罣礙故 無有恐怖 遠離顚倒夢想 究竟涅槃

이무소득고 보리살타 의반야바라밀다고 심무가애 무가애고 무유공포 원리전도몽상 구경열반

三世諸佛 依般若波羅蜜多故 得阿耨多羅三藐三菩提
삼세제불 의반야바라밀다고 득아뇩다라삼먁삼보리

故知 般若波羅蜜多 是大神呪 是大明呪 是無上呪 是無等等呪 能除一切苦 眞實不虛
고지 반야바라밀다 시대신주 시대명주 시무상주 시무등등주 능제일체고 진실불허

故說 般若波羅蜜多呪 卽說呪曰, 揭諦揭諦 波羅揭諦 波羅僧揭諦 菩提 娑婆訶
고설 반야바라밀다주 즉설주왈, 아제아제 바라아제 바라승아제 모지 사바하

1. 반야심경은 지혜와 자비로 중생을 구제해 주는 위대하고 영험한 경전이다

　석가모니 부처님께서는 반야심경에서 조견오온개공(照見五蘊皆空)하여 도일체고액(度一切苦厄)하라고 말씀하셨다.

　이는 무지(없을 무無, 알 지知 : 아는 것이 없음)를 없애는 연기법과 십이연기, 사성제와 팔정도의 진리를 토대로 타당한 이치로써 관찰하여 해탈의 지혜를 완성해가는 반야바라밀다 수행 방법인 조견(照見)을 통해 오온(五蘊)의 상태를 깊이 관찰해 보라고 말씀하신 것이다.

　그리하여 조견을 통해 오온의 상태를 깊이 관찰해 보면, 무지로 인한 무명(없을 무無, 밝을 명明 : 밝음이 없음)의 어리석음에서 벗어날 수 있게 되어 그동안 무지와 무명의 어리석음 때문에 생긴 탐진치(탐낼 탐貪, 성낼 진瞋, 어리석을 치癡) 번뇌가 사라지게 된다고 말씀하신 것이다.

　그리고 탐진치 번뇌가 사라지니, 탐진치 번뇌로 인한 그릇된 상상(想像 : 실제로 경험하지 않은 것을 마음속으로 그려봄)이나 연상(聯想 : 어떤 것과 연계하여 다른 것을 마음속으로 떠올려봄)이나 회상(回想 : 지난 일을 마음속으로 돌이켜봄) 등의 망상(妄想)을 하지 않게 되어, 그릇된 상상이나 연상이나 회상 등의 망상이 오온에 작용하여 생긴 그릇된 인식 때문에 몸과 마음에서 일어나는 현상인 그릇된 허상(빌 허虛, 형상 상像 : 실제 없는 것이 있는 것처럼 나타나 보이거나 실제와는 다른 것으로 드러나 보이는 모습)도 사라지게 된다고 말씀하신 것이다.

그렇게 그릇된 허상이 사라지니, 그 그릇된 허상이 일어나기 전에 있던 그대로의 존재의 본래 모습인 실상(실제 실實, 모습 상相 : 실제 있는 그대로의 참모습)이 드러나게 되는 청정한 공(빌 공空)의 상태로 돌아가게 됨을 꿰뚫어 볼 수 있게 된다고 말씀하신 것이다.

그와 같이 그릇된 허상이 사라지고 실상만이 남은 상태인 공의 상태로 돌아가게 됨으로써, 그동안 탐진치 번뇌로 인한 그릇된 상상이나 연상이나 회상 등의 망상에 의한 그릇된 인식 때문에 일어난 그릇된 허상에 집착하게 되어 생긴 일체의 모든 고(苦 : 고통, 괴로움)와 액(厄 : 액운, 재앙)에서 벗어나 해탈할 수 있게 된다는 불멸의 진리를 말씀하신 것이다.

이 말씀은 바다에서 파도가 일어났다가 사라지게 되는 과정에 비유할 수 있는데, 이를테면, 고요하고 잔잔하던 바다(색수상행식의 오온, 실상)에 거친 바람(탐진치 번뇌로 인한 그릇된 상상이나 연상이나 회상 등의 망상에 의한 그릇된 인식)이 불어닥쳐 일어난 성난 파도(허상)가 바람이 지나가서 사라진 상태(공의 상태)가 되어, 파도가 일어나기 전의 고요하고 잔잔하던 바다(색수상행식의 오온, 실상)로 돌아가게 되는 과정에 비유할 수 있는 것이다.

따라서 반야심경은 모든 고통의 원인인 탐진치(貪瞋 : 탐욕·그릇된 욕심, 진瞋 : 성냄·분노, 치癡 : 어리석음) 번뇌의 속박과 그로 인한 고통으로부터 벗어나 해탈하여 보살이 되고 부처가 될 수 있는 성불(成佛)의 수행 방법을 알려 주는 위대한 경전인 동시에, 이 불멸의 가르침에서 나오는 불가사의한 힘으로 액운이나 재앙을 막아주고 소원을 이룰 수 있게 해주는 영험(靈驗)한 경전이므로 인류의 보물(寶物)인 것이다.

석가모니 부처님께서도 반야심경에서 "보리살타 의반야바라밀다고 심무가애 무가애고 무유공포 원리전도몽상 구경열반 삼세제불 의반야바라밀다고 득아뇩다라삼먁삼보리 고지 반야바라밀다 시대신주 시대명주 시무상주 시무등등주 능제일체고 진실불허(菩提薩埵 依般若波羅蜜多故 心無罣礙 無罣礙故 無有恐怖 遠離顚倒夢想 究竟涅槃 三世諸佛 依般若波羅蜜多故 得阿耨多羅三藐三菩提 故知 般若波羅蜜多 是大神呪 是大明呪 是無上呪 是無等等呪 能除一切苦 眞實不虛)"라고 말씀하셨다.

이 말씀의 내용을 간략하게 간추리면, "보살이나 과거, 현재, 미래의 모든 부처님도 반야바라밀다 수행 방법을 통해서만 사바세계의 탐진치 번뇌를 소멸하고 고통에서 완전히 벗어나 해탈하여 열반에 이를 수 있는 것이며, 가장 높고 완전한 바른 깨달음인 아뇩다라삼먁삼보리를 얻을 수 있는 것이니, 반야바라밀다 수행 방법은 마치 가장 신령하고, 가장 밝으며, 더이상 위도 없고, 무엇과도 비교할 수 없는 전능(全能)한 주문과도 같아서 능히 본래의 모습인 실상을 드러나게 하고 그릇된 모습인 허상을 사라지게 하여 일체의 모든 고통을 없애주는 효능이 있다는 것을 잘 알고 명심하라"는 말씀이다.

따라서 모든 고통의 원인인 탐진치 번뇌가 왜 일어나는지, 탐진치 번뇌를 어떻게 없애야 하는지를 알려주는 반야심경을 공부하고 반야심경에서 알려주는 반야바라밀다 수행 방법을 일상에서 꾸준히 실천한다면, 스스로 탐진치 번뇌와 고통에서 벗어나 해탈할 수 있는 지혜를 얻을 수 있게 되어 허상으로 인한 망령되고 헛된 몽상과도 같은 그릇된 생각에 사로잡히지 않게 됨으로써 삶 속에서 부닥치는 온갖 번뇌와 고통들로부터 벗어나 자유와 평화와 행복의 기쁨을 누구나 맛볼 수 있게 될 것이고 모든 일이 뜻대로 잘 이루어지게 될 것이다. 그래서 반야심경의 제목에도 '마하' 즉 '위대한'이라는 수식어가 붙어있는 것이다.

오늘날 가장 널리 읽히고 있는 한문 반야심경을 번역한 삼장법사 현장 스님이 당나라 때인 629년, 27세의 나이에 목숨을 걸고 사막과 설산과 절벽과 강을 건너며 머나먼 인도로 불법을 구하러 갈 때에도 이 반야심경이 현장 스님을 지켜주었다.

현장이 인도로 가는 길에 들르게 된 어느 외진 고찰에서 병으로 신음하고 있던 늙은 노승을 지극한 정성으로 보살펴 낫게 하였는데, 현장이 불법을 구하러 인도에 가던 길이었다는 것을 알고는 반야심경이 쓰여진 낡은 종이 한 장을 품속에서 꺼내어 건네주면서 이 경전만 지극정성으로 암송하며 길을 가면 무사히 다녀올 수 있을 것이라며 장도(壯途)를 축원해 주었다고 한다. 이에 현장은 인도로 가면서 난관에 부딪힐 때마다 반야심경을 암송하여 위기를 면할 수 있었다고 전한다.

현장의 제자로 현장의 전기인 『대당 대자은사 삼장법사전』을 쓴 혜립(慧立)은 그 전기에서 현장이 사막에서 악귀들을 만났을 때 '관세음보살'의 명호를 읊어도 악귀들을 쫓아낼 수 없었지만 반야심경을 암송하자 악귀들이 모두 사라졌다고 기록하고 있다.

이러한 영험한 이야기는 삼장법사 현장 스님을 주인공으로 하여 16세기 명나라 때 지어진 『서유기(西遊記)』에서도 현장법사가 손오공, 저팔계, 사오정과 함께 불법을 구하러 인도로 가는 길에 반야심경의 가피(加被 : 부처나 보살이 중생에게 힘을 주는 일)로 숱한 죽을 고비와 위험을 벗어나는 것으로 묘사되어 있다.

그 밖에도 반야심경에 관한 영험한 이야기는 무수히 많을 것이나, 여기서는 지면 사정상 두 편의 이야기만 전해 드리고자 한다.

2018년에 94세로 작고하신 한갑진(韓甲振) 거사님(1924~2018년)은 영화사인 한진흥업의 회장으로 「미워도 다시 한 번(1968)」, 「엄마 없는 하늘 아래(1977)」, 「사랑하는 사람아(1981)」, 「난장이가 쏘아올린 작은 공(1981)」, 「은마는 오지 않는다(1991)」, 「김의 전쟁(1992)」 등 수많은 영화를 제작한 유명한 영화제작자이다.

1972년에 거사님의 부친이 83세로 병원에 입원하여 임종을 앞

두고 있었는데 부친은 아무것도 드시질 못하고 팔다리가 점차 싸늘하게 식어가기 시작하였다고 한다.

거사님의 부친께서는 평소 옆으로 누워 주무시던 습관대로 병상에서도 허리와 팔다리를 구부리고 옆으로 누워 계셨는데 임종이 가까워져 옴에 따라 몸도 그대로 굳어져 가더라는 것이었다.

가족들이 구부러진 채로 굳어져 가는 허리와 팔다리를 펴보려고 하였으나 어떻게 할 방도가 없어 이대로 돌아가시면 염습과 입관을 어찌해야 하나 걱정이 이만저만이 아니었다고 한다. 그런데 시간이 갈수록 부친은 가족도 분간하지 못할 지경이 되었다고 한다.

거사님이 걱정스런 마음으로 병실을 서성이던 중 병실 한쪽에 놓여 있는 책상에서 작은 반야심경 책 한 권을 발견하고는 무심코 소리 내어 읽기 시작하여 그냥 읽고 또 읽었다고 한다.

그런데 가족도 알아보지 못하던 부친께서 의식이 돌아와 말씀을 하시더라는 것이다.

"경 읽는 소리가 참 듣기 좋구나" 거사님은 너무도 기쁜 나머지 병상 옆에서 목이 쉬도록 반야심경을 읽고 또 읽어드렸고, 기운이 떨어지자 가족들이 번갈아 가며 반야심경을 읽어드리다가 나중에는 녹음기를 구해와 녹음해서 밤새도록 들려드렸다고 한다.

그러자 고통으로 일그러졌던 부친의 얼굴에 온화한 기운이 감돌고 싸늘하던 몸에도 온기가 돌면서 굽어있던 허리를 펴고 반듯하게 누우시더라는 것이다. 부친은 다음날 아들의 손을 잡고 아주 평온한 모습으로 임종을 맞으셨다고 한다.

이렇게 나이 오십이 가까워서야 불교와 인연을 맺게 된 한갑진 거사님은 부친의 위패를 절에 모시고 49재를 올린 후 1년 동안 하루도 거르지 않고 새벽 기도를 올렸다고 한다. 그리고 집 2층에는 조촐한 법당을 마련하여 매일 새벽 4시가 되면 아침 예불을 드리고 하루 일과를 마친 후에는 저녁 예불을 드렸다고 한다.

그리고 본격적으로 불교 공부를 시작하였고, 나중에는 출판사까지 차려서 『알기쉬운 불교』, 『인도와 불교』, 『부처님의 생애』 등 여러 권의 불교 서적을 저술하였으며, 외국 불교 서적도 번역해 불교를 일반 대중에게 알리는 일에도 힘썼다고 한다.

또한 영화제작자인 거사님은 불교 영화로 「호국팔만대장경」을 제작하였고, 목련존자가 지옥에 떨어진 어머니를 극락세계로 모신 이야기를 담은 영화 「목련구모」도 제작하였다고 한다.

녹음기로 틀어놓은 반야심경 독경 소리만으로도 부친의 굳어버린 몸을 녹여주고 편안하게 임종을 맞이하게 해주는 반야심경의 영험함을 직접 눈으로 보고 체험한 거사님의 불심은 생을 마치신 그날까지 수행과 함께 더욱 깊어져 갔던 것이다.

거사님께서는 생전에 맑은 정신으로 건강하게 장수를 유지할 수 있었던 비결로 부처님의 가르침을 생각하며 사는 불심을 꼽으셨다고 한다.

다음은 『반야심경에서 찾아낸 108가지 성공비법』이라는 책을 쓴 저자인 황태호 거사님의 이야기다.

거사님은 6살 나던 겨울 어느 날 집에서 저녁을 먹다가 갑자기 숨이 끊어져 그의 모친께서 따뜻한 물로 목욕시키고 새 옷으로 갈아입혀 모친의 잠자리에 눕혀놓았다고 한다.

그리고 한겨울인데도 찬물을 길어다 부엌에서 목욕을 하시고는 누워있는 아들 앞에서 잠시 잠깐도 쉬지 않고 밤을 꼬박 새우며 장장 8시간에 걸쳐 반야심경을 독경하셨다고 한다.

다음날 새벽에 죽은 아들을 산에다 묻으러 가려는 순간 마치 한숨 푹 잘 잔 것처럼 아들이 꼼지락거리며 되살아났다는 것이다.

그로부터 지금까지 거사님은 하루도 빼놓지 않고 반야심경 독경 수행을 해오고 있는데, 이 반야심경 독경을 통해 누구나 사랑과 행복 그리고 성공의 주인공이 될 수 있음을 확신하게 되어 이 책을 출간하게 되었다고 하니, 반야심경은 누구나 간절히 봉송하면 액운이나 재앙을 막아 주고 소원을 이룰 수 있게 해주는 불가사의한 힘을 지니고 있음을 보여준다고 하겠다.

이 위대한 반야심경은 대승불교의 반야사상(般若思想)을 담은 총 600권이나 되는 『대반야바라밀다경』의 핵심 가르침을 짧게 요약하여 담은 대승불교 경전으로 본문 260자에 제목 10자(우리나라 불교에서 제목에 붙인 '마하'를 포함)를 포함해 270자밖에 안 되는 가장 짧은 경전이다.

※ **반야사상**(般若思想) : 반야경전을 근본으로 하여 사물의 실상을 파악하고자 하는 대승불교 사상이며, 사물에 대한 분별심 없는 관찰을 통해 그 사물을 있는 그대로 파악할 수 있다고 보는 사상임.

이와 같이 대승불교 경전인 반야심경은 팔만대장경이라는 방대한 양의 석가모니 부처님 가르침을 관통하는 근본 진리와 지혜와 수행 방법의 핵심을 함축해 담은 경전이라서 종파를 초월하여 거의 모든 법회 의식에서 봉독되고 있으며 불자들이나 일반 대중에게 가장 널리 알려져 있고 가장 많이 독송되고 있는 경전이다.

따라서 석가모니 부처님 가르침의 핵심을 담은 이 반야심경 하나만 제대로 공부하면 불교의 깊은 진리를 능히 다 터득할 수 있으므로, 반야심경을 공부하여 그 내용을 아는 것은 불자로서의 기본 소양이고 불자 자신을 위한 가장 큰 축복이며 인류의 스승이신 석가모니 부처님께 대한 기본 도리라고 할 수 있는 것이다.

그러니 불자로서 반야심경 내용을 제대로 알지 못한다면 불자라 하기 부끄러운 일이고 소중한 인생을 헛되이 보내는 것임을 절실히 깨달아 반야심경을 열심히 공부해야 할 것이다.

　※ **불자**(佛子) : 불교신자, 부처의 제자를 일컫는 말

　이 책의 「11. 팔정도는 쾌락이나 고행에 치우치지 않는 중도(中道)의 수행 방법이다」편에서 내용을 소개해 드리고 있는 일본인 에모토 마사루 박사의 세계적인 베스트셀러 책 『물은 답을 알고 있다』는 유리병에 들어 있는 물에게 말을 들려주거나, 글씨를 보여주거나, 음악을 들려준 뒤에 그 물을 얼려서 물 결정 사진을 찍는 실험을 통해 긍정적인 생각과 언어가 물질을 좋은 성질로 바꾸는 힘이 얼마나 대단한지를 잘 보여주고 있다.

　이러한 실험결과는, 세상의 모든 고통을 없앨 수 있는 방법을 찾아낸 후 인류를 고통에서 구제하겠다는 거룩한 자비심으로 그 찾아낸 깨달음의 진리와 지혜와 수행 방법을 전해 주신 석가모니 부처님의 성스러운 가르침이 담긴 불경을 독송하거나 듣는 것만으로도 몸과 마음에 건강과 행복을 가져다줄 것이라는 데에 동의하지 않을 수 없게 한다.

　더욱이, 연기법(緣起法) 등 석가모니 부처님의 가르침은 우주만물의 생성과 소멸에 관한 원리를 담고 있는 불멸의 진리이므로 우주만물에 통하지 않는 데가 없을 것이기 때문이다.

　이와 같이 반야심경 등의 불경을 독송하거나 들을 때, 두 손의 손바닥을 마주하여 붙이되 열 손가락이 서로 떨어지지 않게 붙여

합장한 후 마주한 두 손의 엄지손가락 부분을 좌우의 가슴과 가슴이 만나는 중앙 부분에 살며시 대고 독송하거나 듣고 있으면, 혈액순환이 잘되어 몸이 훈훈해지고 머리도 맑아지며 마음이 편안해진다.

마음이 고요하고 편안한 것이 최상의 극락이라고 하는데, 불경을 많이 읽고 외우고 듣는 것도 건강과 장수와 행복의 비결인 것이다.

〈 합장(合掌) 〉

합장(합칠 합合, 손바닥 장掌, 산스크리트어 : अंजल)은 불가(佛家)에서 인사하거나 절할 때 두 팔을 가슴께로 들어 올려 두 손바닥과 열 손가락을 합하는 인사법을 말한다.

인간은 흔히 '고맙다'는 생각이 들 때에 합장을 하게 된다. 좌우 손바닥에서는 각각 음과 양의 천지자연 에너지인 기(氣)가 방출되고 있어 플러스와 마이너스가 합쳐지면 제로가 된다. 즉 반야심경의 공(空)이라는 무한대의 세계가 합장으로 이루어지는 것이다.

인간의 자세 중 가장 경건한 것이 합장이다. 합장의 자세를 취하면 나쁜 언어나 거친 욕설을 할 수 없다고 윤청광 선생은 『불교를 알면 평생이 즐겁다』에서 강조하고 있다.

우리집에서는 부부싸움이 일어날 것 같으면 서로 합장을 한다. 그러면 이내 긴장이 해소되고 갈등이 해결된다. 그대도 지금 즉시 합장의 위력을 맛보도록 하라!

- 『반야심경에서 찾아낸 108가지 성공비법』 중에서 -

2. 반야심경의 제목은 어떻게 지어졌나?

　기원전 7세기경(B.C. 624년), 즉 지금으로부터 약 2600년 전에 고대 인도에서 태어나 가르침을 펼치며 많은 이들을 교화하다가 80세의 나이로 입멸(B.C. 544년)한 석가모니(Śākyamuni) 부처님께서 창시하신 불교는 세계 여러 곳으로 전파되었다.

　중국에는 서기 1세기 전후에 전래되었고 우리나라에는 서기 4세기 후반부터 전래되기 시작하였는데 고구려와 백제는 중국을 거쳐, 신라는 고구려를 거쳐 전래되었다.

　이처럼 불교가 중국을 거쳐 우리나라로 전래되면서 인도의 산스크리트어(한자로는 '범어梵語'라고도 함)로 쓰여진 불경(佛經)을 중국에서는 한문으로 번역하여 사용하였고, 우리나라에서는 중국에서 들어온 한문 경전의 한자 발음들을 우리말 음으로 바꾸어 사용해 오다가 현재는 한문 경전의 뜻을 우리말로 번역한 한글 경전도 병행하여 사용하고 있다.

　산스크리트(Sanskrit)어로 된 반야심경이 최초로 한문으로 번역된 한역본은 삼장법사 구마라집 스님(鳩摩羅什 344~413년)이 번역한 구마라집 역(번역한 시기는 408년 또는 402~412년 등으로 정확하지 않음)이다.

지금까지 전해져 오는 한문 반야심경은 구마라집 역(통역할 역 譯)을 포함하여 980년대까지 번역된 8종류가 있는데, 이들 8종류의 반야심경 한역본 중에서 가장 많이 알려진 경은 5세기경 요진(姚秦) 즉 후진(後秦, 384~417년) 시대에 삼장법사 구마라집 스님이 최초로 번역한 구마라집 역과 7세기경 당나라 시대에 삼장법사 현장 스님(玄奘, 602~664년)이 번역한 현장 역(번역한 시기는 648년 또는 649년 등으로 정확하지 않음)이며, 그중에서도 우리나라를 비롯한 아시아 대부분의 나라에서 널리 독송되고 있는 경은 현장 역의 반야심경이다.

※ **삼장법사(三藏法師)** : 불경의 3요소 즉 경장, 율장, 논장을 모두 통달한 승려를 높여 부르는 불교 용어

반야심경의 제목을 보면, 산스크리트어로 된 원문의 제목인 『프라즈냐파라미타 흐르다야 수트라(Prajñāpāramitā-hṛdaya Sūtra)』를 구마라집 스님은 『마하반야바라밀대명주경(摩訶般若波羅蜜大明呪經)』으로, 현장 스님은 『반야바라밀다심경(般若波羅蜜多心經)』으로 번역하였다.

그런데 구마라집 스님이 번역한 제목에는 '마하'라는 단어가 있는데 현장 스님이 번역한 제목에는 '마하'라는 단어가 없다. 우리나라에서는 구마라집 역의 제목에 있는 '마하'라는 단어를 현장 역의 제목인 『반야바라밀다심경(般若波羅蜜多心經)』앞에 붙여 『마하반야바라밀다심경(摩訶般若波羅蜜多心經)』이라 부르고 있으며 줄여서 반야심경이라 부르고 있다.

현장 역의 제목인 『반야바라밀다심경(般若波羅蜜多心經)』은 산스크리트어로 된 반야심경 원문의 제목인 『프라즈냐파라미타 흐르다야 수트라(Prajñāpāramitā-hṛdaya Sūtra)』에서, '프라즈냐(prajñā)'와 '파라미타(pāramitā)'는 그 뜻을 번역하지 않고 그 소리 나는 음에 가깝게 '프라즈냐(prajñā)'는 '반야(般若)'로, '파라미타(pāramitā)'는 '바라밀다(波羅蜜多)'로 한문으로 표기한 것이고, '흐르다야(hṛdaya)'와 '수트라(sūtra)'는 그 뜻에 맞는 한문으로 번역하여 '핵심'이라는 의미를 가지고 있는 '흐르다야(hṛdaya)'는 '심(心)'으로, '경전'이라는 의미를 가지고 있는 '수트라(sūtra)'는 '경(經)'으로 표기한 것인데, '심경(心經)'은 현장 스님이 처음으로 사용한 단어다.

사실 산스크리트어로 된 반야심경 원문에는 제목이 없다. 그래서 산스크리트어 반야심경의 끝부분에 '이티 프라즈냐 파라미타 흐르다얌 사마프탐(iti prajñā-pāramitā-hṛdayaṃ samāptam. : 이상으로 반야바라밀다의 핵심을 마친다)'이라고 되어 있는 구절에서 마지막 문구인 '사마프탐(samāptam : 마친다, 끝났다)'을 '수트라(sūtra : 경전)'로 바꾸어 제목(Prajñā-pāramitā-hṛdaya Sūtra : 반야바라밀다심경)으로 삼은 것이다.

우리나라에서 가장 널리 독송되고 있는 현장 역의 반야심경은 한글로도 번역되었는데, 조선 세종대왕 때인 1446년에 훈민정음이 창제되고 1447년부터 한문으로 된 불교 경전을 백성들이 쉽게 알 수 있도록 훈민정음으로 번역하는 불경언해 사업을 펼치게 되면서 세조 때인 1464년에 현장 역의 반야심경을 훈민정음으로 해설한 『반야바라밀다심경언해(般若波羅蜜多心經諺解)』가 간행되었다. 현재에는 「대한불교조계종 우리말 표준 반야심경」이 널리 통용되고 있다.

〈 구마라집역과 현장역의 비교 〉

구마라집 역 반야심경	현장 역 반야심경
摩訶般若波羅蜜大明咒經 **마하**반야바라밀**대명주경**	般若波羅蜜多心經 반야바라밀**다심경**
姚秦 天竺 三藏 鳩摩羅什 譯 요진 천축 삼장 구마라집 역	唐 三藏法師 玄奘 譯 당 삼장법사 현장 역
觀世音菩薩 行深般若波羅**蜜時** 照見**五陰空** 度一切苦厄 **관세음**보살 행심반야바라**밀시** 조견**오음공** 도일체고액	**觀自在**菩薩 行深般若波羅**密多時** 照見**五蘊皆空** 度一切苦厄 **관자재**보살 행심반야바라**밀다시** 조견**오온개공** 도일체고액
舍利**弗** 色空故無惱壞相 受空故無受相 想空故無知相 行空故無作相 識空故無覺相 사리**불** 색공고무뇌괴상 수공고무수상 상공고무지상 행공고무작상 식공고무각상	
何以故 舍利**弗** **非色**異空 **非空**異色 色卽是空 空卽是色 受想行識 **亦如是** **하이고** 사리**불** **비색**이공 **비공**이	舍利子 色不異空 空不異色 色卽是空 空卽是色 受想行識 **亦復如是** 사리**자** **색불**이공 **공불**이색 색즉

색 색즉시공 공즉시색 수상행식 **역여시**	시공 공즉시색 수상행식 **역부여시**
舍利**弗** 是諸法空相 不生不滅 不垢不淨 不增不減 사리**불** 시제법공상 불생불멸 불구부정 부증불감 **是空法 非過去非未來非現在 시공법 비과거비미래비현재**	舍利**子** 是諸法空相 不生不滅 不垢不淨 不增不減 사리**자** 시제법공상 불생불멸 불구부정 부증불감
是故 空中無色 無受想行識 시고 공중무색 무수상행식	是故 空中無色 無受想行識 시고 공중무색 무수상행식
無眼耳鼻舌身意 無色聲香味觸法 無眼界 乃至 無意識界 무안이비설신의 무색성향미촉법 무안계 내지 무의식계	無眼耳鼻舌身意 無色聲香味觸法 無眼界 乃至 無意識界 무안이비설신의 무색성향미촉법 무안계 내지 무의식계
無無明 亦無無明盡 乃至 無老死 **無老死盡** 무무명 역무무명진 내지 무노사 **무노사진**	無無明 亦無無明盡 乃至 無老死 **亦無老死盡** 무무명 역무무명진 내지 무노사 **역무노사진**
無苦集滅道 無智亦無得 以無所得故 **菩薩** 依般若波羅蜜故 心無罣礙 無罣礙故 無有恐怖 무고집멸도 무지역무득 이무소득고 **보살** 의반야바라밀고 심무가애 무가애고 무유공포	無苦集滅道 無智亦無得 以無所得故 **菩提薩埵** 依般若波羅蜜**多**故 心無罣礙 無罣礙故 無有恐怖 무고집멸도 무지역무득 이무소득고 **보리살타** 의반야바라**밀다고** 심무가애 무가애고 무유공포
離一切顚倒夢想苦惱 究竟涅槃 三世諸佛 依般若波羅**蜜**故 得阿	**遠離顚倒夢想** 究竟涅槃 三世諸佛 依般若波羅**蜜多故** 得阿耨多羅三

耨多羅三藐三菩提 **이일체전도몽상고뇌** 구경열반 삼세제불 의반야바라**밀고** 득아뇩다라삼먁삼보리	藐三菩提 **원리전도몽상** 구경열반 삼세제불 의반야바라**밀다고** 득아뇩다라삼먁삼보리
故知般若波羅**蜜** 是大明咒 **無上明咒 無等等明咒** 能除一切苦 고지반야바라밀 시대명주 **무상명주 무등등명주** 능제일체고	故知般若波羅**蜜多 是大神呪 是**大明呪 **是無上呪 是無等等呪** 能除一切苦 고지반야바라**밀다 시대신주** 시대명주 **시무상주 시무등등주** 능제일체고
眞實不虛 故說 般若波羅**蜜**呪 卽說呪曰 진실불허 고설 반야바라**밀주** 즉설**주**왈	眞實不虛 故說 般若波羅**蜜多呪** 卽說呪曰, 진실불허 고설 반야바라**밀다주** 즉설**주**왈
竭帝竭帝 波羅竭帝 波羅僧竭帝 菩提 **僧莎呵** 아제아제 바라아제 바라승아제 모지 **승사하**	**揭諦揭諦 波羅揭諦 波羅僧揭諦** 菩提 **娑婆訶** 아제아제 바라아제 바라승아제 모지 **사바하**

※ 밑줄친 부분은 구마라집 역과 현장 역의 차이 나는 부분을 표시한 것임.

3. 불경번역가 삼장법사 구마라집과 삼장법사 현장

① 삼장법사(三藏法師)란?

삼장(三藏)의 뜻을 살펴보면, 한자로 '석 삼三'에 '창고 장, 간직할 장藏'이라서 '세 개의 창고' 또는 '세 가지를 간직함' 등의 뜻을 가지고 있다.

본래 삼장(三藏)으로 한역되기 전의 산스크리트어 원문은 '트리 피타카(tri-pitaka)'인데, 여기서 트리(tri)는 3을 의미하고 피타카(piṭaka)는 바구니, 광주리를 의미하므로 '트리 피타카'란 세 개의 바구니 혹은 광주리라는 뜻이다.

즉 '트리 피타카'란, 습기가 많은 긴 우기(雨期)를 가진 인도에서 기원전 1세기경부터 야자수 같은 나뭇잎을 의미하는 '패다라(貝多羅 : 산스크리트어 Pattra의 음사어)'에 바늘로 불경을 새기기 시작하면서 그 패다라엽(貝多羅葉)에 새긴 패엽경(貝葉經)들을 모아 바구니 3개에 경장, 율장, 논장을 종류별로 따로 보관한 데서 붙여진 명칭이다.

그러므로 삼장이란, 불교의 경전인 경장, 율장, 논장을 종류별로 따로 보관하는 것을 의미하지만, 경장, 율장, 논장으로 이루어진 불교 경전 전체를 비유하여 가리키는 말로도 사용하고 있어

이 경우에는 '삼장'을 다른 말로 대장경(大藏經)이라고도 한다.

〈 팔만대장경(八萬大藏經) 〉

'대장경'이란 석가모니 부처님께서 일생 동안 설법한 경장과 율장 그리고 후대 사람들이 경장과 율장을 연구한 논장까지를 포함하여 집대성한 불교 경전의 총서(叢書)를 가리키는 말임.

팔만대장경도 대장경인데 경판 수가 8만여 개(정확히는 81,258개)에 달하기 때문에 '팔만대장경'이라고 부르는 것이며, 고려시대에 만들었다고 해서 '고려대장경'이라고도 함.

이 팔만대장경은 고려시대때 몽고의 침입에 항쟁하기 위해 1232년에 강화도로 도읍을 옮기고 부처님의 힘으로 몽고군을 물리쳐 보고자 하는 뜻에서 1236년부터 1251년까지 15년에 걸쳐 완성된 대장경임.

팔만대장경은 원래 강화도의 대장경판당에 보관하던 것을 강화도 선원사(禪源寺)로 옮겨 보관하다가 조선의 태조(이성계) 7년인 1398년에 경남 합천의 해인사로 옮겨 현재까지 보관되어 오고 있으며 2007년 6월에 유네스코 세계기록유산으로 등재되었음.

그러므로 불경(佛經)이란, 석가모니 부처님과 그 제자들의 가르침을 적어놓은 불교의 경전을 말하는 것으로, 삼장(三藏)인 경장(경서 경經, 창고 장, 간직할 장藏), 율장(법 률律, 창고 장, 간직할 장藏), 논장(논의할 론論, 창고 장, 간직할 장藏)이 모두 불경에 포함되는 것이다.

여기서 경장(經藏)이란, 석가모니 부처님의 설법 내용을 정리하여 모아놓은 것이고, 율장(律藏)이란, 제자들이 교단의 공동생활 및 수도생활에서 지켜야 할 계율에 대한 석가모니 부처님의 가르침을 정리하여 모아놓은 것이며, 논장(論藏)이란, 석가모니 부처님 열반 후에 제자들이 경장과 율장에 대하여 해석하거나 연구한 글들을 정리하여 모아놓은 것을 말한다.

따라서 삼장법사(三藏法師)란 경장, 율장, 논장의 삼장에 통달한 승려를 높여 부르는 불교 용어다. 경장, 율장, 논장 중 어느 한 가지 장에 정통한 승려를 경사, 율사, 논사라고 하고, 삼장 전부에 정통한 승려를 삼장법사라고 호칭하는 것이다. 한 가지 장에 통달하기도 어려운 일인데 세 가지 장에 정통한 법사라는 것은 매우 극진한 존경을 표시하는 호칭인 것이다.

중국 불교사에는 삼장법사 칭호를 받은 고승이 여럿 있지만 가장 널리 알려진 삼장법사로 구마라집(鳩摩羅什, 인도명 쿠마라지바, 생존 시기는 344~413년)과 현장(玄奘, 생존 시기는 602~664년)을 들 수 있다.

구마라집은 중국 불교사에서 삼장법사로 불린 최초의 인물로서 수많은 인도 불경을 한문으로 번역하여 중국은 물론, 한국, 일본, 베트남 등 한자 문화권의 동아시아 불교계 전체에 지대한 영향력을 미쳤다. 그래서 중국뿐만 아니라 세계 불교계에서도 현장과 함께 위대한 불경 번역가라는 의미에서 2대 대역성(大譯聖)으로 불리고 있다.

중국의 불경 번역사에서는 구마라집과 현장을 기준으로 하여 구마라집 이전의 번역 시대를 고역(古譯) 시대, 구마라집부터 현장 이전까지의 번역 시대를 구역(舊譯) 시대, 현장 이후의 번역 시대를 신역(新譯) 시대로 구분하고 있다.

고역은 중국에 불교가 소개될 무렵에 인도 불경을 처음으로 한문으로 번역하기 시작한 시대로서 번역의 체계도 없이 각 개인들이 번역하다 보니 혼란스러운 시대였다. 구역은 번역의 체계가 잡히긴 했으나 인도 불경의 단어나 구절의 의미에 얽매이지 않고 전체의 뜻을 살려 번역하는 의역(意譯)식 번역이었다. 반면에 신역은 종전의 의역 방식을 삼가고 인도 불경의 단어나 구절의 의미에 가능한 충실하게 번역하는 직역(直譯)식 번역이었다.

② 삼장법사 구마라집(鳩摩羅什)은 어떤 분인가?

구마라집(鳩摩羅什 344~413년)은 고대 인도에 속했던 구자국(龜玆國, 지금의 신장 위구르 자치구에 속한 도시 쿠차) 사람으로 산스크리트어 이름은 쿠마라지바(Kumarajiva)인데, 아버지 이름인 쿠마라염(鳩摩羅炎 : Kumārāyana)과 어머니 이름인 지바

(耆婆 : Jivā)를 따서 지은 이름이라고 한다.

산스크리트어로 '쿠마라'는 어릴 동(童)의 뜻이고 '지바'는 목숨 수(壽)의 뜻이어서 중국에서는 '쿠마라지바'의 뜻을 한자로 번역하여 동수(童壽)라 부르기도 하고, '쿠마라지바'를 소리 나는 대로 한자로 적어 구마라집, 구마라습, 구마라십 등으로 부르기도 하지만 구마라집으로 널리 불리고 있다.

구마라집의 아버지인 쿠마라염은 원래 고대 인도를 일컫는 천축국 사람으로 대대로 재상을 지낸 명문가 출신이라 부친의 뒤를 이어 재상이 될 수 있었으나 인생의 무상함을 느껴 나이 40세에 출가(出家)해 파미르 고원을 지나 동쪽으로 수행을 떠났는데, 당시 구자국의 백순 왕이 그가 천축국의 재상 자리를 버리고 출가했다는 소문을 듣고 그에게 간청하여 국사(國師)로 모시게 되었다.

구자국 왕인 백순 왕에게는 지바라는 갓 스무 살의 사려 깊고 총명한 누이동생이 있었는데 여러 나라에서 부귀한 집안 자제들이 그녀에게 청혼했지만 이를 모두 거절하고 있었다.

그러던 중 쿠마라염을 본 지바는 수단과 방법을 가리지 않고 적극적으로 청혼을 해 쿠마라염을 환속(還俗)시키고 마침내 결혼을 하게 되었다. 그리하여 구마라집은 인도 명문가 출신 승려인 쿠마라염을 아버지로 구자국 왕녀인 지바를 어머니로 구자국에서 태어나게 되었다.

어느 날 어머니 지바가 도성 밖에 나갔다가 무덤에서 해골이 드러나 있는 것을 보고는 인생의 무상함을 깨닫고 출가를 결심하게 되었다. 그러나 남편 쿠마라염이 자신을 환속시킨 부인의 출가를 허락하지 않자 생명의 위험까지 무릅쓰고 식음을 전폐하다시피 하여 마침내 허락을 받아 출가하게 되었다.

이때 7살인 구마라집도 어머니를 따라 출가해 여러 나라를 다니며 유명한 스승들을 만나 불법의 진리를 배우고 다시 구자국으로 돌아와 키질석굴 사원 등에서 수행하며 계속 불경을 공부하였는데, 워낙 천재적인 학식과 인품이 뛰어나 그의 명성이 서역뿐 아니라 동쪽 중국에까지 알려지게 되어 구마라집에 탐을 낸 전진(前秦)의 왕 부견(符堅)이 구자국 백순왕에게 구마라집을 보내주도록 요청하기에 이르렀다.

그러나 구자국의 백순 왕은 부견 왕의 요청을 거부하였고 이에 부견 왕은 장군 여광을 시켜 군사 7만을 이끌고 구자국을 정벌토록 하였다.

여광이 백순 왕을 죽이고 구자국을 멸망시킨 후 빼앗은 금은보화를 낙타에 실어 구마라집과 함께 전진으로 돌아가던 중 양주(涼州)에 이르렀을 때 주군인 전진의 부견 왕이 요장(姚萇)에게 시해를 당했고 요장이 후진(後秦 : 요姚씨가 다스린 진秦나라라고 해서 '요진姚秦'이라고도 함)을 건국했다는 소식을 듣게 되자 그곳에서 후량(後諒)이라 국호를 정하고 나라를 세우게 되었다.

구마라집은 후량의 양주에서 17년간을 지내게 되는데 여광은 구마라집의 천재성과 인격을 무시하며 참을 수 없는 온갖 모욕을 주면서 구마라집의 인내를 시험하려 들었다.

소나 말에 태워 달리게 하여 떨어뜨리고는 비웃기도 하고, 구마라집에게 독한 술을 강제로 먹여 취하게 만든 후 구자국 왕녀인 사촌 여동생을 강제로 한 방에 밀어 넣어 "동침하지 않으면 사촌 여동생을 죽이겠다"고 협박하기도 했다. 결국 구마라집은 버티지 못하고 사촌 여동생을 살리고자 파계(破戒)하고 말았다.

그러나 '번뇌가 바로 깨달음의 도량이다' 즉 '번뇌가 있는 곳이 바로 깨달음을 얻는 곳이다'는 의미의 '번뇌시도량(煩惱是道場)'이라고 한 그의 말처럼, 후량에서 17년 동안 붙잡혀 갖은 수모를 겪으며 보낸 치욕스러운 인욕의 세월은 구마라집에게 수행의 깊이를 더 깊게 해주었을 것이고, 중국어와 한자는 물론 중국에 관한 지식과 문화를 충분히 배울 수 있는 기회가 되어 후일 불경 한역에 크나 큰 도움이 되었을 것이다.

한편, 구마라집의 높은 명성을 듣고 오랫동안 구마라집을 흠모해 오던 후진의 2대왕 요흥(姚興)은 후량에 사신을 보내어 구마라집을 보내 주도록 요청하였으나 이를 거부당하자 후량을 침공하여 멸망시키고 구마라집을 장안으로 모셔가게 된다.

이때가 구마라집의 나이 58세 때이다. 구마라집 한 사람 때문에 두 나라가 멸망하게 된 것이다. 후진의 왕 요흥은 구마라집을 국사(國師)로 극진히 예우하며 인도 불경을 한문으로 번역하게 하였다.

그러던 중 구마라집의 천재적인 능력에 탄복한 요흥은 천하에 둘도 없는 천재의 후사(後嗣)를 얻게 할 욕심으로 구마라집을 술에 취하게 만든 후 기녀(妓女) 열 명을 억지로 받아들이게 하였다.

이것이 두 번째 파계였는데 구마라집은 본인의 의지와 상관없이 진행된 두 번의 파계에 대해 죽을 때까지 자책하며 "비유하자면, 여색(女色)은 냄새나는 시궁창 속에서 피어나는 연꽃과 같으니 누구든지 연꽃을 꺾겠다고 시궁창에 들어가서는 안 된다"고 말하였다 한다.

그리고 어머니께서 자식인 자신을 훌륭한 승려로 키우기 위해 출가까지 감행하였을 것이건만 오히려 자신 때문에 전쟁이 일어나 모국인 구자국이 멸망하고 외숙부인 백순 왕도 피살되었으며 자신은 파계까지 하고 말았으니 얼마나 부모님께 죄송하였을 것이며, 고향에 가고 싶어도 돌아가지 못하는 신세로 머나먼 타국에서 외로운 이방인으로서의 삶은 또 얼마나 고달팠으랴!

구마라집이 한역한 불경으로 지금도 널리 읽히고 있는 『부모은중경(父母恩重經)』은 구마라집이 부모님의 높고도 깊은 은혜를 되새기며 부모님에 대한 사무친 그리움을 담아 번역하였을 것이다.

구마라집은 병이 들어 69세로 생을 마감하게 되는데, 임종 직전에 "만약 내가 번역하여 옮긴 것에 잘못된 곳이 없다면 내 몸이 불에 타 사라진다 해도 내 혀(舌)만은 타지 않을 것이다"고 예언하였다 한다.

그의 말대로 화장 후 살펴보니 오직 그의 혀만은 타지 않았다고 한다. 그의 혀사리(舌舍利)는 중국 장안(지금의 서안)의 초당사(草堂寺)에 모셔져 있다.

구마라집이 지금으로부터 약 1600년 전인 중국불교 초창기에 산스크리트어를 한문으로 번역한 불경은 300여 권이며 21세기인 오늘날에도 널리 독송되고 있는데 그 이유는 내용이 이해하기 쉽고 문체와 운율이 아름답기 때문이다.

그가 한문으로 번역하여 오늘날에도 널리 독송되고 있는 대표적인 불경으로는 『마하반야바라밀대명주경(摩訶般若波羅蜜大明呪經)』, 『금강경(金剛經)』, 『아미타경(阿彌陀經)』, 『법화경(法華經)』, 『화엄경(華嚴經)』, 『유마경(維摩經)』, 『무량수경(無量壽經)』, 『부모은중경(父母恩重經)』 등을 들 수 있는데, 이들 경전을 펼치면 중국의 요진(姚秦) 즉 후진(後秦, 384~417년) 시대에 구마라집 스님이 한문으로 번역했다는 뜻의 '요진 삼장법사 구마라집 역(姚秦三藏法師鳩摩羅什 譯)'이 적혀 있는 것을 볼 수 있다.

또한 오늘날에도 널리 사용되고 있는 불교 용어인 '극락(極樂)', '지옥(地獄)', '공(空)', '색즉시공 공즉시색(色卽是空 空卽是色)', '관세음보살(觀世音菩薩)' 등과 같이 불교의 진수를 전하는 유명한 말들도 구마라집이 산스크리트어 불경을 한문으로 번역하면서 최초로 고안해 낸 말들이다.

푸른 눈의 승려 구마라집은 파란만장한 삶 속에서도 생을 마칠 때까지 자신의 모든 것을 다 바쳐 불경을 번역하였다. 그의 불경 번역은 중국은 물론, 한국, 일본, 베트남 등 한자 문화권의 동아시아에 불교를 보급하는 데 크게 공헌하여 세계 불교사에 찬란히 빛나고 있다.

출처 :
구마라집 스님의 고향 쿠차에 있는 키질 석굴 앞 동상
(불교신문 3237호, 2016.10.5.)

③ 삼장법사 현장(玄奘)은 어떤 분인가?

구마라집과 함께 중국 불경 번역사에 업적이 혁혁한 또 한 분이 있으니 바로 삼장법사 현장이다. 원래는 현장법사로 불리었는데 당나라 임금 당태종이 삼장법사라는 호칭을 하사해 삼장법사라고 불리게 된 것이다.

삼장법사 구마라집은 344년에 태어나 413년에 69세로 입적(入寂)하였고, 삼장법사 현장은 602년에 태어나 664년에 62세로 입적하였으니 현장이 구마라집보다 약 250년 후의 사람이다.

현장은 입적 후 900여 년이 지난 명나라 때에 오승은(吳承恩)이 지은 『서유기(西遊記)』로 인해 더 유명해졌는데, 『서유기』는 현장이 인도에 다녀오면서 들렀던 서역 여러 나라에 대한 내용을 담아 저술한 『대당서역기(大唐西域記)』를 토대로 하고, 그 길에서 현장이 겪은 온갖 고난과 모험에 풍자와 재치를 담아 지은 장편소설이다. 이 이야기에서 현장법사가 그의 제자들인 손오공, 저팔계, 사오정과 함께 불법을 구하러 인도에 다녀오는 것으로 나온다.

필자의 어린 시절, 현장법사와 손오공, 저팔계, 사오정이 나오는 연속극을 라디오로 재미있게 듣던 추억이 있다. 여의봉을 든 손오공이 요괴들을 물리치기 위해 "우랑바리나바롱 뿌따라카뿌라냐 야압!"하며 씩씩하게 주문을 외치던 소리가 아직도 귀에 쟁쟁하다.

현장은 당나라가 세워지기 전인 수(隋)나라 문제 임금 때 태어났다. 속세에서의 성은 진씨(陳氏) 이름은 위(褘)였고 선비 집안의 넷째 아들로 태어났다. 그가 열 살 되던 해에 부친이 세상을 뜨자 앞서 출가한 둘째 형을 따라 낙양의 정토사(淨土寺)에 들어갔으며 13세에 출가해 불경을 배웠다.

이후 중국의 여러 곳을 돌아다니며 불경 공부에 매진하였으나 중국에는 아직 불경이 턱없이 부족하였고 한문 경전도 직접 인도에 가보지 못하였거나 인도의 산스크리트어를 잘 알지 못하는 사람들이 번역한 것들이 많아서 경전의 내용이 번역한 사람마다 달랐다. 이에 현장은 직접 인도에 가서 불경을 공부하고 산스크리트어로 된 불경 원전도 구해오고자 인도 유학을 결심하게 되었다.

그러나 당시의 중국은 수나라가 망하고 이제 막 당나라가 들어선 때라 나라에서는 백성들이 국경을 넘는 것을 허가하지 않았기 때문에 현장은 법을 어기고 몰래 국경을 넘어가야 했다. 그때가 629년, 27세의 나이였다. 이때부터 목숨을 걸고 사막과 설산과 절벽과 강을 건너 온갖 고난을 이겨내며 머나먼 인도로 불법을 구하러 가는 여정이 시작된 것이다.

아찔한 절벽을 타고 걸어야 했고, 뜨거운 태양이 이글거리는 끝없는 사막의 모래바람을 헤치고 걸어야 했으며, 간혹 불자(佛子)인 국왕을 만나 도움을 받기도 하였지만 대부분 배고픔과 목마름에 시달려야만 했다. 이렇게 숱한 죽을 고비와 위험을 무릅쓰면서도 그는 반드시 인도에 가고야 말겠다는 간절한 마음으로 반야심경을 암송하며 한 걸음씩 한 걸음씩 앞으로 전진했다.

도중에 여러 나라를 들러 그곳의 불교 유적과 생활풍속 등을 살피며 국경을 넘은 지 5년이 지난 634년, 드디어 인도의 나란다 사원에 도착했다. 나란다 사원은 여러 나라의 승려들이 불교를 공부하러 오는 유명한 가람이었다.

현장은 이곳에 머물면서 열심히 불경과 산스크리트어를 배우고 룸비니, 보드가야, 녹야원, 쿠시나가라 등 부처님의 4대 성지와 인도의 여러 지역을 돌아다니며 불경도 수집하였다. 그리고 만족할 만큼 공부를 마친 현장은 마침내 당나라로 돌아가기로 결심하였다.

현장의 귀국 소식을 들은 당나라 태종은 너무도 기쁜 나머지 현장이 거쳐오는 길에 인접해 있는 나라들에게 명을 내려 현장이 무사히 돌아올 수 있도록 지원하라 하였다.

현장은 부처님 사리 150과, 불상 8체, 산스크리트어 경전 657부를 싣고 16년만인 645년에 장안으로 돌아왔다. 인도로 몰래 떠날 때와는 반대로 귀국길은 환영인파로 인산인해를 이루었다.

현장은 귀국 즉시 당 태종에게 경전 번역 사업을 지원해 줄 것을 요청하였고, 태종은 지원을 아끼지 않았다. 현장은 인도에서 가져온 경전과 불상 등을 대자은사(大慈恩寺)의 대안탑(大雁塔)에 모셔두고 664년에 입적할 때까지 19년 동안 『반야바라밀다심경(般若波羅蜜多心經)』, 『대반야경(大般若經)』, 『유가사지론(瑜伽師地論)』, 『해심밀경(解深密經)』, 『섭대승론(攝大乘論)』, 『성유식론(成唯識論)』 등 모두 74부 1,335권의 경전을 한역한 이외에도 인도에 다녀오면서 들렀던 여러 나라에 대한 역사와 지리, 생활상과 민속, 종교 등에 대한 내용을 담은 『대당서역기(大唐西域記, 12권)』도 저술하였다.

이와 같이 현장이 목숨을 걸고 인도에 가서 불경을 공부하고 막대한 양의 산스크리트어 불경 원전을 수집해와 죽을 때까지 불경 번역에 힘쓴 덕분에 당나라 때 중국 불교는 전성기를 맞이하게 되었으며 동아시아 불교의 중심으로 우뚝 서게 되었다. 현장법사의 사리는 중국 서안의 흥교사(興敎寺)에 모셔져 있다.

출처 :
중국 시안(西安)의 대자은사 대안탑 앞 광장에 있는 현장 스님 동상(오마이뉴스, 2016.6.1. 이상기 기자 사진)

4. 삼장법사 현장의 경전 번역 5대 원칙

현장법사는 석가모니 부처님께서 말씀하신 최고의 진리인 불법을 공부하여 세상에 널리 알리겠다는 서원(맹세할 서誓, 원할 원願 : 부처님과의 약속이자 자기 자신과의 약속을 이루고자 맹세함)을 세우고 석가모니 부처님이 탄생하고 수행 끝에 깨달음을 얻어 성불한 후 평생 동안 깨달음을 전하다 열반하신 부처님의 나라 인도에 다녀왔다.

인도에 다녀오는 16년 동안 인도어인 산스크리트어에 능통하게 되었고 불경도 정통으로 배울 수 있었으며 막대한 양의 산스크리트어 불경 원전도 수집해 돌아올 수 있었을 뿐만 아니라 당나라 조정의 아낌없는 지원까지 받게 되었으니 불경 번역에 필요한 모든 조건을 다 갖추었다고 말할 수 있다.

현장법사에게 있어서 불경 번역은 평생을 바친 필생(畢生)의 사업이었다. 27세의 젊은 나이에 불법을 배우고 불경을 구해오기 위해 목숨을 걸고 인도를 다녀와서 62세로 입적하기까지 19년의 세월 동안 『반야바라밀다심경』, 『대반야경』 등 무려 74부 1,335권의 경전을 한문으로 번역해 내는 걸출한 업적을 남겼다.

현장법사는 불교 성지인 인도에 다녀오는 동안 숱한 죽을 고비와 위험이 있었지만 반드시 서원을 이루고야 말겠다는 일념으로 반야심경을 암송하였고 그럴 때마다 반야심경의 가피로 난관을 벗어날 수 있었다고 전한다.

아마도 현장법사는 인도 유학 길 16년 동안 반야심경을 암송하면서 느낀 점을 토대로 나중에 자신이 불경을 번역한다면 어떤 방법으로 번역해야 부처님 가르침의 정수를 오롯이 담아낼 수 있을지에 대한 깊은 고심도 하였을 것이다.

인도에서 돌아온 현장법사는 본격적인 불경 번역에 들어가기에 앞서 '오종불번(다섯 오五, 종류 종種, 아닐 불不, 번역할 번飜)이라는 번역의 원칙을 세우고 그 원칙을 엄격히 적용해 모든 불경 번역을 통일성 있게 진행하였는데, 오종불번이란, 산스트리트어로 적힌 불경 문구의 뜻을 해석하여 한문으로 번역하지 않는 대신에 그 문구의 발음과 유사한 한문으로 적는 음사어(소리 음音, 베낄 사寫, 말씀 어語) 사용에 관한 다섯 가지의 원칙을 말한다.

현장법사가 만든 오종불번의 원칙에 대하여 잘 설명해 놓은 책(『반야심경』: 권영한 편역, 전원문화사, 2000.4.10.)이 있어 주요 내용을 옮겨본다.

> 반야심경(般若心經)은 수많은 경 중에서도 가장 잘 알려져 있고 가장 많이 봉독되는 경이다. 불경은 원래 인도 말로 적혀 있었기 때문에 반야심경도 인도말로 쓰여져 있었던 경을 한문으로 번역한 것이다.

삼장법사는 반야심경을 한문으로 번역할 때, 소리를 내어서 읽어도 읽기 쉽고, 또한 읽는 소리를 듣기만 하여도 기쁜 마음이 생기게 하면서도 반야심경이 갖고 있는 깊고 훌륭한 뜻이 잘 나타나도록 했다고 한다. 그 때문에 반야심경 속에는 '마하반야바라밀'이나 '아제 아제 바라아제' 등 인도말에 가까운 말이 있기도 하고 '心經'과 같은 한문도 있다.

그것은 삼장법사가 불경을 번역할 때, 그 경이 지닌 뜻을 더욱 잘 나타내기 위해서 다음과 같은 5가지의 경우에는 원문인 인도말의 뜻과는 관계없이 그 인도말의 발음을 유사한 한문으로 옮겨 적는 것이 더 좋다고 생각하였기 때문이다.

그리하여 인도말로 된 불경 원문의 의미를 번역하지 않는 대신에 그 음만을 한문으로 옮겨 적어도 되는 5가지 원칙을 만들었다. 그 원칙을 '오종불번(五種不飜)'이라고 하는데, 그것은 다음과 같다.

① **비밀스런 말은 번역하지 않고 소리 나는 대로 적는다**(비밀고 祕密故)

반야심경 끝에 '아제 아제 바라아제 바라승아제 모지 사바하(gate gate pāragate pārasaṃgate bodhi svāhā : 가테 가테 파라가테 파라삼가테 보디 스와하)'라는 말이 있는데, 이는 신이나 부처님께 드리는 주문(呪文)이라, 이와 같이 신이나 부처님만 알면 되는 비밀의 말은 사람이 몰라도 되므로 그 신비성을 간직하고자 번역하지 않는 것을 원칙으로 하였다.

※ **다라니**(dhāranī, 陀羅尼) : 신묘장구대다라니와 같이 '다라니'는 신비적인 힘을 지니고 있다고 믿어지는 주문을 가리키는 말이므로 산스크리트어를 소리 나는 대로 적을뿐 그 뜻을 헤아리거나 번역하지 않음.

② 여러 가지 뜻을 가진 말은 번역하지 않고 소리 나는 대로 적는다(다함고 多含故)

하나의 말에 여러 가지 뜻이 있을 때, 그 많은 뜻 가운데 어느 한 가지 뜻으로 번역하면 다른 뜻의 의미가 없어지므로 그런 말은 번역을 하지 않는다는 것이다. 가령, 마하(摩訶)라는 말은 '크다', '많다', '위대하다' 등 많은 뜻이 있어 그 어느 하나의 말로 번역한다면 다른 뜻이 없어지므로 원어 그대로 쓰는 것이 바람직하다는 것이다.

※ **박가범**(bhagavān, 薄伽梵) : 산스크리트어 바가반(bhagavān)을 소리 나는 대로 한자로 적은 음사어임. 박가범은 세존의 칭호로 네 가지 뜻이 있음. 1) 유덕(有德) : 덕이 있음, 2) 분별교(分別巧) : 모든 법의 전체적인 모습과 개별적인 모습을 잘 분별함, 3) 유명성(有名聲) : 유명하다 또는 명성이 높다는 뜻으로 전륜성왕(轉

輪聖王)·인드라(釋, Indra)·브라흐마(梵, Brahmā) 등도 명성이 있지만 부처의 명성은 이들보다 더 높은데 그 이유는 부처에게는 번뇌가 없기 때문이라고 함, 4) 능파(能破) : 탐(貪)·진(瞋)·치(癡)의 3독(三毒)을 깨뜨림에 있어 능하다는 것을 말함.

③ 중국에 없는 말은 번역하지 않고 소리 나는 대로 적는다 (차방무고 此方無故)

인도에는 있고 중국에는 없는 말은 번역을 하지 않고 원어 그대로 남겨 둔다. '서울'은 외국에서도 '서울'인 것처럼, 고유명사는 원어 그대로 쓰고 번역을 하지 않는다는 것이다.

※ **염부수**(Jambu, 閻浮樹) : 중국에는 없고 인도에 많은 교목(높이 솟을 교喬, 나무 목木 : 키가 크고 줄기가 굵은 나무)으로 산스크리트어로는 Jambu(잠부)라고 하는데 이 잠부나무를 소리 나는 대로 염부수(閻浮樹)라고 한자로 적은 음사어임. 석가모니 부처님은 '무우수(無憂樹)' 아래에서 탄생했고, '염부수(閻浮樹)' 아래에서 명상하였으며, '보리수(菩提樹)' 아래에서 깨달음을 얻었고, '사라수(沙羅樹)' 아래에서 열반하셨음.

④ 옛날부터 소리 나는 대로 적고 번역하지 않은 것은 그에 따라 그대로 적는다(순고고 順古故)

현장법사 이전까지 수백 년 동안 써오던 말들은 이미 귀에 익은 말들이므로 번역하지 않고 그냥 외래어로 받아들여 원문 그대로 쓰기로 한다는 것이다.

> ※ **아뇩다라삼먁삼보리**(阿耨多羅三藐三菩提) : 가장 높고 완전한 바른 깨달음을 뜻하는 산스크리트어인 '아눗따라 삼막 삼보디(anuttara-samyak-sambodhi)'를 소리 나는 대로 한자로 적은 음사어로, 아뇩다라(anuttarā)는 위없는(無上), 삼먁(samyak)은 완전한(正等), 삼보리(saṃbodhi)는 참된 깨달음(正覺)을 의미함. 즉 무상정등정각(無上正等正覺)이라는 뜻으로, 삼세의 모든 부처님이 깨치게 되는 최고의 경지를 말함.

⑤ 번역하면 깊은 뜻을 살리기 어렵고 뜻이 가벼워질 우려가 있을 때는 그 말을 존중하여 번역하지 않고 소리 나는 대로 적는다(존중고 尊重故)

　가령, 산스크리트어 Prajnā(프라즈냐)의 의미를 한문으로 '지혜(智慧)'라고 번역할 수 있으나, 프라즈냐는 초지혜적인 의미도 포함하고 있어 '지혜'로 번역할 경우 원어가 가지는 의미가 축소될 수 있으므로 프라즈냐를 '지혜'로 번역하지 않고 소리 나는 대로 '반야(般若)'로 적은 것이다.

　이처럼 경은 많은 사람들이 여러 가지로 깊이 생각하고 연구해서 번역한 글이지만 경전 속에는 많은 어려운 말들이 들어 있어서 우리가 처음 대하면 매우 어렵게 느껴지기도 한다. 그러나 아무리 어려워도 불경은 우리들에게 피와 살이 되는 진리를 가르쳐 주고 있기 때문에 반드시 잘 알아야 한다.

삼장법사가 뜻한 바와 같은 오묘한 의미를 완벽하게 알 수는 없을 지라도 마음을 가다듬어 고운 소리로 읽기만 해도 매우 유익하고 많은 복을 짓는다고 한다.

불경 중에서도 반야심경은 짧으면서도 가장 깊은 사상을 담고 있어서 수많은 사람들이 오랜 세월 동안 반야심경을 깊이 연구하고 많은 해설을 하였지만, 이 경은 아무리 연구해도 늘 새롭고 심오하기만 하다.

그리고 가장 잘 아는 듯 하면서도 한편으로는 가장 잘 모르는 이 반야심경을, 아직도 그 바른 뜻을 잘 모르고 그저 맹목적으로 암송만 하는 사람이 있는 실정이다. 그래서 우리는 이 기회에 이 경을 바로 알고 바로 이해하도록 하여야 하겠다.

5. 대승불교와 소승불교는 어떻게 다른가?

　기원전 6세기 무렵 석가모니 부처님에 의해 인도에서 창시된 불교는 석가모니 부처님이 열반하신 후 세월이 흐르면서 크게 소승(小乘)불교와 대승(大乘)불교로 나뉘게 되었다. 석가모니 부처님이 안 계시는 상황에서 불교가 발전하면서 불교가 나아가야 할 방향과 목표에 대해 불제자들 간에 의견이 나뉘었기 때문이다.

　여기서 '승(乘)'이란, 한자로 '수레 승'이므로 사람이 타거나 짐을 싣기 위해 바퀴를 달아서 굴러가게 만든 기구인 수레를 말한다. 따라서, 작은 수레를 뜻하는 소승(小乘)이란 산스크리트어 '히나야나[Hīnayāna : hīna(작은)+yāna(수레)]'를 한문으로 번역한 말이고, 큰 수레를 뜻하는 대승(大乘)이란 산스크리트어 '마하야나[Mahayāna : maha(큰)+yāna(수레)]'를 한문으로 번역한 말이다.

　작은 수레, 큰 수레라는 말은, 불타는 집으로 비유할 수 있는 사바세계에서 탈출을 해야 하는데 작은 수레를 타고 자기 혼자만 탈출할 것이냐 아니면 다른 많은 사람들도 큰 수레에 실어 함께 탈출할 것이냐를 비유하기 위한 말이다.

　이는 법화경에서 석가모니 부처님이 비유하여 말씀하신 '불타는 집' 즉 화택(火宅) 이야기에서와 같이 '불'은 탐진치(貪瞋癡 :

그릇된 욕심, 성냄, 어리석음) 번뇌로 인하여 겪는 온갖 고통을 비유하고, '불타는 집'은 이러한 탐진치 번뇌로 가득 차 중생(무리 중衆, 날 생生 : 모든 생명체 즉 모든 살아있는 존재들을 뜻함)이 갖가지 고통을 참고 견디며 살아가야 하는 사바세계(娑婆世界)인 속세를 비유하며, '불타는 집 안에서 타죽을 수도 있는데 불이 난 줄도 모르고 노는 데만 정신이 팔린 철없는 아이들'은 사바세계 밖으로 탈출해 나오면 더 큰 행복과 즐거움이 있는 세상이 있다는 사실을 모른 채 우물안 개구리처럼 사바세계 안에서의 헛된 쾌락에만 집착하여 고통과 쾌락 사이를 오가다 사바세계에서 탈출할 기회를 놓친 채 죽음을 맞아야 하는 어리석은 중생들을 비유한다.

불교 교단이 성립되고 초기에는 스승이신 석가모니 부처님이 깨달은 가르침과 수행 방법에 따라 스스로를 번뇌와 고통으로부터 해방시켜 아라한(아라한阿羅漢 또는 줄여서 나한羅漢이라고도 함)이 되는 것을 인생의 최고 목표로 삼는 출가자 승려들을 중심으로 한 엄격한 형태의 수행이 강조되었다. 그리고 석가모니 부처님을 인류의 참 스승으로서 공경할 뿐 신격화하여 숭배하지는 않았다.

이와 같이 자기를 구제할 사람은 오직 자기 자신 뿐이라는 생각으로 각자가 스스로 계율을 엄격히 지키고 수행에 전념하는 불교를 소승불교(小乘佛敎)라고 한다. 이후 소승불교는 주로 스리랑카, 태국, 라오스, 캄보디아, 미얀마 등 동남 아시아 지역으로 퍼져나갔기 때문에 이를 남방불교라고도 부른다.

그런데 석가모니 부처님이 열반하신 지 300여 년이 흐른 기원전 2~3세기 무렵에 이러한 소승불교를 비판하는 새로운 운동이 일어나게 된 것이다.

소승불교가 승려 한 사람 한 사람이 제각각 스스로 노력해 깨달음을 얻고 해탈하여 아라한이라고 하는 성인(聖人)이 되는 것을 인생 목표로 하는 것은 이기적이라는 것이다.

왜냐하면 소승불교는 자기 구제를 강조하며 자기 혼자만 깨달음을 얻으려고 하는 출가자 승려만을 위한 불교이기 때문에 출가하지 않은 재가신자(在家信者 : 출가하지 않고 수행하는 신도)나 일반 대중의 구제를 소홀히 하고 있다는 것이다.

따라서 석가모니 부처님 가르침의 근본 취지가 결국은 중생구제에 있는 것이니 승려 개인이 해탈하여 '아라한'이 되는 것보다는 재가신자나 일반 대중을 구제하는 대자대비(大慈大悲)한 '보살'이 되는 것이 더 이상적인 삶이므로 출가자만을 위한 불교가 아니라 재가신자나 일반 대중도 함께할 수 있는 열린 불교가 되어야 한다고 주장하였다.

그러기 위해서는 재가신자나 일반 대중도 속세의 생활 속에서 쉽게 불교를 접할 수 있도록, 소승불교의 엄격한 계율과 경전 공부, 명상 같은 힘든 수행이 아니더라도 부처님을 신으로 숭배하며 간절히 염불(念佛)을 하거나 다라니(주문)를 암송하거나 보시(布施)와 같은 신앙생활을 통해서도 깨달음을 얻어 해탈할 수 있다고 주장하였다. 그리하여 큰 수레에 많은 사람들을 태우고 함께 깨달음의 세계로 가자고 역설하였다.

그들은 스스로를 대승불교(大乘佛敎)라고 부르면서 '소승'은 많은 사람이 타고 깨달음의 세계로 갈 수 있는 큰 수레가 아니라며 종전의 불교를 소승불교라고 불렀다. 대승불교가 소승불교보다 우월하다는 생각에서 '소승'이라는 말을 쓰게 된 것이다. 따라서 '소승'이라는 말은 대승불교 측에서 지어준 명칭이므로 종전의 불교 측에서 스스로를 '소승'이라고 부른 것은 아니다.

이후 대승불교는 중국, 한국, 일본, 몽골, 티베트, 부탄, 베트남 등 주로 동북 아시아 지역으로 퍼져나갔기 때문에 이를 북방불교라고도 부른다. 반야심경은 대승불교 경전의 꽃이라 할 수 있다.

필자의 생각으로는 소승불교라 하더라도 재가신자나 일반 대중의 구제를 소홀히 한 채 출가자 승려만 깨달음을 얻으면 된다고 하지는 않았을 것이고, 대승불교라 하더라도 재가신자나 일반 대중도 함께할 수 있는 열린 불교가 되기 위해 염불(念佛)이나 다라니(주문)나 보시(布施)와 같은 신앙생활을 받아들인다 해서 계율과 경전 공부, 명상 같은 수행을 소홀히 해도 된다고 하지도 않았을 것이다.

석가모니 부처님도 치열한 수행을 통해 먼저 깨달음을 얻고 나서 일반 대중의 구제에 본격적으로 나서셨듯이 소승불교의 경우에도 수행을 통해 일정한 경지에 오르게 되어 의식의 수준이 높아지게 되면 고통받는 중생들의 깨달음을 돕기 위해 당연히 나서게 되리라 보기 때문이다.

그러므로 불제자로서 수행이 일정한 경지에 오른 후에도 중생들의 고통을 외면한다면 이 또한 죄업(罪業)을 짓는 일이라 올바른 깨달음이라 할 수 없는 것이다. 왜냐하면 고통받는 이웃을 보면 나서서 돕고 싶어 하는 것이 사람이면 누구나 가지는 인지상정(人之常情)의 마음이기 때문이다.

길을 가다 물에 빠져 살려달라고 외치는 사람을 발견하면 보통 사람이라도 누구나 달려가서 구하려고 애쓰는 것이 인지상정이므로, 물에 빠진 사람을 그냥 바라보기나 하며 본인이 스스로의 힘으로 물에서 빠져나오기만을 기다리는 것이 소승불교이고 물에서 건져내려고 달려가는 것이 대승불교라고 단순하게 비유할 수만은 없다는 것이다.

맹자(孟子, 기원전 372~289년)도 인간이라면 누구나 측은지심(惻隱之心)을 가지고 있다고 말하였다. 측은지심(슬퍼할 측惻, 근심할 은隱, 의 지之, 마음 심心)이란 다른 사람의 불행을 가엾고 불쌍하게 여기는 타고난 착한 마음을 이르는 말이다. 인간이라면 누구나 갖고 있는 근본 마음이라는 것이다.

따라서 소승불교가 자기 구제를 강조하며 제각각 스스로 노력해 깨달음을 얻고 해탈하여 아라한이 되는 것을 인생 목표로 하는 것은, 출가자 스스로 수행을 통해 어느 정도 수준이라도 번뇌와 고통으로부터 벗어날 수 있는 해탈의 깨달음을 먼저 얻어야 재가신자나 일반 대중에게도 그 깨달음을 제대로 전달할 수 있게 되어 번뇌와 고통으로부터 벗어나게 하는 데 실질적인 도움을 줄 수 있다고 보았기 때문일 것이다.

석가모니 부처님 시대에 모두가 열광하였던 것은 석가모니 부처님께서 자신의 깨달음을 누구나 쉽게 알아들을 수 있도록 일반 대중에게 설명해 주셨고 모두가 그 위대한 깨달음에 감화되었기 때문이다.

석가모니 부처님께서는 해탈의 깨달음을 구하기 위해 처자식과 부귀영화도 버린 채 29세(기원전 595년)에 출가하여 목숨을 걸고 치열하게 수행을 하셨다.

그리고 6년간에 걸친 수행 끝에 35세(기원전 589년)에 깨달음을 얻은 후 80세로 열반(기원전 544년)에 드실 때까지 45년 동안 평생을 바쳐 중생들이 고통에서 벗어날 수 있도록 해탈의 깨달음을 전해 주고 가셨다.

그러므로 불교를 일컬어 깨달음의 종교라고 한다. 깨달음이란 무지로 인해 모르던 것을 스스로 생각하고 궁리해서 깨우쳐 알아차리게 되는 것을 말하는 것이며, 이러한 깨달음의 과정을 통해 탐진치 번뇌의 속박에서 벗어날 수 있는 진리와 지혜를 깨달아 고통이 완전히 소멸된 상태를 '해탈' 혹은 '열반'이라고 하는 것이다.

이처럼 불교는 해탈의 진리와 지혜를 깨닫기 위한 종교이기 때문에 출가자인 승려든 재가신자든 일반 대중이든 해탈할 수 있는 진리와 지혜를 구하는 수행이 무엇보다 우선되어야 하고, 승려나 재가신자나 일반 대중이 수행을 통해 해탈의 진리와 지혜를 깨달을 수 있도록 이끌어주고 도와주는 것이 불교의 존재 이유라 할 수 있는 것이다.

따라서 염불이나 기도나 보시도 경전 공부나 명상 같은 수행이 우선되어야 재가신자나 일반 대중이 자신의 복을 비는 신앙 차원에서 그치지 않고 자신의 해탈을 위한 진리와 지혜를 깨달을 수 있는 수행 차원으로 더욱 발전할 수 있는 것이다.

대승불교의 이상적 수행자상인 보살도 수행을 통해 스스로 깨달음을 이룰 수 있는 능력을 갖추었음에도 불구하고 중생들을 구제하기 위해 이 세상에 머물 것을 자원하신 분이므로, 대승불교라고 해서 경전 공부나 명상 같은 수행을 게을리해도 되는 것은 아닌 것이다.

대승불교의 보살정신인 '상구보리 하화중생(위 상上, 구할 구求, 보리 보菩, 끝 제提, 아래 하下, 교화할 화化, 무리 중衆, 날 생生)' 즉 '위로는 깨달음을 구하고 아래로는 중생을 교화한다'는 정신도 수행을 강조하고 있지 않은가?

대승불교 경전의 꽃이라 할 수 있는 반야심경의 내용도 탐진치 번뇌의 속박과 고통으로부터 벗어날 수 있는 해탈의 지혜를 완성해가는 반야바라밀다 수행 방법의 핵심을 담고 있어 수행을 강조하고 있지 않은가?

또한 4가지 성스러운 진리인 사성제와 8가지 지혜롭고 성스러운 바른 길인 팔정도에서도, 괴로움의 원인을 소멸시키는 방법인 팔정도를 수행하게 되면 그 결과로 괴로움의 원인이 소멸되어 괴로움이 완전히 없어지는 열반에 이를 수 있게 되는 것이고, 반면에 팔정도를 수행하지 않으면 열반에 이를 수 없게 되는 것이라며 팔정도 수행의 중요성을 강조하고 있지 않은가?

석가모니 부처님께서도 "자기의 몸과 마음을 깊이 관찰하고 깨달음의 가르침인 법을 열심히 공부하며 정진하라. 자기 자신 밖의 다른 것에 의지하지 말고 법을 떠나 다른 것에 매달리지 말라, 법을 보는 자가 나를 볼 것이요. 법을 보지 않으면 나를 볼 수 없다"고 말씀하셨다.

그리고 무지(無知 : 아는 것이 없음)가 번뇌와 고통의 가장 큰 원인이라고 말씀하셨다. "신(神)을 믿지 않아서 예경(禮經)을 하지 않아서가 번뇌와 고통의 원인이 아니라 무지가 번뇌와 고통의 원인이다"고 말씀하셨다.

여기서 무지는 연기법, 십이연기, 사성제, 팔정도와 같은 석가모니 부처님의 가르침인 진리를 모른다는 것이다. 그러므로 무지를 없애는 길은 연기법, 십이연기, 사성제, 팔정도를 공부하고 수행하며 실천하는 것이다.

또한 석가모니 부처님께서는 어리석고 미혹한 중생이 육도윤회에서 사람으로 태어나는 것이 눈먼 거북이가 큰 바다에서 구멍 뚫린 나무판자를 만나는 것보다 더 어렵고, 어렵게 사람으로 태어나더라도 불법을 만나는 것은 더더욱 어려운 일이라, 사람으로 태어난 이번 생에 깨닫지 못하면 만겁이 지나도록 다시 불법을 만나기 어려우니, 어렵게 사람 몸을 받아 태어난 만큼 방일(放逸)하지 말고 열심히 수행하라고 말씀하셨다.

소나 존자가 출가수행에 진전이 없자 환속해서 재물로 보시하며 선업을 쌓는 게 낫겠다고 고민하는 것을 알게 된 석가모니 부처님께서도 소나 존자의 수행 방법을 점검해 주시어 올바른 방법으로 수행을 정진하도록 해 깨달음을 얻게 하셨다고 하니 경전 공부나 명상 같은 수행이 더 우선되어야 하는 것이다.

따라서 석가모니 부처님께서 치열하게 수행하여 깨달아 전해주신 이 귀중한 해탈의 진리인 법을 제대로 공부해 보지도 못한 채 우리의 생을 마감하게 된다면 이보다 애통한 일이 어디 또 있겠는가?

불교는 세가지 보물 즉 삼보(三寶)로 이루어져 있다. 불보(佛寶)·법보(法寶)·승보(僧寶)가 삼보다. 불보는 석가모니 부처님, 법보는 석가모니 부처님의 가르침, 승보는 석가모니 부처님의 가르침대로 수행하고 발전시켜 불자들에게 전하는 스님을 말하는데 대승불교와 소승불교를 막론하고 삼보를 가장 중요시하고 있다. 그리고 불자들이 이 삼보를 믿고 의지하며 따르겠다고 맹세하는 것을 삼귀의(三歸依)라 하여 모든 법회 의식에서 가장 먼저 낭독하고 있다.

〈 삼귀의(三歸依) 〉

거룩한 부처님께 귀의합니다
거룩한 가르침에 귀의합니다
거룩한 스님들께 귀의합니다

불교의 삼보가 존재하는 목적은 온갖 번뇌로 고통에 시달리고 있는 중생들을 번뇌와 고통으로부터 해탈시키고자 하는 데 있다. 그러므로 소승불교든 대승불교든 승보인 스님들은 본인의 해탈을 위해서도, 삼보에 귀의하는 재가신자들의 해탈을 도와주기 위해서라도 법보인 경전 공부나 명상 등의 수행을 철저히 할 필요가 있는 것이다. 그러기에 삼귀의에서도 부처님의 거룩한 가르침에 귀의한다고 맹세하는 것이고, 사홍서원에서도 부처님 법문을 다 배우겠다고 맹세하고 있는 것이다.

〈 사홍서원(四弘誓願) 〉

중생을 다 건지오리다
번뇌를 다 끊으오리다
법문을 다 배우오리다
불도를 다 이루오리다

> ※ 사홍서원(넉 사四, 넓을 홍弘, 맹세할 서誓, 원할 원願) : 불자로서 지녀야 할 네 가지 서원

뿌리가 깊은 나무라야 바람에 흔들리지 않아 꽃도 아름답고 열매도 많이 열리는 법이며, 샘이 깊은 물이라야 가뭄에도 마르지 않아 흘러서 내가 되어 바다에 이르는 법이다.

그러니 스님이나 재가신자나 일반 대중이 석가모니 부처님의 가르침을 올바로 알게 될 때 진정한 불교의 대중화가 실현될 수 있는 것이다.

윤동주 시인이 1941년 24세의 젊은 나이에 쓴 유고 시집 『하늘과 바람과 별과 시』의 맨 앞에 나오는 「서시(序詩)」에서 '하늘'을 '부처님'으로 바꾸어 읽어보면서 승보인 스님들이 출가하신 거룩한 뜻을 우러러본다.

"죽는 날까지 부처님(←하늘)을 우러러 한 점 부끄럼이 없기를, 잎새에 이는 바람에도 나는 괴로워했다. 별을 노래하는 마음으로 모든 죽어가는 것을 사랑해야지 그리고 나한테 주어진 길을 걸어가야겠다. 오늘 밤에도 별이 바람에 스치운다"

6. 불기, 서기, 단기는 어떻게 다른가?

올해 연초에도 절에서 부모님께 보내온 절 달력을 가져다 필자의 방에 걸었다. 절 달력에는 전국의 유명한 사찰의 고즈넉한 풍광을 담은 사진과 함께 마음에 와닿는 법구경의 글귀들이 적혀있어 바라볼 때마다 마음이 맑아지고 지혜가 밝아지는 것 같아서 참 좋다.

또한 절 달력에는 일반 달력에서 연도 표기를 서기(西紀)로만 하고 있는 것과 달리 불기(佛紀)로 연도 표기를 하되 우리 민족의 건국 기원인 단기(檀紀)와 서양의 예수 탄생을 기리는 서기로도 함께 연도를 표기하고 있어 불교가 편협된 종교가 아니라 국가·민족·종교를 초월하여 세계를 아우를 수 있는 종교임을 보여주는 것 같아 마음이 뿌듯하다. 올해의 절 달력에도 불기 2568년, 단기 4357년, 서기 2024년이라고 나란히 적혀 있다.

그런데 절 달력에 적혀 있는 불기, 단기, 서기의 의미와 유래를 제대로 알고 있는 분들이 많지 않을 것으로 생각한다. 그러나 이 연도 표기 방식으로 인해 앞에서도 '기원전 7세기경에 석가모니 부처님께서 탄생하셨다'라는 문장에서와 같이 '기원전'이니 '기원후'니 '7세기'니 하는 말들이 생긴 것이므로 이번 기회에 한번 알아두면 좋을 것 같다.

불기, 단기, 서기에 대하여는 『단기연호 이젠 복원되어야 한다』 (고덕원 지음, 부연사, 2012.9.25.)에 상세하게 기술되어 있어 이 책의 내용을 참고하여 설명드린다.

① 불기(佛紀)란?

불기(佛紀)는 불멸기원(부처 불佛, 죽을 멸滅, 해 기紀, 시초 원元)의 줄임말로서 석가모니 부처님이 입멸한 해, 즉 불멸(佛滅)한 해를 첫해인 1년으로 삼아 2년, 3년하며 연도 수를 세는 연도 표기 방식을 말한다.

여기서 기원(紀元)이란 말은 연도를 계산하는 데에 기준이 되는 해(원년元年)를 말하는 것으로, 불기에서의 기원은 석가모니 부처님이 입멸한 해를 첫해로 삼는 것을 말하고, 단기에서의 기원은 단군왕검께서 고조선을 건국한 해를 첫해로 삼는 것을 말하며, 서기에서의 기원은 예수님이 탄생한 해를 첫해로 삼는 것을 말한다.

이와 같이 불기를 석가모니 부처님이 탄생한 해가 아니라 입멸한 해를 원년(1년)으로 삼아 연도 수를 세는 이유는 부처님의 인간으로서의 육신의 탄생보다 영원한 존재로서의 법신(法身)이 되신 열반에 더 큰 의미를 두기 때문이다. 올해는 불기 2568년이다. 석가모니 부처님이 열반에 드신 후 2568년이 흘렀음을 뜻하고 있는 것이다.

현재 우리나라 불교가 쓰고 있는 '불기 2568년'은 1956년 네팔에서 열린 세계불교도 대회의 결정을 따르고 있기 때문이다. 당시 이 대회에서는 그동안 국가별로 달라 혼동되었던 불기를 통일하고자 하였는데, 남방불교 경전인 『남전대장경』에 석가모니 부처님이 기원전 624년에 태어나 기원전 544년에 80세로 입멸하였다는 기록이 있어 이를 근거로 불기를 통일하고 1956년을 '붓다 입멸 2500주년'으로 기념하였다.

석가모니 부처님이 입멸한 해를 나타내는 불기 원년(1년)은 예수님이 탄생한 해보다 544년 전을 의미하는 기원전 544년이므로, 서기를 불기로 바꿔 계산하려면 현재의 예수님 나이에 해당하는 서기연도에 544년을 더하면 된다. 예를 들어 서기 2024년을 불기로 환산하면 2024+544=2568년이 되는 것이다.

② 서기(西紀)란?

서기(西紀)는 서력기원(서양 서西, 책력 력曆, 해 기紀, 시초 원元)의 줄임말로서 예수 그리스도가 탄생한 해를 첫해인 1년으로 삼아 2년, 3년하며 연도 수를 세는 서양의 연도 표기 방식을 말한다.

서기는 예수 그리스도 탄생 후인 기원후 6세기 무렵에 로마의 수도승이자 신학자인 디오니시우스 엑시구스(Dionysius Exiguus, A.D. 500~560년 추정)가 창안한 것으로 알려져 있고, 서양에서 서기가 공식화된 것은 1582년 교황 그레고리우스

13세에 의해서라고 한다.

서양 물질문명의 확산으로 지금은 세계 거의 모든 나라가 서기를 연도 표기의 기준으로 삼게 되었는데, 서기를 우리나라가 공용연호(公用年號)로 공식 채택한 것은 1962년이다. 그 이전엔 단군기원(단기)이 대한민국의 공용연호였다.

이와 같이 서기는 서양 역사에서 예수 그리스도의 탄생을 가장 중요한 사건으로 보는 역사관의 표현으로, 복음의 광명이 세상을 비추게 된 예수 탄생 이후부터가 인류에게 진정한 의미가 있다는 기독교적 사상을 담고 있다.

그렇기 때문에 예수 탄생 이전의 시기와 예수 탄생 이후의 시기를 구분하기 위한 용어가 등장하게 되었는데, 우리가 일상적으로 쓰고 있는 기원전(B.C.)과 기원후(A.D.), 세기(世紀)라는 용어들이 모두 서기를 기준으로 하는 기독교적 사고의 산물인 것이다.

기원(紀元)이란 말은 연도를 계산하는 데에 기준이 되는 해(원년元年)를 말하는데 서기에서의 기원은 예수 그리스도가 탄생한 해를 첫해로 삼는 것을 말하는 것이다.

예수 탄생 이전 (고조선 건국, 석가모니 부처님 입멸 등)	⇒ 기원전 (B.C.)	예수 탄생 (기원 1년)	⇒ 기원후 (A.D.)	현재 (2024년)

※ 예수가 탄생한 해를 기원 1년으로 하여 기원전(B.C.)은 숫자가 점점 커질수록 예수 탄생 이전으로 점점 과거로 멀어지는 것이고(석가모니 부처님 : 기원전 624년에 탄생하여 기원전 544년에 80세로 입멸), 기원후(A.D.)는 숫자가 점점 커질수록 예수 탄생 이후로 점점 현재에 가까워지는 것을 의미함(현장법사 : 기원후 602년에 탄생하여 기원후 664년에 62세로 입적).

따라서 기원전이란, 예수 그리스도 탄생 이전의 시기 즉 서기 1년 이전까지의 시기를 말한다. '예수 그리스도 이전'이라는 뜻을 영어로 표현하면 '비포 크리스트'(Before Christ)가 되는데, Before Christ의 앞 글자만 따서 B.C.(비씨)라고 줄여 연도 앞에 붙여 사용하는 것이 일반적이다.

기원후란, 예수 그리스도 탄생 이후의 시기 즉 서기 1년을 포함하여 그 이후의 시기를 말한다. 예수 그리스도가 탄생한 해를 '주님의 해'라고 라틴어로 표현한 용어가 '안노 도미니'(Anno Domini)이며 Anno Domini의 앞 글자만 따서 A.D.(에이디)라고 줄여 연도 앞에 붙여 사용하는 것이 일반적이다. 여기서 라틴어로 안노(Anno)는 '해 또는 년'을 의미하고 도미니(Domini)는 '주님 또는 예수 그리스도'를 의미한다.

'예수 그리스도 탄생 이후의 시기'를 라틴어로 '주님의 해'라는 의미인 안노 도미니(Anno Domini)라고 이름을 붙인 이도 서기를 처음으로 창안하였던 디오니시우스 엑시구스다. 이후 예수 그리스도 탄생 이전의 연도를 표현할 용어가 필요하게 되면서 기원전(B.C.)이란 말이 훨씬 뒤에 등장하게 되다 보니 영어의 세계화에 따라 라틴어가 아닌 영어로 표현하게 된 것이다.

이와 같이 기원전 즉 B.C.는 기원후 즉 A.D.와 떼어서 생각할 수 없는 연속적인 개념을 가진 용어다. 다만 현실에서는 기원후의 연도를 일상적으로 사용하고 있으므로 연도 표시에 있어 굳이 '기원후' 또는 'A.D.'를 연도 앞에 붙이지 않고 연도를 표시하고 있다. 다만 '기원전'과 '기원후'를 분명히 구분할 필요가 있을 경우에만 연도 앞에 '기원후 또는 A.D.'를 붙여 쓰고 있다.

세기(世紀, Century)라는 것도 예수 그리스도가 탄생한 해를 시작으로 연도 수를 세는 방식인데 1년, 2년 하면서 연도를 세는 방식이 아니라, 한번에 100년 단위로 뭉뚱그려 1세기, 2세기 하면서 연도를 세는 방식을 말한다.

예수 그리스도가 탄생한 해를 기원후 1년으로 하여, 이로부터 100년까지를 1세기라고 하고, 101년부터 200년까지를 2세기라고 하면서 100년 단위로 연도를 세는 것이다. 현재 서기 2024년도는 2001년부터 2100년까지의 범주에 들어가므로 21세기에 해당한다.

그런데 디오니시우스 엑시구스가 '서기'와 '기원후'라는 개념을 처음 창안했을 때 기원을 0년부터가 아닌 1년부터 시작했기 때문에 21세기 또한 2000년이 아닌 2001년에 시작하게 된 것이다.

〈 세기 계산 방법 〉

세기	년도	세기	년도
...	...	...	...
기원전(B.C.) 3세기	B.C.300~201년	...	...
기원전(B.C.) 2세기	B.C.200~101년	...	...
기원전(B.C.) 1세기	B.C.100~1년	...	...
기원후(A.D.) 1세기	1년~100년	기원후(A.D.) 20세기	1901년~2000년
기원후(A.D.) 2세기	101년~200년	기원후(A.D.) 21세기	2001년~2100년
기원후(A.D.) 3세기	201년~300년	기원후(A.D.) 22세기	2101년~2200년
...	...	...	...

이와 같이 100년 단위로 연도를 세는 '세기'를 끝에 붙여 사용하게 되는데, 영어로는 100년을 의미하는 Century(센츄리)의 앞 글자만 따서 'C'(씨)라고 줄여서 사용하기도 한다. 예를 들면 6세기는 6C, 21세기는 21C와 같이 표현하기도 한다.

'세기'라는 단위를 사용하는 이유는, 특정 역사적 사건이 발생한 연도까지 굳이 정확하게 표현하지 않아도 되는 경우에 그 발생 연도가 포함되는 시기를 100년 단위로 뭉뚱그려 대략적으로 표현하는 것이 간편하고 효율적이기 때문이다.

예컨대, 석가모니 부처님이 기원전 624년에 태어나 기원전 544년에 80세로 입멸하였다는 『남전대장경』의 기록에 대하여 석가모니 부처님이 생존한 시기는 기원전 6세기 경이라고 표현할 수 있는 것처럼 말이다.

③ 단기(檀紀)란?

단기(檀紀)는 단군기원(박달나무 단檀, 임금 군君, 해 기紀, 시초 원元)의 줄임말로서 건국시조인 국조(國祖) 단군왕검께서 우리 민족 최초의 국가인 고조선을 건국하여 즉위한 해를 첫해인 1년으로 삼아 2년, 3년하며 연도 수를 세는 우리 민족 고유의 연도 표기 방식을 말한다.

이와 같이 단기는 국조 단군왕검께서 태어나시거나 돌아가신 해가 아니라 고조선을 건국하신 해를 원년(1년)으로 삼아 연도 수를 세는 방식이기 때문에, 단기는 부처님의 열반을 기리는 불기나 예수님의 탄생을 기리는 서기와 같은 종교 기원이 아니라 고조선의 건국을 기리는 건국 기원이고 한민족이 시작된 반만년 역사의 상징이며 한민족의 나이라고 할 수 있는 것이다.

우리나라를 반만년의 자랑스러운 유구한 역사를 가진 나라라고 한다. 여기서 반만년이란 우리 민족이 처음으로 세운 나라인 고조선이 건국된 후 반만년이 흘렀다는 말이다.

현재까지 한국 역사상 최초의 국가로 인정되고 있는 고조선은 예수님이 탄생한 해보다 2333년 전에 건국되었으므로 현재의 예수님 나이에 해당하는 서기연도에 2333년을 더하면 올해가 고조선이 건국된 지 몇 년이 흘렀는지를 알 수 있다.

예를 들어, 서기 2024년을 단기로 환산하면 2024+2333=4357년이 되므로 서기 2024년은 단기로 4357년이 되는 것이다. 따라서 올해는 고조선이 건국된 해로부터 4357년이 흘렀음을 알 수 있는 것이다. 약 반만년이 되는 것이다.

※ **고조선의 유물 유적** : 강화도의 참성단과 삼랑성, 강원도 태백산의 천제단, 황해도 구월산의 삼성사와 어천대, 평안도 묘향산의 단군굴, 평양의 단군릉과 숭령전, 그밖에 8조금법, 명도전, 팔주령, 비파형 동검, 세형동검, 반달돌칼, 다뉴세문경, 민무늬토기 등

※ **고조선과 단군 기록** : 사마천의 사기, 반고의 한서지리지, 대야발의 단기고사, 일연의 삼국유사, 이승휴의 제왕운기, 권근의 응제시주, 서거정의 동국통감, 북애자의 규원사화, 안정복의 동사강목, 최치원의 고운집, 조선왕조실록과 승정원일기, 삼성기, 단군세기, 북부여기, 태백일사 등

이와 같이 고조선의 초대 임금(고조선은 1대 왕검 단군부터 47대 고열가 단군까지 마흔일곱분의 단군이 2096년간 다스렸음)인 단군왕검의 고조선 건국 연도를 기원전(B.C.) 2333년으로 보는 이유는 『삼국사절요』, 『동국통감』, 『수산집』, 『해동이적』, 『동국역대총목』 등의 우리 문헌과 『사고전서』, 『조선세기』 등의 중국 문헌에 단군왕검이 고조선을 건국한 연대를 중국의 요(堯) 임금이 즉위한 지 25년인 무진년으로 기록하고 있는데, 이 무진년이 바로 기원전(B.C.) 2333년에 해당하기 때문이다.

1945년 8월 15일 일제로부터 광복한 우리나라는 3년 뒤인 1948년 8월 15일 대한민국 정부를 수립한 후 자랑스러운 반만년 역사를 가진 나라로서의 정체성을 확립하기 위해 단군왕검의 고조선 건국을 기념하는 '개천절'을 국경일(1949.10.1. 제정, 「국경일에 관한 법률」 제2조)로 정하고, 고조선의 건국이념이자 백성들의 생활철학이었던 '홍익인간' 정신을 국민들에 대한 교육이념(1949.12.31. 제정, 「교육법」 제1조)으로 정하였으며, 2015년 1월 20일에는 '홍익인간' 정신을 국민들이 생활 속에서 실천하여야 하는 인성(人性)지표(「인성교육진흥법」 제1조)로 정하여 계승해 오고 있다.

또한 한민족 반만년 역사의 상징인 단기도 1948년 8월 15일 대한민국 정부를 수립한 뒤 1948년 9월 25일 「연호에 관한 법률」을 제정하여 단기를 대한민국 정부에서 사용하는 공식연호인 공용연호로 정해 정부 공문서에 사용해 왔으나 1961년 5.16 군사정변으로 국회가 해산된 상태에서 국가재건최고회의

가 1962년 1월 1일부터 우리나라의 공용연호를 단기에서 서기로 변경하는 내용으로 「연호에 관한 법률」을 개정하였다.

우리나라의 공용연호를 서양의 선진국들이 공통적으로 사용하고 있는 서기로 변경하는 것이 외교 및 행정의 편의를 도모할 수 있으며 국제적으로도 문명국가로서의 체면을 유지하고 우리나라의 인상을 개선할 수 있다는 이유에서였다.

⟨ 연호에 관한 법률 제정 및 개정 내용 ⟩

제정 및 개정 일자	법률 조문 내용
1948.9.25. 제정 (1948.9.25.부터 시행)	대한민국의 공용연호는 **단군기원으로 한다.**
1961.12.2. 개정 (1962.1.1.부터 시행)	대한민국의 공용연호는 **서력기원으로 한다.**
2011.9.30. 개정안 국회제출 ※ 2012.5.29. 국회 임기 만료로 개정안 폐기	대한민국의 공용연호는 서력기원으로 한다. **다만 단군기원을 병기할 수 있다.**

단기를 공용연호로 사용하지 않은 지 60년 이상의 세월이 흐르면서 일반 국민들도 단기를 사용하지 않게 되어, 기성세대는 물론 자라나는 세대들도 말로만 반만년 역사를 가진 자랑스러운 민족이라고 할 뿐 반만년 역사가 정확히 몇 년인지 모르게 되었다.

또한 한강의 기적이라고 불리는 우리의 경제성장과 한류(韓流)가 반만년 역사와 문화의 저력에서 비롯된 것임을 세계인에게 알릴 수 있는 유형·무형의 잠재적 가치를 활용하지 못하는 아쉬움도 크다.

아무리 글로벌 시대라고 하지만, 민족의 자긍심과 주체성이 견고한 나라는 자기 나라의 고유 연호(해 년年, 번호 호號 : 해의 차례를 나타내기 위하여 붙이는 이름)를 우선적으로 사용하면서 서기도 함께 병기(倂記)하여 사용하고 있다.

실제로 일본은 천왕의 연호인 '레이와력(令和曆)' 중화민국(타이완)은 '중화민국력' 이스라엘은 '유대력' 사우디아라비아는 '헤지라력' 태국과 네팔은 '불교력' 에디오피아는 '에디오피아력' 이란은 '이란력' 이집트는 '이슬람력' 아프카니스탄은 '태양력'을 서기와 함께 사용하고 있다.

단기연호 사용은 자기 나라의 것만 최고라고 주장하는 국수주의자(國粹主義者)가 되자는 것이 아니다. 단기연호가 시작되는 고조선의 건국이념인 홍익인간(弘益人間 : 널리 모든 인간을 이롭게 하라) 정신은 편협하고 고루한 정신이 아니기 때문이다.

1949년(단기 4282년) 당시 문교부는 홍익인간 정신을 교육이념으로 채택하게 된 동기에 대하여 "홍익인간은 우리나라 건국이념이기는 하나 결코 편협하고 고루한 민족주의 이념의 표현이 아니라, 인류공영이라는 뜻으로 민주주의 기본정신과 완전히 부합

되는 이념이다. 홍익인간은 우리 민족정신의 정수이며 일면 불교의 자비심, 기독교의 박애정신, 유교의 인과도 상통되는 전 인류의 이상이기 때문이다"라고 밝히고 있다. 이와 같이 모든 인류를 널리 이롭게 하는 홍익인간 정신은 국제화 시대에 다민족·다문화 및 다양성의 세계를 아우를 수 있는 조화·상생의 정신인 것이다.

1987년(단기 4320년) 7월 8일 한국불교 최대의 종단인 조계종은 다른 18개 불교종단과 함께 범불교 운동으로 「단기연호 찾기 운동」을 대대적으로 전개하였다.

이에 따라 같은 해 7월 20일부터는 조계종에서 발송되는 모든 공문서에 단기와 불기를 병행해 사용키로 하였으며 이 운동이 불교계 뿐만 아니라 전 국민에게 확산되도록 최선을 다할 것을 다짐하였다.

1987.7.14. 매일경제   1987.7.27. 동아일보

이처럼 대한불교조계종단의 단기연호 찾기 운동은 우리 민족의 정체성을 바로 세우기 위한 범국민적 운동이었다.

그리하여 우리나라 불교계에서는 예나 지금이나 불기와 단기를 함께 병기하여 써오고 있으니 한민족의 역사와 문화와 국가를 수호하는 호국불교 정신을 이어오고 있는 것이 참으로 자랑스럽다.

우리 모두 단기연호를 사용함으로써 애국·애족의 정신을 잊지 말았으면 좋겠다.

7. 석가모니 부처님의 탄생과 열반

석가모니 부처님은 고대 인도 사꺄 부족의 나라인 '까삘라국'에서 기원전 624년에 태자(太子)로 태어나 19세에 야소다라와 결혼하고, 아들 라훌라가 출생한 29세(기원전 595년)에 출가하여 6년간에 걸친 수행 끝에 35세(기원전 589년)에 깨달음을 얻어 불교(佛教)를 창시한 후 45년 동안 깨달음을 전하며 교화(教化)하시다 80세(기원전 544년)에 열반(涅槃)에 드셨다.

우리가 석가모니 부처님이라고 부를 때 석가모니(釋迦牟尼)란 명칭은 산스크리트어로 शाक्यमु 라고 쓰며 사꺄무니(Sakyamuni : 영문자로 발음 표기)라고 읽는다.

여기서 석가(釋迦)란 사꺄(Sakya)라는 부족의 명칭을 한자로 그 발음을 따서 적은 것이고, 모니(牟尼)란 성자를 의미하는 무니(muni)를 한자로 그 발음을 따서 적은 것이니, 석가모니라 함은 '석가족 출신의 성자'라는 뜻이다.

부처는 산스크리트어로 बुद्ध라고 쓰며 붓다(buddha : 영문자로 발음표기)라고 읽는데, 여기서 붓다란 '깨달은 사람'을 의미하고 한자로는 그 발음을 따서 불타(佛陀)로 적고 있으며 우리 말로는 부처라 부르고 있다. 줄여서 불(부처 불佛)이라고도 한다.

따라서 깨달은 사람은 누구나 붓다 또는 부처라고 불릴 수 있지만, 일반적으로 붓다 또는 부처라고 하면 불교의 창시자인 석가모니 부처님을 말하고 있다.

석가모니 부처님의 본래 이름은 고타마 싯다르타(Gautama Siddhārtha)이다. 여기서 고타마(Gautama)는 씨족의 성(姓)을 말하고, 싯다르타(Siddhārtha)는 아버지가 지어준 이름으로 '모든 소원을 이루게 하는 사람'이란 뜻을 담고 있다.

이 고타마 싯다르타가 후에 깨달음을 얻어 붓다(Buddha : 佛陀)라는 호칭이 붙게 되어 석가모니 붓다(Sakyamuni Buddha)라고 불리게 된 것이다.

서양에서는 성씨인 고타마에 깨달은 사람이라는 뜻의 붓다(불타·부처·불)를 붙여 고타마 붓다(Gautama Buddha)라고도 부른다.

석가모니 부처님을 가리키는 호칭으로는 '여래십호(如來十號)'라고 부르는 10가지가 있는데 여래(如來), 응공(應供), 정변지(正遍知), 명행족(明行足), 선서(善逝), 세간해(世間解), 무상사(無上士), 조어장부(調御丈夫), 천인사(天人師), 불(佛), 세존(世尊) 등의 호칭이 그것이다.

여래십호란, 석가모니 부처님이 지니고 있는 한량없는 공덕의 모습을 어느 하나의 이름으로 나타내기에는 부족하므로 그 공덕들을 표현하기 위해 붙여진 열 가지 이름을 말하는데, 불교사전 등에서는 여래십호를 다음과 같이 풀이하고 있다.

① 여래(如來) : 진리에서 온 분, 진리에 머무는 분, 진리를 몸으로 나타내는 분
② 응공(應供) : 마땅히 공양과 존경을 받을 만한 분
③ 정변지(正遍知) : 바르고 원만하게 깨달은 분
④ 명행족(明行足) : 지혜와 수행이 완전한 분
⑤ 선서(善逝) : 훌륭한 일을 완성하고 가신 분
⑥ 세간해(世間解) : 세간 즉 세상을 모두 잘 아는 분
⑦ 무상사(無上士) : 그 위에 더 없는 높으신 분
⑧ 조어장부(調御丈夫) : 모든 사람을 잘 다루어 깨달음에 들게 하는 능력을 가진 분
⑨ 천인사(天人師) : 신과 인간의 스승인 분
⑩ 불(佛) : 깨달은 분
⑪ 세존(世尊) : 온갖 공덕을 원만히 갖추어 세상에서 가장 높이 존경을 받는 분, 세상에서 가장 존귀한 분

이와 같이 열한 가지이지만 불과 세존을 하나로 합쳐 불세존(佛世尊)이라 하여 열 가지로 하고 있는데, 이 여래십호를 통해 석가모니 부처님의 경지를 조금은 짐작할 수 있을 것이다.

고타마 싯다르타는 까삘라국의 왕 슈도다나(Suddhodana, 정반왕淨飯王)와 왕비인 마야 부인(Mahamaya, 마야摩耶) 사이에서 태어났다. 출생에 관해 전해 내려오는 이야기에 따르면, 슈도

다나 왕은 오랫동안 자식이 없었는데, 왕비인 마야 부인이 상아가 여섯 개 달린 흰 코끼리가 옆구리로 들어오는 태몽을 꾸고 임신했다고 한다.

출산이 임박하자 풍습에 따라 출산을 위해 친정인 데바다하로 가는 길에 룸비니 동산에서 쉬어가던 중 동산을 거닐던 마야부인이 꽃이 만발한 무우수(無憂樹) 나뭇가지를 잡는 순간 산기를 느껴 선 채로 산통도 없이 오른쪽 옆구리로 왕자를 낳았다고 한다.

출처 :
대한불교열반종 총본산 연화산 와우정사 벽화(경기도 용인)

왕자는 태어나자마자 사방으로 일곱 걸음을 걸으면서 오른손은 하늘을 왼손은 땅을 가리키며 "천상천하 유아독존 삼계개고 아당안지(天上天下 唯我獨尊 三界皆苦 我當安之)"라고 외쳤다고 한다. 이것이 석가모니 부처님의 탄생설화다.

출처 :
대한불교열반종 총본산 연화산 와우정사 벽화(경기도 용인)

왕자의 탄생을 기뻐한 슈도다나 왕은 왕자의 이름을 싯다르타(Siddhārtha)라고 지었는데, 마야부인이 출산 7일 만에 세상을 떠나게 되자 마야부인의 동생인 이모 마하파자파티(Mahapajapati)가 슈도다나 왕과 결혼하여 조카인 싯다르타를 자애로운 사랑으로 보살피게 되었다.

석가모니 부처님은 기원전 624년에 태어나셨으니 올해 2024년을 기준으로 하면 2648년 전에 탄생하신 것이므로 탄생설화도 오랜 세월 전해져 오면서 사람들에게 잘 기억되어 전해질 수 있도록 함축적이고 상징적인 표현들이 녹아들어 가게 된 것으로 보인다.

필자는 석가모니 부처님 탄생설화의 내용이 사바세계의 번뇌와 고통 속에서 살아가야 하는 중생으로서의 육체적 탄생인 제1의 탄생과 사바세계의 번뇌와 고통으로부터 해탈한 부처로서의 정신적 탄생인 제2의 탄생을 모두 함축하여 담고 있는 것으로 보인다.

제1의 탄생설화는 오른쪽 옆구리 탄생 이야기다. 이 이야기에 대해서는 인도 사회의 신분제도 특징을 반영하고 있다고 보는 것이 다수의 의견인 것 같다.

당시 인도에서는 4대 신분제도가 있었는데, 성직자에 해당하는 사제계급인 브라만, 왕족이나 무사계급인 크샤트리아, 평민계급인 바이샤, 천민계급인 수드라로 신분이 엄격히 구분되어 있었고, 그 계급에 따라 태어나는 곳도 브라만 계급은 머리에서, 크샤트리아 계급은 옆구리에서, 바이샤 계급은 다리에서, 수드라 계급은 발바닥에서 태어나는 것으로 상징하고 있었다는 것이다.

이에 따라 석가모니 부처님 역시 출가하기 전에는 왕자로서 크샤트리아 계급이었으므로 어머니인 마야부인의 옆구리에서 태어나는 것으로 탄생설화에 표현되었다고 보는 것이다.

제2의 탄생설화는 왕자가 사방으로 일곱 걸음을 걸으면서 오른손은 하늘을 왼손은 땅을 가리키며 "천상천하 유아독존 삼계개고 아당안지(天上天下 唯我獨尊 三界皆苦 我當安之 : 세상에서 오직 나만이 홀로 존귀하도다. 온 세상의 중생들이 모두 고통을 겪고 있으니 내 마땅히 그들을 편안하게 하리라)"라고 외쳤다는 탄생 선언 이야기다.

> ※ **천상천하天上天下 유아독존唯我獨尊 삼계개고三界皆苦 아당안지我當安之** : 하늘 천天, 위 상上, 아래 하下, 오직 유唯, 나 아我, 홀로 독獨, 높을 존尊, 셋 삼三, 세계 계界, 모두 개皆, 괴로울 고苦, 마땅할 당當, 편안할 안安, 이 지之

이 이야기는 석가모니 부처님이 6년간 각고의 수행 끝에 마침내 보리수 나무 아래에서 깨달음을 얻어 사바세계의 모든 번뇌와 고통에서 벗어나 해탈했다는 것을 스스로 알게 된 순간에 그 기쁨이 말씀으로 터져나오는 장면과, 보리수 나무 아래에서 부처가 된 후 그 깨달음의 진리를 세상에 전할지 말지를 고민하시다가 마침내 그 깨달음의 진리를 동서남북의 모든 사바세계 중생들에게 널리 전하여 번뇌와 고통으로부터 중생들을 구제하겠노라고 엄숙히 선언하는 장면을 담고 있는 것으로 보인다.

사바세계에서 온갖 번뇌와 고통을 겪으며 낮은 의식의 중생으로 살다가 각고의 수행 끝에 마침내 사바세계를 탈출하여 더 이상 육도윤회의 고통의 나락으로 떨어지지 않는 높은 의식의 부처로 거듭나게 되었으니 얼마나 기뻤으랴! 그 해방된 기쁨이 말씀으로 터져나온 것이 "천상천하 유아독존!"이었으리라.

그래서 석가모니 부처님께서는 깨달음을 이룬 후 그 자리에서 49일동안 해탈의 즐거움을 누리셨던 것이다.

출처 :
대한불교열반종 총본산 연화산 와우정사 벽화(경기도 용인)

그러나 이러한 해탈의 기쁨은 석가모니 부처님만 누릴 수 있는 즐거움은 아니다.

석가모니 부처님께서도 "일체중생 실유불성(一切衆生 悉有佛性) 즉 모든 중생들은 남녀노소, 빈부귀천 차별 없이 누구나 부처의 성품인 불성(佛性)을 지니고 있어 부처가 될 수 있다"고 말씀하셨고, "삼계개고 아당안지(三界皆苦 我當安之) 즉 온 세상의 중생들이 모두 고통을 겪고 있으니 내 마땅히 그들을 편안하게 하리라"며 해탈의 길로 안내해 주시겠다고 약속하셨으므로, 우리 중생들도 석가모니 부처님께서 알려주신 해탈의 수행 방법으로 수행을 하면 누구나 석가모니 부처님처럼 중생에서 부처가 되는 해탈의 기쁨을 누릴 수 있을 것이기 때문이다.

※ **일체중생(一切衆生) 실유불성(悉有佛性)** : 한 일一, 모두 체切, 무리 중衆, 살 생生, 다 실悉, 있을 유有, 부처 불佛, 성품 성性

그리하여 온갖 번뇌와 고통으로부터 해탈해 사바세계로부터 탈출하는 그 누구라도 부처로서 해방의 기쁨을 목놓아 외칠 수 있는 것이다. "천상천하 유아독존!"이라고 말이다. 그러므로 우리는 모두 세상에서 가장 존귀한 사람임을 잊지 말아야 한다.

자기 자신을 세상에서 가장 존귀하다고 생각하는 사람은 오직 자신의 존귀함이 영적으로 더욱더 높아질 수 있도록 끊임없이 노력하는 데서 삶의 기쁨과 행복을 찾게 되며 그 높아진 의식에 걸맞게 책임감을 가지고 평화와 행복의 세상을 실현하는 데 앞장서게 된다.

석가모니 부처님께서도 깨달음 이후 평생 동안 인도 각지를 돌아다니시며 중생들이 번뇌와 고통에서 벗어날 수 있도록 해탈의 깨달음을 전해 주셨다.

깨달음의 진리에 대한 무지와 무명의 어리석음 때문에 생기는 탐진치 번뇌로 인하여 스스로 고통을 받고 있는 중생들에게 해탈의 진리와 지혜와 수행 방법을 알려줌으로써 모든 중생들이 석가모니 부처님처럼 스스로 탐진치 번뇌와 고통의 굴레를 벗고 대자유를 얻어 진정으로 평화롭고 행복한 인생을 살아갈 수 있도록 해탈의 문을 활짝 열어주신 것이다.

이렇게 해탈의 깨달음을 전하러 다니시던 부처님께 어느 날 대지주인 바라문이 못마땅한 말투로 "저는 밭 갈고 씨 뿌리며 농사 짓고 먹고 사는데 부처께서는 일도 하지 않으면서 탁발이나 하러 다니십니다"라며 비아냥거렸다.

그러자 석가모니 부처님께서 다음과 같이 말씀하셨다고 한다.

"나도 밭을 갈고 씨를 뿌려 농사를 짓는다오. 내 마음이 내 밭이요. 수행과 고통으로 밭을 갈아 궁극의 진리를 구했소. 이게 내 소출이오. 나는 이 소출을 통해 모든 사람들을 고통에서 벗어나게 할 수 있소. 이게 내 삶의 목적이라오. 사람들은 마음이 탐욕의 불에 갇혀 죽음을 맞는 사람이 많다오. 내가 이 불길 속에서 그들을 안전하게 꺼내주려 한다오."

부처님의 말씀을 들은 바라문은 그 자리에서 부처님께 귀의해 출가 수행자가 되어 오래지 않아 해탈의 깨달음을 얻었다고 한다.

인간은 누구나 생존하고 싶은 욕구, 성공하고 싶은 욕구, 행복하고 싶은 욕구와 같은 본능적 욕구를 가지고 있는데, 미국의 심리학자인 매슬로우(Abraham Harold Maslow, 1908.4~1970.6)는 이러한 인간의 본능적 욕구를 5단계로 구분하여 '생존의 욕구'를 1단계, '안전의 욕구'를 2단계, '소속의 욕구'를 3단계, '명예의 욕구'를 4단계, '자아실현의 욕구'를 5단계로 하는 「인간 욕구 5단계론」을 1943년에 발표하였다.

〈 인간의 욕구 5단계 〉

1단계(생존의 욕구) : 인간의 생존에 꼭 필요한 가장 기본적인 욕구로서, 배가 고파 음식을 먹고 싶은 욕구, 배설을 위해 화장실에 가고 싶은 욕구, 졸음이 와 잠자고 싶은 욕구 등 생명유지를 위한 생리적 욕구가 이에 해당함.

2단계(안전의 욕구) : 육체적 안전과 심리적 안정에 관한 욕구로서, 위험으로부터 육체를 안전하게 보호하고 싶은 욕구, 질병으로부터 건강을 지키고 싶은 욕구, 재산이나 직장을 안정적으로 가지고 싶은 욕구 등 안전한 환경에서 살아가고 싶은 욕구가 이에 해당함.

3단계(소속의 욕구) : 인간은 사회적 동물이므로 가정, 학교, 직장 등에 소속되어 사회 집단의 일원이 되고 싶어하는 욕구로서, 가족들과 애정을 나누고 친구나 직장동료 등 타인들과 교류하며 소속감을 느끼고 싶은 욕구가 이에 해당함.

4단계(명예의 욕구) : 사회 속에서 타인들로부터 자신의 능력에 대해 인정과 존중 등 좋은 평가를 받고 싶어하는 욕구로서, 더 높은 지위에 오르고자 하는 명예욕, 권력욕 등이 이에 해당함. 인간은 높은 평가를 받기 위해 끊임없이 노력하는 특성을 가지고 있음.

5단계(자아실현의 욕구) : 자신이 진정으로 이루고 싶은 자신만의 이상적인 가치를 발견하고 자신이 가지고 있는 잠재력과 능력을 최대로 발휘해 그 이상적인 가치를 실현시키고 싶어하는 욕구로서, 생존이나 타인의 평가 따위에 영향을 받지 않고 스스로 동기부여 하며 끊임없는 노력으로 자신을 성장시키고 발전시키고자 하는 특성을 가지고 있음.

매슬로우에 따르면, 일반적으로 인간의 욕구는 최하위 단계인 1단계에서 최상위 단계인 5단계까지 단계적으로 충족시키게 되기 때문에, 하위 단계 욕구가 어느 정도 충족되어야 그 다음 단계의 상위 욕구로 차례대로 충족하게 되는 형태를 보인다고 한다.

따라서 하위 단계의 욕구를 충족하지 못하면 그 다음 단계의 욕구를 충족시키기가 어렵기 때문에 생존의 욕구가 충족되지 않은 상태에서 안전의 욕구가 먼저 생겨나기 어렵고, 안전의 욕구를 충족하지 않은 상태에서 소속의 욕구나 명예의 욕구나 자아실현의 욕구를 먼저 추구하기 어렵다는 것이다.

위의 글에서 석가모니 부처님께 비아냥거렸던 바라문(brāhmaṇa, 婆羅門)의 경우에는 대지주였고 사제계급이었으므로 매슬로우의 욕구단계 중 생존의 욕구, 안전의 욕구, 소속의 욕구, 명예의 욕구가 만족할 정도로 충족된 상태였기에 부처님의 말씀을 들은 뒤 마지막 최상위 욕구 단계인 자아실현의 욕구를 선택하여 출가하게 된 것으로 보인다.

※ **바라문** : 산스크리트어 brāhmaṇa(브라만)을 소리 나는 대로 '婆羅門'(바라문)이라 한자로 적은 것으로, 고대 인도의 4대 신분제도 가운데 가장 높은 계급이며 성직자에 해당하는 사제계급을 말함.

그 바라문은 인생에 있어 먹고사는 일도 중요하지만 자기 자신의 진정한 행복을 위해 지금 무엇이 더 중요한지, 진정으로 이루고 싶은 일이 무엇인지 크게 깨달은 바가 있었을 것이다.

이 생에서 해탈의 깨달음을 못 얻으면 이 생의 삶이 아무런 보람이 없다는 절박한 심정이었을 것이다. 대자유인이 될 수만 있다면 억만금도 아깝지 않은 간절한 심정이었을 것이다.

인간은 누구나 이 5가지 욕구 단계 중 어느 욕구 단계에 속해 살아가고 있는 것이며, 자신이 속해있는 욕구 단계가 높은 사람일수록 삶의 질과 만족도도 높아지게 된다고 한다.

그러므로 인생을 살아가면서 한 번쯤은 자신이 매슬로우의 5단계 욕구 중 현재 어느 단계에 머물러 살아가고 있는지 돌아보는 것도 큰 의미가 있다고 생각된다.

석가모니 부처님께서는 35세에 얻은 깨달음에 대해 이후 45년 동안 이 깨달음을 중생들이 잘 이해하여 스스로 해탈의 길을 갈 수 있도록 체계화하여 전해 주셨다.

이를테면 "물고기를 잡아주기보다는 물고기 잡는 방법을 가르쳐 주어라"는 속담처럼 부처님의 가피에 의존하기보다는 중생 각자가 스스로의 힘으로 탐진치 번뇌와 고통에서 벗어날 수 있도록 해탈의 진리와 지혜와 수행 방법을 가르쳐 주신 것이다.

그리고 이러한 석가모니 부처님의 가르침은 육신의 수명이 다해 마지막 숨을 거두기 직전까지도 계속되었다. 자신의 죽음에 대한 공포나 두려움은 찾을 길 없고 오히려 남아있는 제자들을 위로하고 제자들의 수행에 도움이 되도록 하나라도 더 가르쳐 주고 가려 하셨다.

이처럼 석가모니 부처님도 80세로 열반하실 때까지 중생들과 마찬가지로 생로병사의 과정을 모두 거치셨다.

석가모니 부처님의 나이 여든 살, 벨루바(Beluva) 마을에서 안거하시던 부처님은 혹심한 더위로 몹시 앓게 되자 조용히 정진의 힘으로 고통을 견디고 계셨다. 열반에 들기 3개월 전 일이다. 병세가 조금 완화되자 부처님을 곁에서 지키던 아난다가 조심스레 부처님께 말씀드렸다.

"세존의 병환을 지켜보며 저는 두려움과 슬픔에 몸둘 바를 몰랐습니다. 세존께서 계시지 않는 승가(승가僧伽는 교단을 의미하는 산스크리트어 상가saṁgha의 발음을 모사하여 한자로 적은 음사어音寫語에 해당함)는 상상조차 할 수 없습니다. 세존이시여, 저희를 가엾이 여겨 부디 이 땅에 오래오래 머물러 주소서"

아난다의 근심어린 얼굴을 바라보던 부처님께서 말씀하셨다.

"아난다, 내 나이 여든이다. 이제 내 삶도 거의 끝나가고 있구나. 여기저기 부서진 낡은 수레를 가죽끈으로 동여매 억지로 사용하듯, 여기저기 금이 간 상다리를 가죽끈으로 동여매 억지로 지탱하듯, 아난다, 내 몸도 그와 같구나"

아난다가 흐르는 눈물을 닦으며 여쭈었다.

"세존이시여. 세존께서 계시지 않으면 저희는 누구를 믿고 무엇에 의지해야 합니까?"

"아난다, 너 자신을 등불로 삼고, 너 자신에게 의지하라. 너 자신 밖의 다른 것에 의지하지 말고 오직 너 자신에게 전념하라. 법을 등불로 삼고 법에 의지하라. 법을 떠나 다른 것에 매달리지 말라"

"자신과 법을 등불로 삼고 의지한다는 것은 어떻게 하는 것입니까?"

"아난다, 불굴의 의지로 게으름 없이 정신을 집중하여 자기의 몸과 마음을 깊이 관찰한다면, 그런 수행자는 육신에 대한 갈망에서 벗어날 것이다. 법에 대해서도 마찬가지다. 이것이 자기를 등불로 삼고 법을 등불로 삼는다는 것이다. 이것이 자기를 의지하고 법을 의지한다는 것이다.

아난다, 현재도 마찬가지고 내가 떠난 뒤에도 마찬가지다. 여래의 가르침에 따라 이렇게 수행하는 자가 있다면 그가 곧 여래의 참된 제자요, 참다운 수행자이다"

위의 아난다와 석가모니 부처님의 대화 내용은 대한불교조계종 교육원에서 편찬한 책 『부처님의 생애』에 나오는 내용을 옮겨놓은 것이다.

이 대화 내용 중에서 핵심 내용을 요약하여 한문으로는 "자등명 법등명 자귀의 법귀의(自燈明 法燈明 自歸依 法歸依)"라 쓰고, 우리말로는 "자기 자신을 등불로 삼고, 법을 등불로 삼으라. 자기 자신을 의지하고, 법을 의지하라"고 해석한다.

※ **자등명自燈明 법등명法燈明 자귀의自歸依 법귀의法歸依** : 자기 자, 스스로 자自, 등불 등燈, 밝을 명, 밝힐 명明, 법 법法, 돌아올 귀, 돌아갈 귀歸, 의지할 의依

즉 자기의 몸과 마음을 깊이 관찰하고 깨달음의 가르침인 법을 열심히 공부하며 정진하라. 자기 자신 밖의 다른 것에 의지하지 말고 법을 떠나 다른 것에 매달리지 말라는 가르침이다.

또한 석가모니 부처님께서는, "책에서 읽은 것이거나 현자나 붓다의 말이라도 믿지 마라. 점검하고 확인해 본 다음에 비로소 믿어라. 어떤 지식이라도 확인 없이 그냥 믿지 마라. 스스로의 지성과 자기 지혜로 확인한 후 비로소 믿어라. 깨달음의 길에서 누구를 만나든 그를 바로 받아들이지 마라. 깨달음의 길에서 붓다나 아버지를 만나도 그에게 미혹되지 마라. 누구에게도 매이지 말고 자유롭고 당당하게 살아라"라고 말씀하셨다.

〈 **법구경** 〉

소리에 놀라지 않는 사자와 같이
그물에 걸리지 않는 바람과 같이

> 흙탕물에 더럽히지 않는 연꽃과 같이
> 무소의 뿔처럼 혼자서 가라

 해마다 부처님 오신 날이면 사찰마다 형형색색의 화려한 연등(燃燈)을 줄줄이 달아놓고 석가모니 부처님의 탄신을 축하하는 봉축행사를 거행한다.

자신의 불성을 밝혀 세상을 밝히는 지혜와 자비의 등불, 연등

 부처님 오신 날에 연등을 다는 이유는, 모든 중생들은 남녀노소, 빈부귀천 차별없이 누구나 부처의 성품인 불성을 지니고 있으니, 자기 자신을 등불로 삼고 법을 등불로 삼아 다 같이 자신의 불성을 스스로 밝게 밝히고 그 밝아진 불성의 지혜와 자비로 탐진치 번뇌와 고통으로 가득찬 온 세상을 환하게 밝히자는 염원을 연등으로 형상화하여 상징하기 위함이다.

 벨루바(Beluva) 마을에서 어느 정도 병세가 호전되자 석가모니 부처님께서는 제자들과 함께 다시 길을 떠나셨다. 그런데 파바

(Pava)라는 마을에 이르렀을 때 금세공장(金細工匠) 춘다가 올린 공양을 드시고 심한 설사와 복통 증세를 보이셨다. 그러나 고통을 참으시면서 쿠시나가라(Kusinagara)로 향하셨다.

더위와 통증을 참아가며 내딛는 부처님의 발걸음은 무겁고 더디었다.
쿠시나가라에 도착하자 부처님께서 아난다에게 말씀하셨다.

"아난다, 나는 지금 몹시 피곤해 눕고 싶구나. 저기 두 그루 사라수(沙羅樹) 나무 사이에 자리를 펴다오. 나는 오늘 밤 여기에서 열반에 들겠다"

아난다는 부처님께서 열반에 드신다는 말씀을 듣고 슬퍼서 견딜 수가 없었다. 부처님은 한쪽에 가 소리죽여 울고 있는 아난다를 부르셨다.

"아난다, 울지 말아라. 가까운 사람과 언젠가는 헤어지게 되는 것이 이 세상의 인연이다. 한 번 태어난 것은 반드시 죽게 마련이다. 죽지 않기를 바라는 것은 어리석은 생각이다"

이제 부처님이 열반에 드실 시간이 가까이 온 듯했다. 부처님은 무수히 모여든 제자들을 돌아보시면서 다정한 음성으로 물으셨다.

"그동안 내가 한 설법의 내용에 대해 의문 나는 점이 있거든 물어보아라. 때를 놓치고 후회하는 일이 없도록 물을 것이 있으면 어서 물어라. 내 살아있는 동안 그대들을 위해 설명해 주리라"

그러나 그 자리에 모인 제자들은 한 사람도 묻는 이가 없었다. 부처님이 다시 물으셨다.

"어려워 말고 어서들 물어보아라. 뒷날 후회하는 일이 없도록 하라"

이때 아난다가 말했다.

"지금 이 자리에 모인 제자들 중에는 부처님의 가르침에 대해 의문을 가진 사람이 없습니다"

아난다의 말을 들으시고 부처님께서 마지막으로 말씀하셨다.

"죽음이란, 육신의 죽음이라는 것을 잊지 말아라. 육신은 부모에게서 받은 것이므로 늙고 병들어 죽는 것은 어쩔 수 없는 일이다. 여래는 육신이 아니라 깨달음의 지혜다. 내가 떠난 뒤에는 내가 말한 가르침이 곧 너희들의 스승이 될 것이다"

"나의 마지막 당부는, 자신에게 등불이 되어라. 자기 내면의 붓다를 알아차려라. 깨어나라. 주변의 모든 것은 변하므로 덧없고 불안정하니 항상 자신을 안정되게 하라. 언제나 부지런히 정진하여 본연의 지혜를 얻으라. 부디 포기하지 말라. 이 길을 따르면

모두가 열반을 만날 것이다. 나는 방일하지 않았으므로 바른 깨
달음을 얻었느니라"

이 가르침을 마지막으로 남긴 채 석가모니 부처님은 인류의 스
승으로서 80세의 위대한 생애를 마치고 열반에 드셨다.

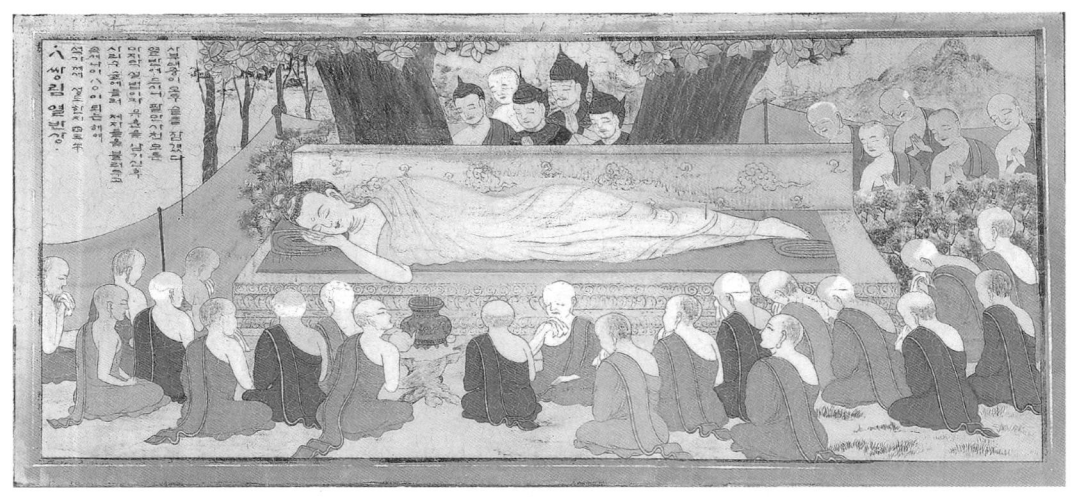

출처 : 대한불교조계종 해동용궁사(부산) 대웅보전 팔상도(열반상)

삶이란 죽음으로 가는 길이다. 그러나 삶을 지혜롭게 산 사람은
절대 죽음을 두려워하지 않는다. 그러니 사람은 사는 날의 준비
뿐만 아니라 죽는 날의 준비 또한 절실한 것이다.

사람이 자기 육신의 끝날에 대해 각성하며 사는 일이야말로 지
혜로운 삶일 것이다. 천년만년 살 줄 알고 탐욕과 이기의 발톱을
드러내어 온갖 죄악을 저지르다가 불현듯 죽음을 맞는 삶과, 육

신의 끝날에 대한 인식 속에서 영혼의 구원을 사모하여 선하게 살려 발버둥치다 그 끝을 맞는 삶과는 엄청난 차이가 있을 것이기 때문이다.

다음은 어리석고 미혹한 중생이 육도윤회에서 사람으로 태어나는 것이 얼마나 어려운 일이며, 사람으로 태어나더라도 부처님의 가르침인 불법을 만나는 것 또한 얼마나 어려운 일인지에 대해 경전에 나오는 이야기다.

어느 날 제자들과 함께 연못 주변을 산책하시던 부처님께서 아난다에게 물으셨다. "큰 바다에 눈먼 거북이 한 마리가 살고 있다. 이 거북이는 백 년에 한 번씩 물 위로 머리를 내놓는데 그때 바다 한가운데 떠다니는 구멍 뚫린 나무판자를 만나면 잠시 그 구멍에 머리를 넣고 쉴 수 있다. 그러나 이 나무판자를 만나지 못하면 쉬지 못하고 물속으로 다시 들어가야 한다. 그런데 이 눈먼 거북이가 과연 나무판자를 만날 수 있겠느냐?"

아난다는 "그럴 수 없겠습니다. 눈까지 먼 거북이가 백년 만에 머리를 물 밖으로 내밀 때 넓은 바다에 떠다니는 구멍 뚫린 나무판자를 만난다는 것은 도저히 불가능하기 때문입니다."라고 대답했다.

이에 석가모니 부처님께서 아난다에게 말씀하셨다. "그런데 눈먼 거북이가 구멍 뚫린 나무판자를 만나는 것보다, 어리석고 미혹한 중생이 육도윤회에서 사람으로 태어나는 것이 더 어렵다.

왜냐하면 저 중생들은 착한 일을 행하지 않고, 서로서로 죽이거나 해치며, 강한 자는 약한 자를 괴롭혀 한량없는 악업을 짓기 때문이다. 그러므로 너희들은 사람으로 태어났을 때 내가 가르친 '성스러운 네 가지 진리(사성제四聖諦)'를 부지런히 닦으라. 만약 아직 알지 못하였다면 불꽃 같은 치열함으로 배우기에 힘써야 한다."

이 이야기에서 석가모니 부처님께서 말씀하신 내용이 첫 번째는 맹구우목(盲龜遇木) 즉 사람으로 태어나는 것이 눈먼 거북이가 큰 바다에서 구멍뚫린 나무판자를 만나는 것보다 더 어렵다는 가르침이고, 두 번째는 인생난득(人生難得) 불법난봉(佛法難捧) 차생실각(此生失却) 만겁난우(萬劫難遇) 즉 인간 몸 얻기 어렵고 불법 만나기 어려워 이번 생에 깨닫지 못하면 만겁이 지나도록 다시 만나기 어려우니, 어렵게 사람 몸을 받아 태어난 만큼 방일(放逸)하지 말고 열심히 수행하라는 가르침이다.

위의 이야기는 우리네 인생이 얼마나 소중한지를 알려주시는 부처님의 가르침이다. 그러나 이 소중한 인생을 어떻게 보내야 하는지, 무엇이 더 중요한지 잘 알지 못하고 아까운 인생만 허비하며 보내는 경우가 대부분이라고 생각한다.

그러다가 문득, 나는 누구인가? 나는 왜 사는가? 나는 무엇을 위해 살아야 하는가? 나는 어떻게 살아야 하는가? 라는 근원적인 의문이 들 때가 있지만 그것도 잠시뿐, 장님 코끼리 만지기 식으로 이리저리 생각하다가 어떻게 정답인지 모른 채 "인생 무상 삶의 회의!", "내 마음 나도 몰라!", "인생 뭐 있어? 그냥 즐기면서 사는 거지!", "인생은 나그네길!", "인생은 한바탕 꿈이야!"라며 또다시 앞만 보고 그냥저냥 살아가게 되는 것 같다.

그런데 지금으로부터 2600여 년 전에 똑같은 의문을 품고 출가하여 각고의 수행 끝에 깨달음의 답을 구해 알려주신 분이 있으니 바로 석가모니 부처님이시다.

모든 인간이 탐진치 번뇌와 고통의 굴레를 벗고 해탈할 수 있는 진리와 지혜를 깨달아 부처가 될 수 있도록 해탈 방법을 평생 동안 남김없이 가르쳐 주시고 열반하신 석가모니 부처님의 거룩한 일생은 우리 인간들을 삶의 여정에서 올바른 목적지로 안내해 줄 나침반이다. 언제나 우리를 깨우쳐 주실 것이다.

그러니 인생의 근원적인 문제에 대한 올바른 답을 구하고, 자기 자신에게 진실로 이익이 되며, 주어진 생명을 최대로 가치 있게 살고자 한다면 석가모니 부처님의 가르침을 틈틈이라도 시간 내 공부하고 수행하여 보기를 권하고 싶다.

세상의 많은 사람들의 마음에 석가모니 부처님의 가르침이 제대로 전해져 이 사바세계가 극락세계로 거듭나길 간절히 소망해 본다.

8. 석가모니 부처님의 고행과 명상

싯다르타는 29세(기원전 595년)에 출가하여 여러 스승을 찾아다니다가 그 당시 일반적인 수행 방법이던 고행을 해보기로 결심하고 극심한 고통 속에 처절하게 고행을 해보았으나 번뇌의 속박과 고통으로부터 해탈할 수 있는 올바른 수행 방법이 아님을 깨닫고 어린시절 경험했던 명상법으로 보리수 나무 아래에서 수행하여 마침내 35세(기원전 589년)에 깨달음을 얻어 부처님이 되셨다.

싯다르타가 얼마나 고독하고 처절한 고행을 하였는지에 대하여는 대한불교조계종 교육원에서 편찬한 책 「부처님의 생애」에 자세히 기술되어 있어 옮겨본다.

> 싯다르타는 더 이상 의지할 만한 스승이 없었다. 싯다르타는 깊은 생각에 잠겼다. '길고 긴 고통의 원인인 번뇌의 속박을 어떻게 하면 태워버릴 수 있을까?'
>
> 그때 맑고 선명한 생각이 떠올랐다. 올바른 고행을 하면 반드시 최고의 깨달음에 도달할 수 있을 것이라는 확신이 들었다. 싯다르타는 이러한 믿음을 갖고 고행자들이 머무는 숲 우루웰라의 세나니로 향하였다.

싯다르타는 몸과 마음의 선하지 못한 업을 태워버리기 위해 고독하고 처절한 고행을 시작하였다. 식사 초대를 받아들이지 않았고, 생선이나 고기를 먹지 않고, 곡식으로 빚은 술도 과일로 빚은 술도 쌀로 끓인 미음도 마시지 않았다. 오로지 야채만 먹기도 하고, 쭉정이만 먹기도 하고, 숲 속 나무뿌리나 과일만 먹기도 하고, 혹은 떨어진 열매만 주워 먹기도 하였다.

거친 베옷을 입고, 쓰레기 더미에서 주어온 누더기를 입고, 풀이나 나무껍질 또는 부엉이의 깃털을 엮어 입고, 아예 나체로 지내기도 하였다. 머리카락과 수염을 뽑기도 하고, 항상 서서 생활하기도 하며, 항상 웅크린 자세로 지내기도 하고, 가시방석에 눕기도 하였다. 몸에 낀 때가 이끼처럼 덕지덕지 쌓인 싯다르타는 숲에서 가장 남루한 사람이 되었다. 숲에서 가장 고독한 사람이 되었다.

이번에는 호흡을 멈추는 고행을 실천하기로 마음먹었다. 이빨을 앙다물고 혀끝을 세워 목구멍을 막아 몸과 마음을 압박했다. 그러자 힘센 장정이 힘없는 사람을 짓밟는 듯 극심한 고통이 찾아왔다. 겨드랑이에서 땀이 흘렀다.

고행에 압도당한 몸은 안절부절 못하고 편안하지 못하였다. 그러나 통증을 이겨내며 부지런히 노력하고 집중력을 기울여 의식을 잃지 않으려고 애썼다.

숨을 쉬지 않고 멈추었다. 입과 코를 막아 바람이 통하지 못하게 하였다. 그러자 귀에서 폭발하는 듯한 소리가 터져 나왔다. 대장간에서 풀무질할 때처럼 큰 바람 소리가 귀에서 울렸다.

이번에는 입과 코뿐 아니라 귀까지 막았다. 그러자 강렬한 바람이 머리끝을 뚫고 분출하였다.

싯다르타는 숨쉬지 않는 고행을 더 강렬하게 해야겠다는 생각에 입과 코와 귀뿐만 아니라 모든 구멍을 막고 숨쉬기를 멈췄다. 그러자 힘센 사람이 거친 가죽끈으로 머리를 싸고는 칼로 도려내는 듯한 통증이 찾아왔고, 힘센 사람 둘이서 약한 사람을 잡아 손발을 묶은 채 숯불 아궁이에 던지듯 강렬한 불길이 온몸을 휘감으며 타올랐다.

고행으로 짓눌린 몸은 안절부절 못하고 편안하지 못하였다. 그러나 통증을 이겨내며 부지런히 노력하고 집중력을 기울여 의식을 잃지 않았다.

호흡을 멈추는 고행을 통해 만족스런 결과를 얻지 못한 싯다르타는 음식을 먹지 않는 고행을 실천하기로 마음먹었다. 음식을 줄여나가던 싯다르타는 강낭콩 또는 완두콩으로 만든 죽을 한 방울씩만 먹게 되었다. 점점 야위어가던 몸은 결국 피로와 굶주림을 이기지 못해 쓰러지고 말았다.

그러나 싯다르타는 멈추지 않았다. 마른 넝쿨처럼 뼈마디가 불거지고 엉덩이는 낙타의 발처럼 말라버렸다. 등뼈가 쇠사슬처럼 드러나고 갈비뼈는 낡은 건물의 서까래처럼 울퉁불퉁 모습을 드러냈다. 뱃가죽을 만져보려고 손을 뻗으면 등뼈가 만져지고 등뼈를 만져보려고 손을 뻗으면 뱃가죽이 만져졌다.

싯다르타는 소변을 보러 일어서다 넘어지기 일쑤였다. 기력이 없으니 스스로 일어서지도 못했다. 늙은 노인처럼 숨결이 가늘어지고 손발이 마음대로 움직여지지 않았다. 저린 팔다리를 쓰다듬으면 뿌리가 썩어버린 털들이 후드득 떨어지고 황금빛으로 빛나던 피부는 익기 전에 딴 조롱박처럼 바람과 햇살에 까맣게 타들어 갔다. 오직 깊은 우물 속 반짝이는 물처럼 움푹 팬 눈두덩이 깊숙이에서 눈동자만 빛나고 있었다.

죽음의 문턱을 넘나든 고행이었다. 숲의 다른 고행자들은 감히 흉내낼 수 없는 처절한 고행에 감탄하며 내심 존경의 눈빛을 감추지 못했다. 그러나 싯다르타는 만족할 만한 결과를 얻지 못하고 생각에 잠겼다.

'과거의 어떤 고행자도 나보다 격렬하고 모질고 찢는 듯한 고통은 맛보지 못했을 것이다. 미래의 어떤 고행자도 나보다 격렬하고 모질고 찢는 듯한 고통은 맛보지 못할 것이다. 현재의 어떤 고행자도 나보다 격렬하고 모질고 찢는 듯한 고통은 맛보지 못하고 있을 것이다.

 이토록 격렬하고 모질고 찢는 듯한 고행에도 불구하고 해탈은 찾아오지 않았다. 해탈은커녕 성스럽고 거룩한 진리의 실마리조차 얻지 못하였다. 깨달음을 위한 다른 길이 있음에 틀림없다'

 육신을 학대하는 수행은 기대와 달리 극심한 고통만 남겼다. 고행은 깨달음의 방편이 될 수 없었다. 어떤 스승이나 가르침도 더 이상 싯다르타의 의지처가 될 수 없었다.

출처 :
대한불교열반종 총본산 연화산 와우정사 벽화(경기도 용인)

 싯다르타가 고행을 중단한 이유에 대하여 생각해 본다면, 수행의 효과는 본인이 가장 잘 아는 법인데, 아무리 고행을 해도 고통 속에 탐진치 번뇌가 잠시 사라질 뿐 자신의 내면에서 끊임없이 올라오는 애욕(愛慾 : 이성에 대한 성애性愛의 욕망)과 선하지 못한 생각들을 완전히 끊어 없앨 수 있는 불변의 근본적인 진리와 지혜를 찾을 수 없었기 때문이었을 것이다.

고행을 할 때에는 탐진치 번뇌가 사라져 해탈의 깨달음을 얻은 것 같다가도 고행을 하지 않으면 또다시 탐진치 번뇌가 재생되어 애욕과 선하지 못한 생각에 굴복하고 마는 악순환이 반복되고 어리석은 행동이 되풀이되는 데서 오는 후회와 좌절의 고통을 맛보았기 때문이었을 것이다.

싯다르타는 문득 어린시절 기억 하나를 떠올렸다. 부왕과 함께 농경제(農耕祭) 행사를 참관하러 가서 잠부나무 그늘에 앉아 눈을 감고 쉬다가 명상에 잠겨 무아경에 빠져든 일이었다.

'그때 나는 애욕과 선하지 못한 것들을 떠나 깊은 사색에 잠겼었지. 바르고 차분하게 사유를 하며 애욕을 떠났을 때 나에게 기쁨과 즐거움이 찾아왔었지. 바로 그것이 해탈의 깨달음으로 가는 입구가 아닐까?'

지난날을 낱낱이 기억하고 사유한 끝에 판단을 내렸다. '그렇다. 그것이 깨달음의 입구다' 잠부나무 아래에서의 명상은 지금까지의 그 무엇과도 비교할 수 없는 기쁨이었던 것이다.

'그런 즐거움조차 두려워해야 할까?' 싯다르타는 깊은 사유를 통해 결심하였다. '애욕과 선하지 못한 것들을 떠나면 즐

거움이 일어난다. 나는 그 즐거움을 두려워해서는 안 된다'

누구도 걷지 않은 새 길이 보였다. 싯다르타는 고행으로 뼈만 앙상한 몸을 돌아보았다. 오랜 기간 극심한 고통을 겪은 몸으로는 명상의 즐거움을 감당할 수 없을 것이 분명했다.

이런 쇠약한 몸으로는 해탈의 진리나 지혜를 깨달을 수 없다고 생각한 싯다르타는 우선 몸부터 기운을 차려야겠다고 결심을 하고 숲속을 나와 마을로 들어갔다.

그 마을에는 수자타(Sujata)라는 처녀가 살고 있었는데 지친 몸으로 길가에서 쉬고 있던 싯다르타를 발견하고는 우유에 쌀을 넣은 우유죽을 정성스레 끓여 공양(供養)을 올렸다.

수자타의 정성 어린 우유죽 공양으로 기운을 되찾은 싯다르타는 가장 높고 바른 깨달음을 성취할 자리를 찾아 다시 숲으로 들어가 시원하게 넓은 그늘을 드리운 보리수 나무 아래 반석위에 고르게 풀을 깔고는 동쪽을 향해 앉았다.

몸을 바르게 세우고 호흡을 고른 싯다르타는 맹세하였다. '여기 이 자리에서 내 몸은 말라버려도 좋다. 가죽과 뼈와 살이 없어져도 좋다. 어느 세상에서도 얻기 어려운 저 깨달음에 이르기까지 이 자리에서 죽어도 결코 일어서지 않으리라.'

싯다르타는 호흡을 부드럽게 가다듬고 해탈의 진리와 지혜를 얻기 위한 방법을 찾아 깊은 명상(깊숙할 명冥, 생각 상想 : 눈을 감고 고요한 기분으로 깊은 생각에 잠김)에 들었다.

이렇게 명상으로 수행정진을 시작한 지 오래지 않아 마침내 싯다르타는 애욕과 선하지 못한 생각들을 떠나 사색과 사려를 갖추었다. 그러자 애욕을 떠남에서 생긴 기쁨과 즐거움이 가득한 선정의 첫 단계에 도달하였다.

이어 사색과 사려마저 고요히 하자 안으로 깨끗해지고 마음이 하나가 되었다. 그리하여 삼매에서 생긴 기쁨과 즐거움이 가득한 선정의 두 번째 단계에 도달하였다.

이어 기쁨에 대한 탐착마저 떠나 담담히 바라보고 빛을 돌이켜 반추하자 몸이 가볍고 편안해졌다. 선정의 세 번째 단계에 도달하였다.

이어 즐거움도 버리고 괴로움도 버렸다. 그러자 괴롭지도 즐겁지도 않은 상태가 되었다. 싯다르타는 담담히 바라보고 반조하여 청정한 선정의 네 번째 단계에 도달하였다.

싯다르타는 맑고, 고요하고, 더러움이 없고, 부드럽고, 무엇에도 장애를 받지 않아 자유로워졌다.

이와 같이 싯다르타는 명상으로 마음을 집중하면서 꼬리에 꼬리를 물고 일어나는 의문에 대해 이치에 맞는 해답을 구하고자 차분하게 명상을 이어간 결과 탐진치 번뇌와 고통에서 해탈할 수 있는 진리와 지혜를 깨닫게 되었다.

그리고 그 깨달음을 통해, 명상을 하건 안 하건 상관 없이 탐진치 번뇌가 더 이상 재생되지 않아 마음에 걸림이 없게 되어 어리석은 행동을 하지 않게 되는 해탈의 경지에 이르게 되었다. 그리하여 마침내 가장 높고 완전한 바른 깨달음을 성취하여 부처님이 되신 것이다. 명상수행이 해탈의 깨달음으로 가는 길임을 알려주신 것이다.

싯다르타가 해탈의 완전한 깨달음을 구하기 위하여 고행 등 온갖 수행을 다 해보고 마지막으로 선택한 수행 방법인 명상의 길은 길이 없는 길, 스승이 없는 길이었다.

누구의 가르침도 없이 오로지 자기 자신만을 의지하며 혼자의 힘으로 자신의 지혜를 밝혀 깨달음에 이르신 것이다. 온전히 자신의 내면에서 길어 올린 지혜로 깨달음을 성취하신 것이다. 자기 자신을 등불로 삼고(자등명自燈明), 자기 자신을 의지하는(자귀의自歸依) 수행 방법이 명상임을 알려주신 것이다.

그리고 더이상 이 깨달음의 수행 길이 길 없는 길, 스승 없는 길이 되지 않도록 깨달음의 가르침인 법을 중생들에게 전해 주시고 스승이 되어주셨다. 그래서 법을 등불로 삼고(법등명法燈明) 법을 의지하여(법귀의法歸依) 부지런히 수행을 정진하라고 말씀하신 것이다.

부처에 귀의한다고만 해서 부처가 될 수 있는 것이 아니라 자기 자신의 힘으로 자기 자신을 통해서만 부처가 될 수 있는 것이니, 자기 밖에서 구하지 말고 자기 안에서 구하라고 가르치신 것이다. 자기를 구제할 사람은 오직 자기 자신 뿐인 것이다. 지금도 대웅전의 거의 모든 불상은 명상하는 모습으로 명상수행의 중요성을 일깨우고 있다.

석가모니 부처님께서는 사바세계 중생들의 탐진치 번뇌와 고통을 없애는 여덟 가지 구체적인 수행 방법으로 제시하신 팔정도(八正道)에서도 명상을 하라고 가르치셨다.

팔정도(八正道)에는 정사유(正思惟), 정념(正念), 정견(正見), 정어(正語), 정업(正業), 정명(正命), 정정(正定), 정정진(正精進)이 있는데, 그중에서 정정(正定)이 바로 '명상으로 몸과 마음에 의식을 집중하여 몸과 마음을 바르고 안정되게 하는 것'을 말하는 것이다.

석가모니 부처님께 제자들이 "명상수행으로 뭘 얻으셨는지요?"라고 여쭙자, "분노를 잃었고 괴로움을 잃었다. 근심을 잃었고 불안감을 잃었지, 늙음에 대한 두려움을 잃었고 죽음에 대한 공포를 잃었다. 명상으로 분노, 괴로움, 근심, 불안감, 늙음, 죽음에 대해 승리를 얻었다"고 말씀하셨다.

따라서 석가모니 부처님께 귀의하는 불자라면, 탐진치 번뇌와 고통에서 조금이라도 벗어나고 싶다면, 명상은 반드시 힘써 행해야 하는 기본 수행이 되어야 한다.

이와 같이 명상은 의식을 집중하여 자기의 몸과 마음을 깊이 관찰하는 것이며, 자기 자신을 만나는 즐겁고 귀한 시간이다. 자기의 부족한 부분을 끊임없이 관찰하여 스스로 고쳐나가게 해주므로 세상에서 제일 유익한 자기와의 대화 방법이며 자기 자신을 가장 사랑하는 방법이다. 자기 내면에 집중하여 자기 안의 불성을 일깨우는 수행 방법인 것이다.

그러므로 명상을 하는 사람은 자기 자신과 끊임없이 대화하고 교감하므로 전혀 외롭지 않다. 외로움은 자기 안에 자기가 없기 때문이다. 반야심경에서도 '관자재보살(觀自在菩薩)' 즉 명상을 통해 '자기 안에 있는 보살을 보라'고 하지 않는가? 자기 내면의 붓다를 알아차려라. 깨어나라고 하는 것이다.

그럼 명상은 어떻게 하여야 할까? 명상의 방법은 여러 가지가 있어 개인적으로 따로 배울 수도 있을 것이나, 외람되지만 필자의 경우를 예로 들어 말씀드리면, 우선, 명상은 어렵지 않다는 것이다.

왜냐하면 명상은 천리안, 투시력, 텔레파시 같은 신통력을 얻기 위한 방법이 아니라 나와 내 안의 불성(佛性)이 만나는 방법이면 된다고 생각하기 때문이다.

라디오의 다이알을 돌려서 주파수가 맞으면 라디오 소리가 잘 흘러나오듯이, 눈을 감고 가만히 있다 보면 언제부턴가 내 안에서 부처님 말씀처럼 좋은 생각과 지혜들이 저절로 떠오르고 마음이 편안해지는 체험을 많이 해보았기 때문이다.

따라서 그냥 부담없이 경주 석굴암 석가모니 부처님의 모습처럼 자연스럽게 허리를 쭈욱 펴고 앉아 자세를 바르게 한 채 바닥에 앉든, 의자에 앉든, 가부좌로 앉든, 반가부좌로 앉든, 책상다리로 앉든, 버스를 타고 가든, 택시를 타고 가든, 지하철을 타고 가든, 손과 팔은 무릎 위에 편하게 올려 둔 채, 5초라도, 10초라도, 1분이라도, 10분이라도 틈나는 대로 두 눈을 잠잘 때처럼 자

연스럽게 감고 있는 방법이면 충분하다고 생각한다. 상황에 따라서는 서서 해도 되고 누워서 해도 되는데, 다만, 운전할 때나 걸을 때처럼 안전하지 않을 때는 위험하니 눈을 감지 말아야 한다.

눈은 마음의 창이라고 한다. 눈을 감으면 외부에서 들어오던 정보들이 차단된다. 그동안 외부 정보들을 받아들이는데 집중하던 자신의 의식이 비로소 자기 내면에서 올라오는 정보에 집중하기 시작한다. 자신의 마음을 들여다보게 되고 마음이 들려주는 이야기에 귀를 기울이게 된다. 보이는 세계에서 보이지 않는 세계로 여행을 떠나게 되는 것이다.

현재 자기가 가지고 있는 고민이나 업무의 해결 방법 등 일상생활을 하면서 부닥치는 다양한 문제들에 대해서도 눈을 감고 생각하다 보면 지금 당장은 아니더라도 조만간 또는 오래지 않아 자기 안에서 좋은 해답이 떠오르기도 한다.

어떤 교수님은 논문을 쓸 때 명상을 하면 좋은 아이디어들이 떠올라 많은 논문을 쓸 수 있었다며, 명상이 실생활에서도 시간 낭비가 아니라 오히려 더 많은 생산적인 도움을 준다고 말씀하기도 한다.

석가모니 부처님께서도 깨달음을 얻고자 명상에 들어 자신과 중생들의 전생의 삶을 돌아보면서 깊이 사유하신 결과 모든 중생들이 고통 속에 끝없는 윤회의 삶을 살아가고 있음을 알게 되셨고, 그 고통과 윤회의 원인이 탐진치 번뇌에 있음을 알게 되셨으며, 그 탐진치 번뇌와 고통과 윤회가 연기법(緣起法)의 진리에 따라 일어나는 것임을 알게 되셨고, 그리하여 탐진치 번뇌와 고통과 윤회를 끊어 없애어 해탈할 수 있음도 알게 되셨으며, 마침내 그 해탈의 방법으로 4가지 성스러운 진리인 사성제(四聖諦)와 8가지 지혜롭고 성스러운 바른 길인 팔정도(八正道)의 진리를 깨닫게 되신 것이다.

이러한 명상의 방법은 다양한데, 눈을 감고 계곡이나 하천이나 바다에서 물 흘러가는 소리, 폭포 소리, 파도 소리 등을 들으며 그 시원한 물줄기들이 물소리와 함께 자신의 머리끝부터 손발끝까지 몸을 뚫고 지나면서 그동안 자신의 몸과 마음에 쌓여있던 스트레스나 피로감, 나쁜기억, 근심, 걱정, 불안, 초조, 분노 같은 것들을 깨끗이 싸악 씻어내고 떨어내어 물과 함께 멀리 떠내려가는 모습을 상상하는 명상도 있다.

새콤달콤한 자두를 맛본다고 마음으로 상상만 해도 입 안에 침이 고이듯이 몸과 마음은 서로 연결되어 영향을 주고 받을 수 있기 때문에 상상을 통해서도 얼마든지 몸과 마음에 변화를 줄 수 있는 것이다.

명상을 마치고 감았던 두 눈을 뜨면 머리가 시원하고 기분도 상쾌하고 눈도 밝아지고 주변 경치도 더욱 싱그럽고 선명하게 보이고 마음도 차분해지고 편안해진 것을 느낄 수 있다.

현대 과학에서도 명상을 하면, 스트레스와 불안감, 우울감을 감소시켜 행복감을 증진시키고 일에 대한 집중력을 향상시켜 주며, 질병에 대한 면역체계를 강화시켜 주고 수면의 질을 높여 주며, 만성 통증을 줄여 주고 혈압과 심혈관 질환을 개선시켜 주며, 자신감과 자존감을 높여 주는 등 많은 효과가 있는 것으로 보고가 되고 있다.

그런데 현대인들은 갈수록 의식이 자기의 밖으로만 지나치게 쏠리게 되는 경향이 높아지고 있다. TV드라마도 좋고 가요나 팝송도 좋고 험난한 산들을 등반하고 오지를 탐험하는 것도 좋지만, 일상생활을 하면서 틈틈이라도 명상으로 자기의 무궁무진한 미지의 내면세계를 탐구하여 자기 자신을 알아가고 몸과 마음을 변화시켜 자유롭고 행복해질 수 있다면 보다 더 가치있는 인생이 될 것이다.

소크라테스도 "너 자신을 알라"고 하였고, 티베트 불교지도자 달라이 라마도 "명상은 마음을 변화시키는 수단이다"라고 하였다. 불자는 물론 많은 사람들이 명상을 하여 자기 안의 불성(佛性)과 하나가 되고 우주 자연과 하나가 되는 체험을 통해 스스로 자기의 몸과 마음을 지혜롭게 잘 가꾸어 나갈 수 있다면 우리가 살고 있는 이 사바세계도 더 살기좋은 세계가 될 것이다.

석가모니 부처님께서 보여주신 깨달음의 길은 우리 자신을 이롭게 하는 길이므로, '우리도 부처님같이!'라는 찬불가처럼 틈틈이라도 열심히 수행을 하자! 우리도 부처님같이 명상을 하자!

9. 연기법(緣起法)을 알면 석가모니 부처님의 가르침이 보인다

연기(緣起)란, 한자로 '인연 연, 인할 연緣', '일어날 기起'로서, '인연생기(因緣生起)'의 줄임말이며, '모든 존재나 현상은 인연따라 생겨난다'는 뜻이다.

여기서 인연(因緣)이란, '인연 인, 인할 인因', '인연 연, 인할 연緣'으로 이루어진 말로서, 인(因)은 어떤 결과가 생기기 위한 직접적인 '원인 또는 조건'을 말하고, 연(緣)은 어떤 결과가 생기기 위한 간접적인 '원인 또는 조건'을 말한다.

따라서 인연이란 모든 것은 서로서로 직접적으로 연결되어 있거나 간접적으로 관련되어 있다는 의미이므로, 인연에 따라서 생겨나고 인연이 다하면 사라지게 되는 것이 연기인 것이다.

그런데 이러한 인연의 의미는 춘향이와 이몽룡, 로미오와 쥴리엣처럼 남녀간의 인연 뿐만 아니라 우주만물의 생성과 소멸이 있기 위한 인연을 포함하는 광범위한 의미인 것이다.

그러므로 연기 즉 '모든 존재나 현상은 인연따라 생겨나고 인연이 다하면 사라진다'에서, 인연은 '원인 또는 조건'에 해당하고, 생겨나거나 사라지는 것은 그 '결과'에 해당하므로, '원인 또는 조건'이 없는 '결과'란 있을 수 없고, '결과'에는 반드시 '원인 또는 조건'이 있다는 것이다. 그래서 이 '원인 또는 조건'과 '결과'의 관계를 가리켜 인과관계(因果關係) 또는 연기관계(緣起關係)라고 부른다.

그런데 연기는 석가모니 부처님께서 처음으로 만들어낸 원리가 아니라 이 우주에 항상 존재하고 있는 우주만물의 생성과 소멸에 관한 근본 원리로서 인간을 포함하여 우주에 있는 모든 존재나 현상이 어떤 방식으로 생겨나고 사라지는지에 대한 법칙이요 진리이다.

그러므로 연기법(緣起法)은 영원히 변하지 않는 우주적 절대 진리로서 불교에만 국한되지 않는 보편 타당한 객관적 진리인 동시에, 불교의 근본 진리로서 불교적 세계관과 인생관이기도 한 것이다.

따라서 우주적 절대 진리인 연기법을 근본 진리로 하는 석가모니 부처님의 가르침은 가장 과학적이고, 가장 합리적이며, 국적·인종·종교 등과 상관없이 가장 보편적이므로, 불교는 언제나 가장 현대적인 종교인 것이다.

이러한 연기법에 의하면, 모든 존재나 현상은 직접적이거나 간접적인 원인이나 조건에 의하여 생겨나거나 사라지기 때문에, 어떠한 존재나 현상일지라도 자신이 알 수 있든 없든 어떤 원인이나 조건에 따라 생겨난 것이지 우연히 생겨나거나 자기 혼자서 생겨난 것은 없다는 것이다.

그러므로 어떠한 존재나 현상을 생겨나게 하는 원인이나 조건이 변하게 되거나 없어지게 되면 그 결과로서 존재나 현상도 변하게 되거나 없어지게 된다는 것이다.

따라서 모든 존재나 현상은 인연에 의존하여 생겨나고 소멸하는 인과관계(또는 연기관계)에 있기 때문에 서로 그물처럼 연결되어 있어, 이 세상에는 홀로 있는 것도, 영원한 것도, 절대적인 것도 있을 수 없는 것이다.

예컨대 '사지 않으면 당첨될 수 없다'는 말처럼 복권을 샀기 때문에(원인 또는 조건, 즉 인연에 해당함) 당첨될 수 있는 것(결과)이지, 복권을 사지도 않았는데 당첨될 수는 없는 것이고, 누군가 땅에 콩을 심었기 때문에(원인 또는 조건, 즉 인연에 해당함) 콩이 자라는 것(결과)이지 누군가 심지도 않았는데 콩이 저절로 생겨나 자랄 수는 없는 것처럼 모든 존재나 현상에는 알 수 있든 없든 다 원인 또는 조건이 있다는 것이 연기법인 것이다.

그러므로 우리가 행하는 어떤 행위라도 반드시 결과를 낳는 법이다. 지금 나의 선택이 또 하나의 인연을 만드는 것이다. 내가 살아온 발자취는 내가 만들어온 인연의 결과물인 것이다. 그 무수한 선택과 인연들이 모여 지금의 내가 존재하는 것이다. 그러니 오늘 내가 어떻게 사느냐에 따라 내일이 달라지고 내년이 달라지는 것이다.

그래서 자신의 전생(前生)을 알고 싶으면 지금 현생(現生)의 삶을 보면 되는 것이고, 현생의 삶을 보면 자신의 내생(來生)의 삶도 알 수 있는 것이다.

이렇게 인과의 법칙, 연기의 법칙에 따라 자신이 지은 대로 과보(果報)를 받는 것이니, 사바세계에서 주어진 짧은 수명(壽命)을 가지고 얼마나 잘 먹고 즐기다 죽느냐보다는 노후생활을 위해 저축을 하듯이 선업(善業)과 공덕(功德)을 얼마나 많이 쌓고 돌아가느냐가 더 중요한 것이다.

〈 선업과 악업과 공덕 〉

o **선업**(착할 선善, 업 업業) : 탐진치(탐욕과 성냄과 어리석음) 번뇌가 없는 마음에서 착하고 어진 선행을 베풀어 그 과보로 복덕(福德)을 받는 힘. 선업을 지으면 불성이 밝아지고 악업이 사라지게 됨. (불사, 보시, 공양 등)

o **악업**(악할 악惡, 업 업業) : 탐진치 번뇌가 있는 마음에서 남을 해치고 세상에 죄를 짓게 하는 악한 행위를 말함. 악업을 지으면 불성이 어두워지고 고통에 빠지게 됨.

o **공덕**(공 공功, 덕 덕德) : 정성과 노력으로 공을 들여 쌓아 이루어진 힘. 공덕을 쌓으면 탐진치 번뇌와 고통에서 해탈하는 지혜와 복덕을 얻게 됨. (경전 공부, 명상, 기도, 염불 등의 수행)

'콩 심은 데서 콩나고 팥 심은 데서 팥나듯 슬픔 심은 데서 슬픔 나고 기쁨 심은 데서 기쁨나며 복 심은 데서 복이 난다'는 말처럼 심은 대로 거두는 법이라, 복을 지었으면 복을 받게 되는 것이고 죄를 지었으면 벌을 받게 되는 것이므로, 참된 불자는 기복(祈福 : 복을 달라고 빎)보다는 스스로 복 짓는 일에 힘써 선업과 공덕을 쌓는데 매진하는 것이 지혜로운 삶인 것이다. 착하게 살아야 할 이유다.

석가모니 부처님께서도 "선업과 공덕을 쌓아 지은 복은 불길 속에서도 타지 않고 태풍이 불어와도 날아가지 않으며 홍수가 밀려와도 떠내려가지 않고 도적이 와도 훔쳐가지 못한다"고 말씀하셨다.

〈 적선지가 필유여경, 적악지가 필유여앙 〉

선업을 쌓은 집안에는 반드시 경사가 생기기 마련이고, 악업을 쌓은 집안에는 반드시 재앙이 따르기 마련이다.(출처 : 주역周易의 문언전文言傳)

※ 적선지가(쌓을 적積, 착할 선善, 의 지之, 집 가家) 필유여경(반드시 필必, 있을 유有, 남을 여餘, 경사 경慶), 적악지가(積, 악할 악惡, 之家) 필유여앙(必有餘, 재앙 앙殃)

이렇게 쌓은 선업과 공덕은 생각지도 못한 방법으로 복이 되어 돌아오는 법인데, 선업과 공덕으로 복을 짓는 일은 재물이 있는 사람만 할 수 있는 일이 아니다.

재물이 없어도 복을 지을 수 있는 방법이 있으니 무재칠시(없을 무無, 재물 재財, 일곱 칠七, 베풀 시施 : 재물이 없어도 베풀 수 있는 7가지 보시 방법)가 그것이다. 다음은 경전에 나오는 무재칠시에 관한 이야기다.

어떤 사람이 석가모니 부처님을 찾아와 신세한탄을 하며 하소연을 했다고 한다.

"저는 하는 일마다 되는 게 없으니 도대체 왜 그런지 모르겠습니다."
"그것은 네가 남에게 베풀지 않았기 때문이다."
"가진 것이 없는데 무엇으로 베풀라는 말씀입니까?"
"그렇지 않다. 아무리 재물이 없더라도 남에게 베풀 수 있는 것이 일곱 가지나 있느니라. 이 일곱 가지 보시를 행하면 그 보시의 씨앗이 자라고 자라서 많은 복이 따를 것이니라."

그리하여 재물이 없어도 생활 속에서 실천할 수 있는 일곱 가지 보시 방법에 대해 가르쳐주신 것이 무재칠시다.

그러나 재물 없이 할 수 있다고는 하지만 막상 실천해 보려고 하면 가장 어려운 것이 무재칠시다. 그래서 석가모니 부처님께서도 재물 보시보다 더 어렵고 귀한 것이 무재칠시라고 말씀하셨다.

〈 무재칠시(無財七施) 〉

① **화안시**(온화할 화和, 얼굴 안顔, 베풀 시施) : 밝고 환하게 미소 띤 얼굴로 사람들을 대하는 것

② **안시**(눈 안眼, 베풀 시施) : 부드럽고 따뜻한 눈빛으로 사람들을 바라보는 것

③ **언시**(말씀 언言, 베풀 시施) : 사람들에게 고운 말, 부드러운 말, 친절하고 예의바른 말, 진실된 말, 상황에 맞는 칭찬의 말, 위로의 말, 격려의 말, 유익한 말을 하는 것

④ **심시**(마음 심心, 베풀 시施) : 착하고 어진 따뜻한 마음을 가지고 사람들을 대하는 것

⑤ **신시**(몸 신身, 베풀 시施) : 봉사활동 등 몸을 움직여 사람들을 도와주는 것

⑥ **좌시**(자리 좌座, 베풀 시施) : 사람들에게 자리를 양보하는 것

⑦ **방시**(방 방房, 베풀 시施 : 잠 잘 곳 없는 사람들을 위하여 방을 빌려주는 것) 또는 **찰시**(살필 찰察, 베풀 시施 : 굳이 묻지 않고도 상대의 마음을 헤아려 알아서 도와주는 것)

석가모니 부처님께서 수행을 통해 우주만물의 생성과 소멸에 관한 진리인 연기법을 깨달으신 내용은 다음과 같다.

"이것이 있으므로 저것이 있게 되고 (차유고피유 此有故彼有) 이것이 생기므로 저것이 생겨나게 된다 (차생고피생 此生故彼生).

이것이 없으므로 저것이 없게 되고 (차무고피무 此無故彼無) 이것이 소멸하므로 저것이 소멸하게 된다 (차멸고피멸 此滅故彼滅)."

여기에서 '이것'과 '저것'은 서로 의존하여 생겨나고 소멸하는 인과관계(또는 연기관계)에 있는 것이다.

석가모니 부처님께서는 우주의 법칙이요 진리인 연기법을 완전하게 깨달으신 후 사바세계의 중생들이 탐진치 번뇌와 고통에서 벗어나 해탈하여 열반에 이를 수 있는 진리와 지혜와 수행 방법을 중생들이 쉽게 이해할 수 있도록 연기법으로 가르침을 펼치셨다.

석가모니 부처님이 보리수 아래에서 해탈의 진리와 지혜와 수행 방법을 깨달으신 후 그 깨달음을 전하기 위해 인도 바라나시 근교에 있는 녹야원(鹿野園 : 사슴동산)으로 가셔서 수행자 시절 숲속에서 함께 고행을 하다가 싯다르타가 고행을 중단하고 우유죽 공양을 받는 것을 보고 실망하여 떠났던 다섯 수행자들을 만나 처음으로 깨달음을 전하신 초전법륜(처음 초初, 구를 전轉, 법法, 바퀴 륜輪 : 처음으로 법의 바퀴를 굴린다)의 자리에서 사성제(四聖諦)를 가르치셨는데, 이 사성제 역시 우주만물의 생성과 소멸에 관한 진리인 연기법에 따른 가르침인 것이다.

〈 전법륜(轉法輪) 〉

전법륜(轉法輪)이란, 불법(佛法)의 바퀴를 굴린다는 뜻으로, 인도신화에 나오는 전륜성왕(轉輪聖王)이 하늘로부터 받은 신성한 무기인 수레바퀴 모양의 윤보(輪寶)를 굴려 바퀴에 부딪치는 모든 것을 부수며 적들을 굴복시켜 세상을 평화롭게 다스리듯이, 부처님은 진리의 가르침인 불법을 설하여 중생들의 모든 번뇌를 부수고 고통에서 구제해 주시므로, 불법을 설하시는 것을 불법의 바퀴를 굴린다고 함으로써 부처님의 설법을 전륜성왕의 윤보에 비유한 말임.

4가지 성스러운 진리를 의미하는 사성제란, 중생들이 살고 있는 사바세계는 고통(고苦)으로 가득하다고 하는 고성제(苦聖諦), 고통은 어떤 원인이 모여(집集) 발생하는 것이므로 모든 고통에는 다 원인이 있다고 하는 집성제(集聖諦), 어떠한 고통이라도 그 발생 원인을 소멸(멸滅)하면 없앨 수 있다고 하는 멸성제(滅聖諦), 고통의 발생 원인을 소멸하는 길(도道)이 있다고 하는 도성제(道聖諦)를 말하는데, 고통의 발생 원인을 소멸하여 고통을 없앨 수 있는 도성제의 그 길(도道)이 바로 8가지 지혜롭고 성스러운 바른 길인 팔정도(八正道)다.

이 사성제의 고집멸도(苦集滅道) 4가지 항목 중에서 고(苦)와 집(集)의 2가지 항목이 서로 원인과 결과에 해당하고, 멸(滅)과 도(道)의 2가지 항목도 서로 원인과 결과에 해당하므로 연기법의 인과관계(또는 연기관계)에 있는 것이다.

왜냐하면 고(苦)는 인간의 생·노·병·사 등의 괴로움을 말하고, 집(集)은 그 괴로움의 원인(조건 또는 인연이라고도 함)을 말하는 것이므로, 괴로움의 원인(집集)이 있게 되면 그 결과로 괴로움(고苦)을 겪게 되는 것이고, 반면에 괴로움의 원인(집集)을 없애게 되면 그 결과로 괴로움(고苦)을 겪지 않게 되는 것이기 때문이다.

또한 멸(滅)은 괴로움의 원인을 소멸하여 괴로움이 완전히 없어진 열반의 상태를 말하고, 도(道)는 그 괴로움의 원인을 소멸시키는 방법인 팔정도를 말하는 것이므로, 괴로움의 원인을 소멸시키는 방법인 팔정도(도道)를 수행하게 되면 그 결과로 괴로움의 원인이 소멸(멸滅)되어 괴로움이 완전히 없어진 열반에 이를 수 있게 되는 것이고, 반면에 팔정도(도道)를 수행하지 않으면 그 결과로 괴로움의 원인이 소멸(멸滅)되어 괴로움이 완전히 없어진 열반에 이를 수 없게 되는 것이기 때문이다.

그리고 석가모니 부처님께서는, 사바세계에서 겪는 중생의 고통은 어떤 원인이 모여 발생하는 것이므로 모든 고통에는 다 원인이 있다고 하는 집성제에 대하여 고통이 구체적으로 어떠한 원인과 과정을 거쳐 생겨나고 어떻게 계속되는지를 연기법에 따라 구체적으로 설명해 주셨는데 십이연기설(十二緣起說)이 바로 그것이다.

이 십이연기설은 석가모니 부처님께서 중생의 고통이 발생하는 단계별 과정을 연기법에 따라 인과관계(또는 연기관계)에 있는 12가지의 대표적인 연기(緣起) 항목으로 구분하여 단계별로 설명해 주신 가르침으로, 이를 가리켜 십이연기(十二緣起), 십이지연기(十二支緣起), 십이연기설(十二緣起說), 십이인연(十二因緣), 십이인연법(十二因緣法), 십이연기법(十二緣起法) 등으로 부르고 있는데, 여기서는 십이연기(十二緣起) 또는 십이연기설(十二緣起說)이라 부르고자 한다.

석가모니 부처님께서는 우리들에게, 십이연기설이 매우 심오한 진리이므로 이 십이연기설을 통해 고통이 일어나는 원인과 과정을 바로 알고, 원인을 제거하면 결과도 사라진다는 연기법의 진리를 담은 사성제와 팔정도의 수행 방법으로 탐진치 번뇌와 고통과 윤회의 순환을 끊고 해탈하기를 거듭 당부하셨다.

중생들이 무지(無知)하여 윤회의 틀인 이 십이연기를 알지 못하기 때문에 억만 겁의 세월 동안 반복되는 생·사의 육도윤회(六道輪廻) 속에서 전전하면서도 탐진치 번뇌와 고통과 윤회에서 벗어날 생각조차 하지 않고 있기 때문이다.

십이연기설의 12가지 단계별 연기 항목과 그 단계별 12가지 연기 항목 간의 인과관계(또는 연기관계)는 ① 무명(無明) → ② 행(行) → ③ 식(識) → ④ 명색(名色) → ⑤ 육입(六入) → ⑥ 촉(觸) → ⑦ 수(受) → ⑧ 애(愛) → ⑨ 취(取) → ⑩ 유(有) → ⑪ 생(生) → ⑫ 노사(老死) 이다.

이 12가지 항목들을 고통이 일어나는 순서로 보면, 무명(無明)의 어리석음이 있기 때문에 탐진치 번뇌로 인한 행(行)이 있게 되는 것이고, 행이 있기 때문에 식(識)이 있게 되는 것이고, 식이 있기 때문에 명색(名色)이 있게 되는 것이고, 명색이 있기 때문에 6입(六入)이 있게 되는 것이고, 6입이 있기 때문에 촉(觸)이 있게 되는 것이고, 촉이 있기 때문에 수(受)가 있게 되는 것이고, 수가 있기 때문에 애(愛)가 있게 되는 것이고, 애가 있기 때문에 취(取)가 있게 되는 것이고, 취가 있기 때문에 유(有)가 있게 되는 것이고, 유가 있기 때문에 생(生)이 있게 되는 것이고, 생이 있기 때문에 노사(老死)가 있게 되는 이러한 과정들을 거치면서 생노병사 등의 온갖 고통과 윤회가 일어난다는 것이다.

반면에 12가지 항목들을 고통이 소멸하는 순서로 보면, 무명(無明)의 어리석음이 없으면 탐진치 번뇌로 인한 행(行)도 없게 되는 것이고, 행이 없으면 식(識)도 없게 되는 것이고, 식이 없으면 명색(名色)도 없게 되는 것이고, 명색이 없으면 6입(六入)도 없게 되는 것이고, 6입이 없으면 촉(觸)도 없게 되는 것이고, 촉이 없으면 수(受)도 없게 되는 것이고, 수가 없으면 애(愛)도 없게 되는 것이고, 애가 없으면 취(取)도 없게 되는 것이고, 취가 없으면 유(有)도 없게 되는 것이고, 유가 없으면 생(生)도 없게 되는 것이고, 생이 없으면 노사(老死)도 없게 되는 이러한 과정들을 거치면서 생노병사 등의 모든 고통과 윤회가 소멸된다는 것이다.

여기서 무명은 모든 번뇌와 고통의 시작이 되는 원인이므로 십이연기 12가지 항목의 바탕에 모두 깔려있어 이 무명으로 인해 12가지 연기 항목이 단계별로 일어나게 되는 것이다. 그런데 무명은 밝음이 없다는 뜻으로 광명(光明)인 지혜가 어두운 어리석은 상태를 말하며 무지에서 비롯되는 것이다.

그리고 무지는 모든 것은 인연따라 생겨나므로 원인을 제거하면 결과도 사라진다는 석가모니 부처님의 가르침인 연기법, 십이연기, 사성제, 팔정도의 진리를 모른다는 것이다. 그러므로 무명을 밝히는 길은 연기법, 십이연기, 사성제, 팔정도를 공부하고 수행하여 무지를 없애는 것이다.

그래서 석가모니 부처님께서도 무지가 번뇌와 고통의 가장 큰 원인이라고 말씀하셨다. 신(神)을 믿지 않아서 예경(禮經)을 하지 않아서가 번뇌와 고통의 원인이 아니라 무지가 번뇌와 고통의 근본 원인이라고 말씀하신 것이다.

따라서 탐진치 번뇌와 고통과 윤회를 끊고 해탈하기 위하여 가장 힘써야 하는 것은 예불이나 예경보다 연기법, 십이연기, 사성제, 팔정도가 무엇인지를 반드시 공부해 알아서 무지에서 벗어나는 일이다.

무지에서 벗어나기 위해 공부해야 하는 연기법, 십이연기, 사성제, 팔정도의 원리는 탐진치 번뇌와 고통의 원인을 바로 알고 제거하여 그 번뇌와 고통을 없애는 것이다. 모든 것은 인연따라 생겨나므로 원인을 제거하면 결과도 사라진다는 연기법의 진리를 담고 있는 것이다.

십이연기설의 단계별 12가지 항목에 대한 구체적인 내용은 다음의 표에 간략히 정리해 두었다.

〈 십이연기설(十二緣起說) 〉

① 무명 (없을 무無, 밝을 명明)	무명(無明)은 밝음이 없는 상태 즉 어둠이란 뜻으로 무지(無知)로 인해 광명인 지혜가 어두운 어리석은 상태를 말함. 무명은 모든 번뇌와 고통의 뿌리이자 연기의 원인이므로 12가지 연기 항목의 바탕에 모두 깔려있어, 이 무명으로 인해 모든 고통의 원인인 탐진치 번뇌가 생겨나는 것임. 무지(無知)는 모든 것은 인연따라 생겨나므로

	원인을 제거하면 결과도 사라진다는 석가모니 부처님의 가르침인 연기법, 12연기, 사성제, 팔정도의 진리를 모르는 것을 말함. 즉 괴로움과 괴로움의 발생원인과 괴로움의 소멸과 괴로움의 소멸방법을 모르기 때문에 올바른 인생관·세계관을 가지고 있지 못한 것을 말함.
② 행 (행할 행行)	행(行)은 오온(五蘊) 중에서 인간의 마음이 일어나는 단계별 과정인 수(受)→상(想)→행(行)→식(識) 중 행(行)을 말하는데 여기서는 과거의 삶에서 비롯된 무명의 어리석은 상태에서 행하는 생각과 행동을 말함. 즉 행(行)은 무명으로 인해 그릇된 몸과 말과 뜻으로 행하는 신행(身行), 어행(語行), 의행(意行)의 3행(三行)을 뜻하고, 3행은 그릇된 신업(身業), 구업(口業), 의업(意業)의 3업(三業)을 일으키게 되는 것이므로, 이미 그릇된 3업이 발생했다면 반드시 그 원인이 되는 그릇된 3행이 존재하기 때문이라는 것을 뜻함.
③ 식 (알 식識)	식(識)은 수(受)→상(想)→행(行)→식(識) 중 식(識)을 말하는데, 과거의 삶에서 비롯된 무명의 어리석은 상태에서 몸과 말과 뜻으로 어리석은 상태에서 몸과 말과 뜻으로 행한 그릇된 3행(三行)에 대해 종합적으로 인식한 결과이거나 기억으로 남게 된 것을 말함.
④ 명색 (이름 명名, 색 색色)	명색(名色)은 과거의 삶에서 비롯된 무명의 어리석은 상태에서 행(行)과 식(識)을 통해 만들어진 그릇된 마음과 몸의 상태를 말함. 명색(名色)에서 명(名)이란, 느낌, 생각, 기억

	등과 같이 형상이 없이 이름만으로 존재하는 정신적인 것들을 말하고, 색(色)이란, 지수화풍(地水火風)으로 구성된 신체와 같이 형상으로 존재하는 물질적인 것들을 말함.
⑤ 육입 (여섯 육六, 들 입入)	육입(六入)은 그릇된 마음과 몸의 상태인 명색에서 나온 안(눈)·이(귀)·비(코)·설(혀)·신(피부)·의(뇌)라는 육근(六根)의 6가지 감각기관을 통해 감각정보를 수집하는 것을 말함.
⑥ 촉 (닿을 촉觸)	촉(觸)은 명색에서 안(눈)·이(귀)·비(코)·설(혀)·신(피부)·의(뇌)라는 육근의 6가지 감각기관이 나와서 감각정보를 수집하려고 6가지 감각대상인 육경(六境 : 색色·성聲·향香·미味·촉觸·법法)과 접촉하는 것을 말함.
⑦ 수 (받을 수受)	수(受)는 육근의 6가지 감각기관이 6가지 감각대상인 육경과 접촉하여 인식되어진 감각정보가 수(受)→상(想)→행(行)→식(識) 중 수(受)의 단계에 접수되는 것을 말함.
⑧ 애 (사랑 애愛)	애(愛)는 수(受)의 단계에 접수된 감각정보에 대해 상(想)의 단계에서 좋고 싫음을 분별하여 좋다고 생각하는 것에 집착이 이루어지는 것을 말함. 12연기설에서의 애(愛)는 무명의 어리석은 상태에서 비롯된 그릇된 좋아함이므로 탐(貪) 또는 집착(執着)을 말함.
⑨ 취 (취할 취取)	취(取)는 상(想)의 단계에서 탐하거나 집착한 대상을 자기의 것으로 만드는 행위를 말함.
	유(有)는 탐하거나 집착했던 대상이 취(取)의

⑩ 유 (있을 유有)	과정을 통해 자기의 것이 됨으로써 비로소 자기와 인연이 맺어지게 되고 이러한 인연들이 평생 동안 모이고 쌓여 또다시 윤회하게 되는 원인과 조건을 갖춘 상태에 있게 되는 것을 말함.
⑪ 생 (날 생生)	생(生)은 취(取)의 과정을 통해 맺어진 인연들로 인하여 또다시 윤회의 원인과 조건을 갖추게 된 유(有)의 상태에 맞게 다시 태어나서 과거의 생에서도 그래왔던 것처럼 12연기 과정을 거치며 탐진치 번뇌와 고통 속에 살아가게 되는 것을 말함.
⑫ 노사 (늙을 노老, 죽을 사死)	노사(老死)는 태어났기 때문에 늙고 죽어가게 되는 것을 말함. 이 생사윤회의 쳇바퀴 속에서 빠져나오지 못하면 계속해서 12연기의 12개 과정을 거치며 또다시 육도의 세계에 태어나고 늙고 병들고 죽는 과정을 무한히 반복하면서 윤회하게 되는 것임.

"복 중에 제일 가는 복은 인연복이다" 이 말은 필자가 스물두 살 때 전라북도 부안에 있는 내소사에 들렀다가 처음으로 알게 된 말인데, 내소사 안에 걸린 흰 현수막에 검은 글씨로 큼직하게 쓰여 있던 이 문구가 왠지 마음에 와닿아 아직도 기억하고 있는 말이다.

그런데 십이연기에 따라 살아가고 있는 이 삶을 생각한다면 인연은 함부로 맺을 것이 아니다는 생각이 퍼뜩 들기도 한다. 복된 인연이라면 좋은 인연이며 감사하고 소중한 것이지만, 나쁜 인연은 고통과 윤회의 씨앗을 뿌리는 일이 될 수 있기 때문이다.

 그러니 누군지도 뭔지도 잘 알지 못하면서 함부로 접촉하거나 욕심내거나 취하여 인연을 맺지 말아야 하고, 이러한 잘못된 인연으로 나쁜 길로 빠져 악업을 짓지 않도록 항상 자기 자신을 잘 경계할 필요가 있다.

 그러기 위해서는 석가모니 부처님께서 당부하신 8가지의 지혜롭고 성스러운 바른 길인 팔정도(八正道)의 정사유(正思惟), 정념(正念), 정견(正見), 정어(正語), 정업(正業), 정명(正命), 정정(正定), 정정진(正精進)과 현재의 자신을 수시로 비교하여 팔정도에서 자신이 얼마나 벗어나 있는지 점검하면서 팔정도에 따른 삶을 살아가도록 노력하여야 하겠다.

 나아가 삶에서 부닥치는 다양한 상황에서 연기법과 십이연기, 사성제와 팔정도의 진리를 잘 응용하여 적용한다면 항상 바르고 행복한 길을 찾아가는 지혜가 발휘될 것이다.

〈 법구경 〉

잠 못드는 사람에게 밤은 길듯이
피곤한 나그네에게 길은 멀듯이
진리를 모르는 어리석은 자에게
생사의 윤회는 끝이 없어라

다음은 석가모니 부처님께서 해탈의 깨달음을 얻기 위하여 보리수 아래에서 명상을 통해 깊이 사유하신 결과, 중생들이 자신이 지은 업(業)에 따라 육도(六道) 즉 지옥도(地獄道), 아귀도(餓鬼道), 축생도(畜生道), 아수라도(阿修羅道), 인간도(人間道), 천상도(天上道)의 6가지 세계를 오가는 윤회(輪廻)를 거듭하며 고통 속에 삶을 이어가고 있음을 알게 되셨고, 그 고통과 윤회의 원인이 번뇌에 있음을 알게 되셨으며, 그 번뇌와 고통과 윤회가 연기법에 따라 일어나는 것임을 알게 되셨고, 그리하여 번뇌와 고통과 윤회를 끊어 없애 버릴 수 있는 해탈의 방법도 알게 되셨으며, 그 해탈 방법이 바로 사성제와 팔정도의 진리에 있음을 깨닫게 되는 마지막 3일에 관한 내용이다.

이 내용에 대해서는 대한불교조계종 교육원에서 편찬한 책 『부처님의 생애』의 「깨달음 편」에 잘 기술되어 있어 옮겨 본다.

> 깨달음을 이룰 자리, 보리수 아래에서 싯다르타는 애욕과 선하지 못한 생각들을 떠나 사색과 사려를 갖추었다. 그러자 애욕을 떠남에서 생긴 기쁨과 즐거움이 가득한 선정의 첫 단계에 도달하였다.
>
> 이어 사색과 사려마저 고요히 하자 안으로 깨끗해지고 마음이 하나가 되었다. 그리하여 삼매에서 생긴 기쁨과 즐거움이 가득한 선정의 두 번째 단계에 도달하였다.

이어 기쁨에 대한 탐착마저 떠나 담담히 바라보고 빛을 돌이켜 반추하자 몸이 가볍고 편안해졌다. 선정의 세 번째 단계에 도달하였다.

이어 즐거움도 버리고 괴로움도 버렸다. 그러자 괴롭지도 즐겁지도 않은 상태가 되었다. 싯다르타는 담담히 바라보고 반조하여 청정한 네 번째 단계에 도달하였다.

싯다르타는 맑고, 고요하고, 더러움이 없고, 부드럽고, 무엇에도 장애를 받지 않아 자유로워졌다. 싯다르타의 마음은 흔들리지 않았다. 밤이 찾아왔다. "삶의 모든 고통과 즐거움은 원인이 있다. 원인이 된 지난 삶은 어떠했을까?"

싯다르타는 전생의 삶을 기억하는 앎을 얻기 위해 자유롭고 흔들림 없는 마음을 쏟고 기울였다. 그러자 지난 생애가 기억났다. 싯다르타는 맑고 고요한 마음을 기울여 하나의 생애, 둘, 셋, 넷, 다섯, 열, 스물, 서른, 마흔, 쉰, 백, 천의 생애, 우주가 생성되던 시기까지의 무수한 생애를 기억해 냈다.

"저곳에 태어났을 때 내 이름은 무엇이었고, 성은 무엇이었으며, 종족은 이러했고, 인종은 이러했구나. 어떤 음식을 먹었고, 수명은 얼마였으며, 어디서 얼만큼 머물렀고, 이러저러한 즐거움과 괴로움을 겪었구나. 나는 그곳에서 죽어 이러이러한 곳에 다시 태어났고, 또 거기에서 죽어 이러이러한 곳에 다시 태어났고, 또 거기에서 죽어 이러이러한 곳에 태어났었구나."

갖가지 모습으로 갖가지 능력을 발휘하며 갖가지 형태로 살았던 지난 삶들이 선명히 눈앞에 펼쳐졌다. 어둠이 사라지고 첫 번째 빛이 밝았다.

싯다르타는 초저녁에 마음을 자유자재로 움직여 자기와 다른 중생들의 무수한 과거 생애를 아는 숙명통(宿命通)을 얻었다.

밤이 깊었다.
"모든 삶에는 결과가 있다. 중생들은 죽어 어떻게 될까?"
죽음 너머는 인간의 영역을 뛰어넘는 세계였다. 싯다르타는 하늘의 눈으로 중생들의 죽음 너머를 살펴보았다. 그들은 다시 태어나고 있었다.

어떤 이는 지금보다 아름다운 모습으로, 어떤 이는 지금보다 추한 모습으로, 어떤 이는 지금보다 안락한 곳에, 어떤 이는 지금보다 괴로운 곳에, 어떤 이는 지금보다 부유하고 귀한 집안에, 어떤 이는 지금보다 가난하고 천한 집안에, 저마다 지은 업의 힘에 끌려 괴로움과 즐거움의 과보를 받고 있었다.

"저 중생은 온갖 악행을 저지르고 험한 말과 못된 마음씨를 쓴 까닭에 힘든 삶을 받는구나. 저 중생은 선한 행동을 하고 곧고 부드러운 말씨로 따뜻하게 마음을 쓴 까닭에 좋은 삶을 받는구나."

어둠이 사라지고 두 번째 빛이 밝았다. 싯다르타는 한밤중에 맑은 거울에 비친 자신의 얼굴을 들여다 보듯 중생계의 죽고 태어나는 모습을 낱낱이 아는 천안통(天眼通)을 얻었다.

날이 희끗희끗 새고 있었다.
"고통스런 생사의 굴레에서 끝없이 윤회하며 중생들이 벗어나지 못하는 까닭은 바로 번뇌 때문이구나."

싯다르타는 번뇌를 없애는 앎을 얻기 위해 맑고, 고요하고, 더러움이 없고, 부드럽고, 자유롭고, 흔들림 없는 마음을 쏟고 기울였다.

그리하여 "이것은 괴로움이다"라고 사실 그대로 바르게 알고, "이것은 괴로움의 일어남이다"라고 사실 그대로 바르게 알고, "이것은 괴로움의 사라짐이다"라고 사실 그대로 바르게 알고, "이것은 괴로움의 사라짐에 이르는 길이다"라고 사실 그대로 바르게 알았다.

"이것은 번뇌다"라고 사실 그대로 바르게 알고, "이것은 번뇌의 일어남이다"라고 사실 그대로 바르게 알고, "이것은 번뇌의 사라짐이다"라고 사실 그대로 바르게 알고, "이것은 번뇌의 사라짐에 이르는 길이다"라고 사실 그대로 바르게 알았다.

 그리하여 애욕의 번뇌에서 마음이 해탈하고, 존재의 번뇌에서 마음이 해탈하고, 어리석음의 번뇌에서 마음이 해탈하고, 모든 번뇌에서 해탈했다는 것을 스스로 알았다.

 어둠이 사라지고 세 번째 빛이 밝았다.
 모든 번뇌와 고통은 사라졌다. 청정한 삶은 완성되었다. 깨달음을 완성한 싯다르타에게 더 이상 번뇌는 남아 있지 않았다. 싯다르타는 다시는 번뇌와 고통속으로 뛰어들지 않게 되었음을 스스로 알고 스스로 보게 되었다. 싯다르타는 모든 더러움이 말끔히 사라진 누진통(漏盡通)을 얻었다.

 눈을 떴다. 샛별이 마지막 빛을 사르는 동녘 하늘로 붉은 태양이 솟아오르고 있었다.
 "나는 가장 높고 바른 깨달음을 성취하였다."
 이 땅에 오신지 35년, 진리를 찾아 집을 나선지 6년째인 기원 전 589년 12월 8일의 일이었다.

 중생들은 석가모니 부처님의 가르침을 모르는 무지 때문에 자기 안에 있는 불성(佛性)을 찾지 못한 채 탐진치 번뇌로 방황하며 억만 겁의 세월 동안 생·사 윤회의 형틀에 던져져 고통 속에 삶을 반복하며 살아가고 있는 것이다.

영원한 삶의 길을 구하지 않고 세속의 욕망만을 쫓으며 급급하게 살아가고 있는 것이다. 석가모니 부처님의 가르침을 아는 자는 영원을 보고 살아가고, 모르는 자는 순간을 보고 살아가기 때문이다.

〈 법구경 〉

내가 이 세상에 올 때는 어느 곳으로부터 왔으며
죽어서는 어느 곳으로 가는가?
재산도 벼슬도 모두 놓아 두고
오직 지은 업을 따라 갈 뿐이라네!

그러나 석가모니 부처님께서 탐진치 번뇌와 고통과 윤회를 끊어 없애 버릴 수 있는 방법까지 친절하게 알려주셨음을 이제라도 알게 된 이상, 이 사바세계 교육장에서의 그동안의 잘못은 잊어버리자! 너무 자신을 비난하거나 자포자기하지 말고 이제부터라도 다시 시작하면 되는 것이다. 쉬지 아니하고 자기 자신을 개조(改造)하여 스스로 고쳐 나가면 되는 것이다.

지나친 물질만능주의와 말초신경을 자극하는 사회문화적 환경 속에 돈과 출세를 위해 치열하게 살아가도록 조장하는 경쟁사회로 내몰리게 되면서 인간의 내면 속에 깊게 뿌리박은 원초적 본능들이 판치게 된 지금의 사바세계에서는 탐진치 번뇌가 난무하고 그것과 연결된 고통의 그물이 촘촘히 쳐져 있어 누구라도 크건 작건 잘못을 저지르지 않을 수 없는 것이고 그로 인해 고통을 받지 않을 수 없는 것이기 때문이다.

석가모니 부처님의 제자 가운데 한 사람인 아힘사까(Ahimsaka)는 사람들에게서 '앙굴리말라'(Angulimālya, '죽인 사람들의 손가락을 잘라 목걸이를 만드는 자'라는 의미)라고 불리며 악명을 떨치던 희대의 잔인한 살인마였지만 석가모니 부처님의 가르침을 듣고 제자가 되어 잘못을 뉘우치면서 수행을 정진해 해탈의 깨달음을 얻었지 않은가?

고통에 빠져보아야 고통에서 벗어나 해탈하고 싶은 욕망이 솟구치는 법이며, 고통이 깊고 클수록 해탈의 기쁨도 더욱 더 큰 법이다. 이와 같이 고통도 좋은 공부재료라서 선과 악이 다 스승이므로 과거의 허물을 거울로 삼아 바르고 멋진 삶을 개척해 나가면 되는 것이다. 지금이라도 늦지 않았으니 개과천선(改過遷善 : 지난 날의 잘못이나 허물을 고쳐 올바르고 착하게 됨)하면 되는 것이다.

〈 법구경 〉

어쩌다 나쁜 짓을 하였더라도
착한 행동으로 덮어 버린다면
그는 이 세상을 비추리라
구름을 벗어난 달처럼

연기법과 십이연기, 사성제와 팔정도라는 석가모니 부처님 가르침을 알게 된 지금을 천재일우(千載一遇 : 천년에 한번 만난다는 뜻으로 좀처럼 얻기 어려운 좋은 기회를 말함)인 전화위복(轉禍爲福 : 재앙이 복으로 바뀜)의 기회로 알고 이들 가르침이 담긴 반야심경을 마음속에 새기고 실천해 간다면 억만 겁 쌓아온 업장도 점차 사라져 해탈에 이를 수 있을 것이다. 콩나물 시루에 물을 주면 구멍으로 물은 다 빠져나가도 콩나물은 쑥쑥 자라나듯이…

그러니 지혜롭고 현명한 사람이라면 인생을 가장 잘 사는 길인 반야심경 공부의 기회를 결코 놓치지 않을 것이다.

석가모니 부처님께서도 깨달음의 진리를 얻으신 후 처음에는 그 진리를 중생들에게 전하려던 마음을 조금 주저하셨다. 왜냐하면 중생들이 세속에 깊이 물 들어 있어 과연 몇이나 받아들일 수 있을까 하는 회의가 들었기 때문이다.

그때 범천이라는 신이 나타나 "이 세상에는 그래도 때가 덜 묻고 선과 진리 앞에 진실한 이들이 있으니 그들마저 해탈의 기회를 놓치지 않도록 깨달음의 진리를 설하여 주소서"라고 간청하자 석가모니 부처님께서 그들에게 등불이 되어 주기로 결심하시고 깨달음의 진리를 평생을 바쳐 전해주시게 된 것인데, 지금 우리 불자들은 그 가르침을 얼마나 제대로 알고 있는가?

감로수와도 같은 부처님 말씀 한 구절을 얻어 듣는 기쁨도 크지만, 감로수가 샘솟는 약수터를 알면 언제든 얼마든 감로수를 실컷 마실 수 있듯이, 불자라면 석가모니 부처님의 핵심 가르침이며 탐진치 번뇌와 고통에서 벗어나 해탈에 이르게 해주는 지혜의 원천인 연기법과 십이연기, 사성제와 팔정도의 진리는 반드시 알아야 한다고 생각한다.

 이 핵심 가르침이야말로 나무로 말하면 뿌리와 줄기에 해당하는 근간(根幹)이 되는 가르침이라서, 이 가르침을 알고 나면 다른 곁가지와 잎새에 해당하는 지엽(枝葉)적인 수많은 불경들을 이해하기 쉬워지기 때문이다.

10. 연기법과 십이연기, 사성제와 팔정도를 공부하면 무지(無知)가 없어진다

모든 고통의 원인은 번뇌(煩惱) 때문이라고 한다. 번뇌란, 한자로 '번민할 번煩', '괴로워할 뇌惱'로 이루어진 말인데, 마음이 평온을 얻지 못하도록 망령되고 헛된 망상으로 마음을 괴롭히고 어지럽히며 갈팡질팡 헤매게 하는 모든 정신작용을 의미한다.

번뇌 가운데 가장 기본이 되는 원초적 번뇌는, 탐(貪)·진(瞋)·치(痴)의 3대 번뇌를 말하는데, 탐(탐낼 탐, 욕심낼 탐貪)은 그릇된 욕심을, 진(성낼 진, 눈을 부릅뜨고 성낼 진瞋)은 성냄을, 치(어리석을 치痴)는 어리석음을 뜻한다.

탐진치(貪瞋癡) 즉 그릇된 욕심, 성냄, 어리석음이라는 세 가지 번뇌는 지혜를 어둡게 하고 악의 근원이 되어 열반에 이르는 데 장애가 되는 독과 같다고 하여 삼독(三毒)이라고 일컬어지고 있는데, 이는 중생의 마음속에 세 가지 보물 즉 깨달음의 가르침을 전해주신 석가모니 부처님(불보佛寶), 석가모니 부처님의 가르침(법보法寶), 석가모니 부처님의 가르침대로 수행하고 발전시켜 불자들에게 전하는 스님(승보僧寶)의 삼보(三寶)가 없기 때문에 퍼지게 된 독이라고 할 수 있다.

인간의 모든 나쁜 마음 씀씀이는 이 탐진치 석자 즉 그릇된 욕심과 성냄과 어리석음에 안 들어가는 게 없는데, 이 탐진치 번뇌

중에서도 가장 근본적인 번뇌는 치(痴 : 어리석음)이다. 이 어리석음 때문에 그릇된 욕심인 탐욕이 생겨나게 되는 것이고, 이 탐욕이 채워지지 않을 때 성이 나고 화가 나게 되는 것이기 때문이다.

어리석음이란, 이치에 맞지 않는 생각 등으로 객관적인 판단을 방해하는 마음이라서 사람이나 사물이나 현상을 본래의 있는 그대로 객관적으로 보지 못하고 자기의 주관적인 왜곡된 생각에 휘둘려지게 되는 마음상태를 말하는데 이는 무명(無明) 때문이라고 한다.

무명이란, 밝음이 없다는 뜻으로 연기법(緣起法)과 십이연기(十二緣起), 사성제(四聖諦)와 팔정도(八正道)라는 석가모니 부처님의 가르침을 알지 못하는 무지 때문에 지혜가 어두운 것을 말하며, 무명에 빠지게 되면 어떤 행위를 위한 판단을 할 때마다 마음이 안정되지 못하고 흔들려 어리석어지게 되어 탐욕과 분노가 일어나 범죄 등 온갖 악업을 짓게 되는 것이다.

이러한 그릇된 욕심과 성냄과 어리석음의 탐진치 번뇌는 사악한 성질로 마음속에 숨어있다가 몸과 마음이 조화롭지 못한 상태가 되면 언제든 이때다 하고 튀어 나와서 마음을 갉아먹히는 고통을 주는 특징을 가지고 있다.

탐진치 번뇌에 빠지게 되면 나의 마음이지만 내 마음대로 하기가 어렵게 되어, 그렇게 하면 안 되는 줄 알면서도 자꾸 그렇게 하게 되는 데서 오는 자기 불신감, 그리고 감정을 주체하지 못한 채 순식간에 버럭하고 터져나오는 성냄과 분노로 인한 뼈아픈 후회감 등을 반복하여 느끼면서 고통을 재생산하며 살아가게 된다. 이와 같이 탐진치 번뇌와 고통은 내가 만들어 내는 것이니 얼마나 어리석은 일인가?

이렇게 늘 탐진치 번뇌에 시달리며 살아가면서도 고통의 주된 원인이 탐진치 번뇌에 사로잡힌 때문이라는 사실을 알지 못하거나, 비록 고통의 원인이 탐진치 번뇌에 사로잡힌 때문이라는 사실을 알지라도 그 탐진치 번뇌를 어떻게 없앨 수 있는지 알지 못하는 무지로 인해 "내 마음 나도 몰라!", "내가 나를 모르는데 넌들 나를 알겠느냐!"라며 고통에서 벗어날 길을 찾지 못한 채 방황하다가 자칫 각종 사건 사고를 저지르게 될 수 있는 것이다.

이러한 고통이 생겼을 때 참는다고, 잊는다고, 기분전환한다고, 세월이 간다고 그 고통이 영원히 사라지진 않는다. 마음속에 고통이 없다 없다 아무리 외친들 완전히 없어지진 않는다. 언젠가 그 고통을 생기게 한 원인이 기억나게 되면 또다시 어리석음이 되풀이되어 순식간에 탐욕과 분노로 이어져 고통에 빠지게 되는 악순환이 반복될 것이기 때문이다. 그러니 "내 마음 나도 몰라!"와 같은 말들이 나오는 것이다.

우리들의 일상에서도 그렇지만, 대부분의 뉴스나 영화나 드라마의 주제를 보라! 전쟁, 폭력, 사기, 이별, 다툼 등 인간의 원초적 본능인 탐진치 번뇌에 관한 것들이 대부분이다. 그렇기 때문에 우리가 살고 있는 세상을 탐진치 번뇌로 가득 차 중생이 갖가지 고통을 참고 견디며 살아가야 하는 인고(忍苦)의 세계인 사바세계(娑婆世界)라고 부르고 있는 것이다.

> ※ **사바세계** : 사바는 '참다', '견디다'를 의미하는 산스크리트어인 사하(saha)의 음사어임. 번뇌로 가득 차 중생이 갖가지 고통을 참고 견디며 살아가야 하는 이 세상을 가리키는 불교 용어로 아무런 번뇌도 고통도 없는 극락세계를 이르는 정토(淨土)에 대응되는 말임.

따라서 탐진치 번뇌로 인하여 일어나는 그릇된 욕심과 성냄과 어리석음의 행위는 나에게 이익이 되는 것이 아니라 후회와 고통만 안겨다 주고 영원한 업장이 되어 윤회의 고통 속에 빠뜨리는 독이 되는 짓이니 모든 고통의 원인인 탐진치 번뇌를 멀리하여야 하는 것이다.

이와 같이 우리 중생의 마음을 탐진치 번뇌로 물들이는 근본 원인인 어리석음은 석가모니 부처님이 깨달아 전해주신 해탈의 진리와 지혜로 없앨 수 있는데, 석가모니 부처님께서는 탐진치 번뇌를 제거하여 고통으로부터 벗어 날 수 있는 해탈 방법으로 8가지 지혜롭고 성스러운 바른 길인 팔정도(八正道)를 닦으라고 당부하셨다. 어리석음에서 깨어나는 것이 해탈의 가장 빠른 방법이요 참된 지혜이기 때문이다.

따라서 정사유(正思惟), 정념(正念), 정견(正見), 정어(正語), 정업(正業), 정명(正命), 정정(正定), 정정진(正精進)의 팔정도 수행을 통해 진리와 이치로써 자신의 몸과 마음의 상태를 지혜롭고 조화롭게 잘 관리하여 어리석음이 일어나지 못하도록 하면, 탐욕이 생겨나지 않게 되고 분노도 일어나지 않게 되어 마침내 번뇌가 사라져 마음의 고통에서 벗어나 해탈하여 열반에 이를 수 있게 되는 것이다. 탐진치의 노예에서 해방이 되는 것이다.

〈 문수보살의 게송 〉

성 안내는 그 얼굴이 참다운 공양이요
부드러운 말 한마디 미묘한 향이로다
참되고 깨끗한 진실된 그 마음이
언제나 한결같은 부처님 마음일세

초전법륜(初轉法輪) 자리에서 석가모니 부처님께서는 이 팔정도를 먼저 말씀하시고 이어서 왜 팔정도가 탐진치 번뇌와 고통에서 벗어나 해탈하여 열반에 이를 수 있게 해주는 진리인지와 팔정도 수행의 필요성에 대해 체계적으로 설명해 주셨는데 그것이 바로 사성제다.

사성제란, 4가지의 성스러운 진리라는 뜻으로, 고성제(苦聖諦), 집성제(集聖諦), 멸성제(滅聖諦), 도성제(道聖諦)를 가리키는데, 줄여서 고제(苦諦), 집제(集諦), 멸제(滅諦), 도제(道諦)라고 표현하거나, 더 줄여서 고집멸도(苦集滅道)의 4자로 표현하기도 한다.

〈 사성제 〉

사성제 (四聖諦)	넷 사四, 거룩할 성聖, 진리 제諦		4가지의 성스러운 진리
고성제 (苦聖諦)	괴로울 고苦	중생들이 사는 사바세계는 고통(고苦)으로 가득하다는 진리	팔고 (八苦)
집성제 (集聖諦)	모을 집集	모든 고통은 어떤 원인이 모여(집集) 발생한다는 진리	탐진치 (貪瞋痴)
멸성제 (滅聖諦)	없어질 멸滅	모든 고통은 그 원인을 소멸(멸滅) 하면 없앨 수 있다는 진리	해탈·열반 (解脫·涅槃)
도성제 (道聖諦)	길 도道	모든 고통은 그 원인을 소멸하여 고통을 없애는 길(도道)이 있다는 진리	팔정도 (八正道)

　4가지 성스러운 진리인 사성제는, 중생들이 살고 있는 사바세계는 고통(고苦)으로 가득찬 세계다는 것이 첫 번째 진리인 고성제이고, 고통은 어떤 원인이 모여(집集) 발생하는 것이므로 모든 고통에는 다 원인이 있다는 것이 두 번째 진리인 집성제이며, 어떠한 고통이라도 그 발생 원인을 소멸(멸滅)하면 없앨 수 있다는 것이 세 번째 진리인 멸성제이고, 고통의 발생 원인을 소멸하여 고통을 없앨 수 있는 길(도道)이 있다는 것이 네 번째 진리인 도성제인데, 고통의 발생 원인을 소멸하여 고통을 없앨 수 있는 그 길(도道)이 바로 8가지 지혜롭고 성스러운 바른 길인 팔정도라는 가르침이다.

따라서 팔정도는 사성제 중 도성제에서, 고통의 발생 원인을 없애어 고통으로부터 벗어나 해탈하여 열반에 이를 수 있도록 해주는 실천수행 방법으로 석가모니 부처님께서 제시하신 성불(成佛)의 가르침이므로, 석가모니 부처님의 가르침대로 팔정도를 수행하고 실천한다면 사성제의 진리에 따라 누구나 현재 겪고 있는 고통으로부터 해탈하여 열반에 이를 수 있는 것이다.

왜냐하면 팔정도는 고통이 발생하는 원인인 탐진치 삼독을 제거하는 해독제와도 같아서, 팔정도 수행으로 탐진치 삼독이 사라지게 되면, 내 안의 태양과 같은 부처님 성품이 밝고 환하게 드러나 몸과 마음이 올바로 깨어나게 되어, 우리들 인간의 마음이 일어나는 단계별 과정인 수(受)→상(想)→행(行)→식(識)의 인식 과정 전반에도 탐진치 번뇌가 작용하지 않게 되므로, 세상을 자기가 마음대로 상상하거나 연상하거나 회상하여 만든 왜곡된 허상으로 보지 않고 본래 있는 그대로의 모습인 실상으로 바르게 볼 수 있기 때문이다.

〈 법구경 〉

길 가운데는 팔정도가 최상이고,
진리 가운데는 사성제가 최상이다

그러므로 자기의 마음에서 탐진치 번뇌만 없앨 수 있다면 사바세계에서 보고 듣는 것들일지라도 모두 다 아름답고 사랑스러운 극락세계의 것들로 변하는 것을 느낄 수 있을 것이다.

따라서 똑같은 현실 세계일지라도 사바세계로 만들며 살 것인지, 극락세계로 만들며 살 것인지는 탐진치 번뇌가 자신의 마음에 있고 없고에 달린 것이다.

그래서 일체유심조(한 일一, 모두 체切, 오직 유唯, 마음 심心, 지을 조造) 즉 모든 것은 오직 마음이 지어내는 것이니, 마음먹기에, 선택하기에 달렸다고 하는 것이다.

이와 같이 불교는 고통과 행복의 원인을 바깥이 아니라 자기 안에서 찾는 종교다. 중생의 마음으로 탐진치 번뇌와 고통 속에 살고 싶지 않고 부처님 마음으로 평화롭고 행복하게 살고 싶다면 팔정도 수행을 하면 되는 것이다. 선택하면 이루어지는 법이다.

석가모니 부처님의 핵심 가르침인 연기법과 십이연기, 사성제와 팔정도는 완전한 최고의 진리로서 탐진치 번뇌와 고통에서 벗어나 해탈로 가는 지혜의 원천이므로, 이를테면 "물고기를 잡아주기보다는 물고기 잡는 방법을 가르쳐 주어라"는 속담처럼, 물고기 잡는 방법을 알려주신 것에 비유할 수 있고, 수학시간에 배우는 공식이나 과학시간에 배우는 원리에 비유할 수 있는 것이다.

따라서, 수학시간에 배운 공식이나 과학시간에 배운 원리를 시험 문제에 적용하고 응용하여 정답을 구하듯이, 석가모니 부처님의 핵심 가르침인 연기법과 십이연기, 사성제와 팔정도의 진리를 일상생활에서 지혜롭게 잘 적용하고 응용하여 몸과 마음을 이치에 맞게 바르게 관리해 나가는 것이야말로 중생 각자가 스스로의 힘으로 탐진치 번뇌와 고통으로부터 벗어날 수 있는 해탈의 지혜를 완성해가는 반야바라밀다 수행인 것이다.

〈 마음 다스리는 글 〉

복은 검소함에서 생기고
덕은 겸양에서 생기며
지혜는 고요히 생각하는데서 생기느니라.

근심은 애욕에서 생기고
재앙은 물욕에서 생기며
허물은 경망에서 생기고
죄는 참지 못하는데서 생기느니라.

눈을 조심하여 남의 그릇됨을 보지 말고
맑고 아름다움을 볼 것이며
입을 조심하여 실없는 말을 하지 말고
착한 말, 바른 말, 부드럽고 고운 말을 언제나 할 것이며
몸을 조심하여 나쁜 친구를 사귀지 말고
어질고 착한 이를 가까이 하라.

어른을 공경하고 덕 있는 이를 받들며
지혜로운 이를 따르고

모르는 이를 너그럽게 용서하라.

오는 것을 거절 말고 가는 것을 잡지 말며
내 몸 대우 없음에 바라지 말고
일이 지나갔음에 원망하지 말라.

남을 해하면 마침내 그것이 자기에게 돌아오고
세력을 의지하면 도리어 재화가 따르느니라.

온화한 마음으로 성냄을 이기고
착한 일로 악을 이기라.

베푸는 일로써 인색함을 이기고
진실로써 거짓을 이기라.

불자여, 이 글을 읽고 낱낱이 마음에 새겨
다 같이 영원을 살아갈지어다.

이와 같이 팔정도는 사성제의 진리를 담은 수행 방법이므로, 팔정도는 괴로움(고苦)의 원인(집集)인 탐진치 번뇌를 없애어 괴로움의 발생을 원천적으로 차단함으로써 괴로움을 소멸(멸滅)시켜 해탈해 열반에 이르게 하는 수행 방법(도道)인 것이다.

사성제에 대하여 불경에 나와 있는 석가모니 부처님의 가르침

내용을 소개하면 다음과 같다. 그 내용에 대해서는 대한불교조계종 교육원에서 편찬한 책 『부처님의 생애』에 잘 기술되어 있어 옮겨본다.

"수행자들이여, 네 가지 성스러운 진리(四聖諦)가 있다. 그것은 괴로움에 관한 성스러운 진리, 괴로움의 발생에 관한 성스러운 진리, 괴로움의 소멸에 관한 성스러운 진리, 괴로움의 소멸에 이르는 길에 관한 성스러운 진리이다.

괴로움이란 무엇인가? 태어남은 괴로움이고, 늙음도 괴로움이며, 질병도 괴로움이고, 죽음도 괴로움이다. 사랑하는 사람과 헤어지는 것도 괴로움이고, 미운 사람과 만나는 것도 괴로움이며, 구하는 것을 얻지 못하는 것도 괴로움이다. 요컨대 오온(五蘊)에 대한 집착은 괴로움이다.

괴로움의 발생이란 무엇인가? 온갖 괴로움은 원인에 의해 생겨난다. 끊임없이 윤회하며 온갖 괴로움을 받게 하는 원인은 바로 기쁨과 즐거움을 추구하는 욕망이다. 감각적인 욕망과 생존하려는 욕망이다.

괴로움의 소멸이란 무엇인가? 그릇된 욕망을 남김없이 없애고 단념하고 내던지고 해탈하여 집착이 없는 것을 말한다.

괴로움의 소멸에 이르는 길이란 무엇인가? 그것은 곧 팔정

> 도이다.
>
> 이 네 가지 성스러운 진리는 일찍이 누구도 가르친 적 없는 법이니 바르게 사유해야 한다. 그러면 눈, 지혜, 밝음, 깨달음이 생길 것이다."

석가모니 부처님께서는 어느 바라문의 질문에 대해 다음과 같이 말씀하셨다고 한다.

"당신은 부정적인 사람이요. 듣자 하니 당신의 첫 번째 진리는 모든 곳에 고통이 있다. 고통이 가득하다. 태어남도 고통이고 죽음도 고통이다. 삶은 고통으로 가득하다. 그것이 부정적 사고가 아닌가요?"

"맞습니다. 허나 첫 번째 진리 다음에는 두 번째 진리를 말했죠. 고통의 끝이 있다. 고통의 소멸을 말하기 위해서 먼저 고통을 말했던 거요. 고통을 극복할 방법이 있다고, 그 길을 말해주는 것이 어찌 부정적이란 말이오?"

4가지 성스러운 진리를 의미하는 사성제 중에서 고성제는, 중생들이 살고 있는 사바세계는 고통(고苦)으로 가득하다는 진리인데, 중생들이 겪는 고통을 생(生), 노(老), 병(病), 사(死)의 네 가지 고통을 의미하는 사고(四苦)로 설명하거나, 이 사고(四苦)에다 애별리고(愛別離苦), 원증회고(怨憎會苦), 구부득고(求不得苦), 오온성고(五蘊盛苦)를 추가하는 팔고(八苦)로 설명하기도 한다.

〈 인생 팔고(八苦) 〉

육체적 고통	생고 (生苦)	낳을 생生, 괴로울 고苦	태어나 의식주를 해결하며 살아가는 괴로움
	노고 (老苦)	늙을 로老, 괴로울 고苦	늙어 쇠약해지는 괴로움
	병고 (病苦)	병들 병病, 괴로울 고苦	병들어 고생하는 괴로움
	사고 (死苦)	죽을 사死, 괴로울 고苦	죽어 없어지는 괴로움
정신적 고통	애별리고 (愛別離苦)	사랑 애愛, 헤어질 별別, 떨어질 리離	사랑하는 사람과 헤어지지 않으면 안 되는 괴로움(→ 이별의 고통)
	원증회고 (怨憎會苦)	원망할 원怨, 미워할 증憎, 모일 회會	미워하는 사람과 만나지 않으면 안 되는 괴로움(→ 미움의 고통)
	구부득고 (求不得苦)	구할 구求, 아닐 부不, 얻을 득得	원한다고 다 얻을 수 없는 괴로움 (→ 불만족의 고통)
	오온성고 (五蘊盛苦)	다섯 오五, 쌓을 온蘊, 성할 성盛	오온으로 된 몸과 마음에서 일어나는 허상에 집착하게 되어 받는 괴로움(→ 불완전한 존재로서의 고통)

※ **오온(五蘊)** : 인간을 육체적 요소인 색온(色蘊)과 정신적 요소인 수온(受蘊)·상온(想蘊)·행온(行蘊)·식온(識蘊)의 5가지 요소로 구성되어 있다고 보는 것

그런데 석가모니 부처님께서는 왜 이 고성제를 성스러운 첫 번째 진리라고 하셨을까? 이와 관련하여 석가모니 부처님께서는 "사람은 깊은 내면이 깨어나야만 변화할 수 있다. 고통에서 벗어나고자 하는 욕망이 평화의 길로 이끌어준다. 변해야겠다고 생각한 바로 그 순간 새로운 삶이 시작된다"고 말씀하셨다.

고통이 커지면 커질수록 그 고통을 없애어 해탈하고 싶은 내면의 욕망도 더욱 간절해지는 것이고 그만큼 해탈의 기쁨도 더욱 클 것이니, 지금 겪고 있는 고통이야말로 깨달음으로 가는 문이요. 용맹정진하게 하는 회초리가 될 수 있는 것이다.

그래서 싯다르타의 부친인 슈도다나 왕(Suddhodana, 정반왕淨飯王)은 싯다르타가 태어났을 때 "아이가 출가하면 부처님이 될 것이요. 왕위를 이으면 전륜성왕이 될 것입니다"는 아시따(Asita) 선인(仙人)의 예언을 두려워하여, 싯다르타의 출가를 막아보려고 화려한 궁궐을 지어 낙원처럼 가꾸었던 것이다.

노인이나 병자나 죽은 사람이 보이지 않도록 명을 내리고, 젊고 아름다운 궁녀들로 하여금 밤낮으로 음악을 연주하고 노래하며 시중을 들게 해서 싯다르타가 인생에 대해 깊은 고민에 빠지지 않도록 하였다.

그러나 결국 인생에서 누구나 겪어야 하는 생로병사의 고통을 알게 된 싯다르타는 부친의 만류에도 부귀영화의 태자 자리를 박차고 출가해 모진 수행을 거쳐 마침내 고통에서 벗어나 해탈하는 깨달음을 얻어 사바세계의 부처님이 되셨으니, 싯다르타에게 생로병사의 괴로움에서 자유롭지 못하다는 고통이 없었다면 석가모니 부처님도 존재하지 못하였을 것이다. 그러므로 고통은 성스러운 것이라 할 수 있는 것이다.

삼장법사 구마라집 스님이 '번뇌시도량(煩惱是道場)' 즉 '번뇌가 바로 깨달음의 도량이다'라고 말씀하신 것도 더러운 진흙 속에서 연꽃이 피어나는 것과 같이 괴로운 번뇌가 있는 곳에서 해탈의 깨달음을 얻을 수 있다고 말씀하신 것이다.

사성제 중에서 성스러운 두 번째 진리인 집성제는, 모든 고통은 어떤 원인이 모여(집集) 발생하는 것이므로 모든 고통에는 다 원인이 있다는 진리로서, 고통이 발생되는 원인과 과정을 밝혀 놓은 진리다.

고통이 발생되는 원인과 과정을 보자면, 고통의 원인은 무지로 인한 무명 때문에 일어나는 어리석음 때문이고, 그 어리석음 때문에 탐진치 번뇌가 일어나게 되어 고통이 생기게 되는 것인데, 이와 같이 고통이 일어나는 구체적인 과정을 연기법에 따라 원인과 결과의 12가지 단계로 설명한 것이 석가모니 부처님의 가르침인 십이연기설이다.

그리고 이 12가지 단계가 연기법에 따라 생사를 반복하며 돌고 도는 것이 바로 '윤회'인 것이므로, 윤회의 고통을 끊고 해탈하고자 한다면, 이 십이연기를 통해 고통이 일어나는 원인과 과정을 바로 알고, 원인을 제거하면 결과도 사라진다는 연기법과 사성제의 진리를 담은 팔정도를 열심히 수행하며 실천하여야 하는 것이다.

사성제 중에서 성스러운 세 번째 진리인 멸성제는, 모든 고통은 그 발생 원인을 소멸(멸滅)하면 없앨 수 있다는 진리로서, 그 고통이 완전히 없어진 상태가 열반이라고 하는 진리다.

고통이 발생되는 원인과 과정을 밝혀 놓은 진리인 집성제에 의하면, 고통의 발생 원인은 무지로 인한 무명 때문이므로 고통을 없애기 위해서는 고통의 발생 원인인 무지를 없애고 무명을 밝혀야 하는 것이다.

그런데 무지는 연기법, 십이연기, 사성제, 팔정도와 같은 석가모니 부처님의 가르침인 깨달음의 진리를 모르는 것이므로, 무명을 밝히는 길은 연기법, 십이연기, 사성제, 팔정도의 진리를 열심히 공부하여 무지를 없애고 팔정도를 실천하여 해탈의 지혜를 내 것으로 만들어 가는 것이다.

사성제 중에서 성스러운 네 번째 진리인 도성제는, 모든 고통은 그 발생 원인을 소멸하여 고통을 없앨 수 있는 길(도道)이 있다는 진리로서, 고통의 발생 원인을 소멸하기 위한 길(도道)이 바로 연기법, 십이연기, 사성제의 진리를 담은 8가지 지혜롭고 성스러운 바른 길인 팔정도인 것이다.

〈 해탈과 열반 〉

o **해탈**(풀 해解, 벗을 탈脫) : 해탈(解脫)은 '벗어남'을 뜻하는 산스크리트어 비모카(vimoka)의 뜻을 한자로 번역한 번역어로서 탐진치 번뇌의 속박에서 풀리고 고통에서 벗어나 자유롭게 되는 상태를 말함. 해탈은 번뇌와 고통의 수만큼 많음.

o **열반**(개흙 녈涅, 쟁반 반槃) : 열반(涅槃)은 '불을 불어서 꺼진 상태'를 뜻하는 산스크리트어 '니르바나(nirvāna)'를 소리 나는 대로 한자로 적은 음사어임. 탐진치 번뇌의 뜨거운 불기를 지혜로 꺼 일체의 모든 번뇌와 고통이 영원히 끊어진 고요한 상태로서 더 이상 탐진치 번뇌와 고통이 없어 해탈이 필요가 없는 해탈의 최고의 경지를 말함.

11. 팔정도는 쾌락이나 고행에 치우치지 않는 중도 (中道)의 수행 방법이다

 팔정도(八正道)는 석가모니 부처님이 보리수 아래에서 해탈의 진리와 지혜와 수행 방법을 깨달으신 후 그 깨달음을 전하기 위해 인도 바라나시 근교에 있는 녹야원(鹿野園 : 사슴동산)으로 가셔서 수행자 시절 숲속에서 함께 고행을 하다가 싯다르타가 고행을 중단하고 우유죽 공양을 받는 것을 보고 실망하여 떠났던 다섯 수행자들을 만나 처음으로 가르치신 실천 수행 방법이다.

 이 초전법륜(初轉法輪)의 자리에서 석가모니 부처님께서는 처음에는 중도(中道)에 대해 가르치신 후 중도의 구체적인 실천 수행 방법으로 팔정도를 가르치셨고 이어서 왜 팔정도가 탐진치 번뇌와 고통에서 벗어나 해탈하여 열반에 이를 수 있게 해주는 진리인지와 팔정도 수행의 필요성에 대해 체계적으로 설명하는 사성제(四聖諦)를 가르치셨는데, 다섯 수행자들은 그 자리에서 차례차례로 깨달음을 얻어 아라한이 되었다고 한다. 그리하여 5인의 제자가 생기면서 불(佛)·법(法)·승(僧)의 불교 교단이 성립하게 된 것이다.

출처 : 대한불교열반종 총본산 연화산 와우정사 벽화(경기도 용인)

그런데 중도라고 하면, 단순히 중간을 선택하는 것, 이도 저도 아닌 애매한 입장을 취하는 것을 말하는 것으로 생각할 수도 있지만, 석가모니 부처님께서 깨달으신 중도란 쾌락주의와 고행주의의 두 가지 극단 중에서 어느 한쪽으로 치우치지 않고 몸과 마음의 균형과 조화를 통해 고통을 미리 예방하거나 이미 일어난 고통을 치유하여, 본래의 마음인 불성(佛性)을 회복함으로써 자유롭고 평화로우며 행복해질 수 있는 지혜로운 수행 방법을 말한다.

여기서 쾌락주의란 "인생 뭐 있어?" "즐기는 게 남는 거야!"라며 살아 있는 동안 육체적 욕망이 이끄는 대로 쾌락을 쫓아 마음껏 즐기고 누리는 것을 가장 가치 있는 인생의 목적으로 삼는 정신을 말하고, 고행주의란 인간의 괴로움은 육체적 욕망이 충족되지 않아 생기는 것이므로 육체를 학대하여 자신의 육체적 욕망을 없애야 완전한 자유와 평화와 행복을 누릴 수 있다고 보는 정신을 말한다.

그러나 지나치게 쾌락에 몰두하는 것도 끝없는 탐욕으로 치닫게 되어 타인에게 피해를 줄 뿐만 아니라 스스로도 패가망신하게 되는 어리석은 행위가 되는 것이고, 육체적 욕망을 없애겠다고 육체를 학대하며 지나치게 고행에 몰두하는 것도 죽기 전에는 달성할 수 없는 어리석은 행위가 되는 것이다.

그러니 살아있는 인간으로서 생존과 생활을 위한 어느 정도의 기본적 욕구를 충족하면서도, 몸과 마음의 조화를 이루어내는 팔정도 수행을 통해 얼마든지 마음에서 탐진치 번뇌를 뿌리 뽑고 해탈하여 열반에 이를 수 있게 하는 지혜로운 수행 방법이 중도라는 것이다.

이러한 중도에 대한 석가모니 부처님의 가르침 내용을 소개하면 다음과 같다. 그 내용에 대해서는 대한불교조계종 교육원에서 편찬한 책『부처님의 생애』에 잘 기술되어 있어 옮겨 본다.

석가모니 부처님께서 바라나시 녹야원에서 처음으로 다섯 수행자들에게 깨달음의 진리를 가르치시는 내용이다.

"수행자들이여, 귀 기울여 들어라. 여래의 가르침에 따라 수행하면 머지않아 그대들도 출가한 목적을 완수할 것이다. 수행자들이여, 세상에는 두 가지 극단이 있다. 수행자는 그 어느 쪽에도 기울어서는 안된다.

두 가지 극단이란 무엇인가? 하나는 욕망이 이끄는 대로 관능의 쾌락에 빠지는 것이다. 그것은 천박하고 저속하며 어리석고 무익하다. 또 하나는 자기 자신을 괴롭히는데 열중하는 것이다. 그것은 피로와 고통만 남길 뿐 아무런 이익이 없다.

수행자들이여, 이 두 가지 극단을 떠난 중도(中道)가 있다. 그것은 눈을 밝게 하고, 지혜를 증진시키며, 번뇌를 쉬고 고요하게 한다. 신통을 이루며, 평등한 깨달음을 얻어 미묘한 열반에 이르게 한다.

수행자들이여 중도란 무엇인가? 그것은 지혜롭고 성스러운 팔정도(八正道)다. 정견(正見), 정사유(正思惟), 정어(正語), 정업(正業), 정명(正命), 정정진(正精進), 정념(正念), 정정(正定)이 바로 그 길이다."

다음은 석가모니 부처님께서 소나 존자에게 중도에 대하여 말씀하신 내용이다.

소나경(Sona-sutta)에 나오는 소나 존자는 부유한 가문에 태어나 호화로운 생활을 하던 중 마가다국 빔비사라왕의 초청으로 왕사성(王舍城)에 갔다가 부처님 가르침을 듣고 출가한 제자인데, 오랫동안 스스로 엄격하게 수행을 하였음에도 불구하고 번뇌로부터 해탈은커녕 감각적 욕망도 떨치지 못하자 차라리 환속해서 부를 누리며 재물로 보시 공덕이나 닦는 게 낫지 않을까 고민하고 있었다.

이러한 소나 존자의 고민을 아신 석가모니 부처님께서는 소나 존자에게 중도의 수행법을 류트(Lute : 손가락이나 픽으로 줄을 퉁겨서 연주하는 현악기) 연주에 비유하여 다음과 같이 말씀하셨다.

"소나여, 류트를 연주할 때 악기 줄이 너무 팽팽하게 조여져도 소리가 잘 나지 않고 너무 느슨하게 조여져도 소리가 잘 나지 않으며 알맞게 조여졌을 때 연주하기도 좋고 소리도 아름답듯이 수행정진도 마찬가지다.

지나치게 엄격한 정진은 몸과 마음을 피로하게 만들고, 지나치게 느슨한 정진은 몸과 마음을 나태하게 만든다. 그러므로 그대는 정진을 고르게 유지해야 한다. 다섯 가지 기능들(오근五根)이 치우치지 않도록 균등함을 유지해서 거기서 나오는 바른 깨달음을 취해야 한다"

※ **오근(五根)** : 식(識)을 발생하게 하는 다섯 가지 감각기관인 눈(시각 : 안근眼根), 귀(청각 : 이근耳根), 코(후각 : 비근鼻

根), 혀(미각 : 설근舌根), 피부(촉각 : 신근身根)를 말함.

이에 소나 존자는 석가모니 부처님의 가르침에 따라 중도적인 균형을 유지하며 게으르지 않고 정진한 결과 오래지 않아 아라한이 되었다고 한다.

위에서 살펴본 것처럼, 석가모니 부처님께서는 쾌락주의와 고행주의의 두 가지 극단적인 방법에 의지하지 않는 새로운 수행 방법인 중도를 실천하라고 당부하셨다.

이와 같이 양극단을 피하는 중도를 실천하면, 평온한 삶을 유지하면서도 스스로의 힘으로 집착을 끊을 수 있게 되어 탐진치 번뇌에 빠지지 않게 되므로, 천박하고 저속하며 어리석어 고통으로 돌아올 뿐 아무런 이익이 없는 쾌락을 끊을 수 있게 되고, 피로와 고통만 남길 뿐 아무런 이익이 없는 고행을 하지 않아도 되면서도, 눈을 밝게 하고 지혜를 증진시키며 번뇌를 쉬고 고요하게 할 뿐 아니라, 신통을 이루고 평등한 깨달음을 얻어 미묘한 열반에 이를 수 있기 때문이라는 것이다.

석가모니 부처님께서 깨달으신 이러한 중도는 우리가 어떻게 삶을 살아가야 하는지, 어떻게 수행을 해야 하는지에 대한 지혜로운 길을 알려 주고 있다.

중도는 어느 한쪽에 치우치는 편견을 버리고 매 순간 자신의 생각이나 말이나 행동 등이 극단에 치우치지 않는지, 중도에 어긋나지 않는지를 관찰함으로써 스스로를 바르게 하는 지혜로운 수행 방법이기 때문이다.

그러면 어떻게 수행하는 것이 중도인가?

석가모니 부처님께서는 중도를 실천하는 구체적인 수행 방법으로 팔정도를 제시하셨다. 팔정도는 탐진치 번뇌와 고통에서 벗어나 해탈하여 열반에 이르기 위해 실천해야 하는 8가지의 수행 방법을 말하는데, 정사유(正思惟), 정념(正念), 정견(正見), 정어(正語), 정업(正業), 정명(正命), 정정(正定), 정정진(正精進)의 지혜롭고 성스러운 바른 길을 말한다.

이 팔정도는 사성제 중 도성제에서, 고통의 발생 원인을 없애어 고통으로부터 벗어나 해탈하여 열반에 이를 수 있도록 해주는 실천수행 방법으로 석가모니 부처님께서 제시하신 성불(成佛)의 가르침이므로, 팔정도를 수행하여야만 연기법, 십이연기, 사성제의 진리를 토대로 타당한 이치로써 관찰하여 해탈의 지혜를 완성해가는 반야바라밀다 수행의 구체적인 수행 방법인 조견(照見)이 이루어질 수 있는 것이다.

따라서 해탈의 지혜를 완성할 수 있는 비결(祕訣)인 팔정도를 잘 닦으면 스스로의 힘으로 집착을 끊을 수 있게 되어 탐진치 번뇌에 빠지지 않게 되므로, 우리도 석가모니 부처님같이 마음의 눈이 밝아지고, 지혜가 증진되며, 번뇌가 사라져 고통도 사라지고, 신통이 이루어지며, 평등한 깨달음을 얻어 미묘한 열반에 이를 수 있게 되는 것이다.

팔정도를 구체적으로 알아보면, 정사유(正思惟)는 '바르게 생각하는 것'으로, 사람과 사물과 현상 등을 왜곡되지 않고 이치에 맞게 본래의 있는 그대로 볼 수 있도록 마음에서 탐진치 번뇌를 없앨 수 있는 논리나 방법을 찾아 깊이 생각하는 것을 말하고, 정념(正念)은 '바르게 인식하는 것'으로, 사람과 사물과 현상 등을 잡념으로 왜곡되지 않고 이치에 맞게 본래의 있는 그대로 볼 수 있도록 생각의 기준을 바르게 가지는 것을 말하며, 정견(正見)은 '바르게 보는 것'으로, 사람과 사물과 현상 등을 왜곡되지 않고 이치에 맞게 본래의 있는 그대로 바라보는 것을 말한다.

그리고 정어(正語)는 '바르게 말하는 것'으로, 거짓말 대신 진실한 말, 나쁜 말 대신 유익한 말, 이간질 하는 말 대신 화합시키는 말을 하는 것을 말하고, 정업(正業)은 '바르게 행동하는 것'으로, 살생하지 말고 방생할 것, 도둑질하지 말고 보시할 것, 음탕하지 말고 청정할 것 등 행동을 바르게 하는 것을 말하며, 정명(正命)은 '바르게 생명을 유지하는 것'으로, 바른 직업으로 떳떳하고 바르게 생계를 이어가는 것을 말한다.

또한 정정(正定)은 '바르게 몸과 마음을 안정되게 하는 것'으로, 명상으로 몸과 마음에 의식을 집중하여 몸과 마음을 바르고 안정되게 하는 것을 말하고, 정정진(正精進)은 '바르게 수행해 나아가는 것'으로, 조견(照見)하여 해탈의 지혜를 완성하기 위해 정사유(正思惟), 정념(正念), 정견(正見), 정어(正語), 정업(正業), 정명(正

命), 정정(正定)을 힘써 실천해 나아가는 것을 말한다.

〈 팔정도 〉

팔정도 (八正道)	여덟 팔八, 바를 정正, 길 도道	8가지의 지혜롭고 성스러운 바른 길
정사유 (正思惟)	바를 정正, 생각할 사思, 생각할 유惟	바르게 생각하는 것
정념 (正念)	바를 정正, 생각할 념念	바르게 인식하는 것
정견 (正見)	바를 정正, 볼 견見	바르게 보는 것
정어 (正語)	바를 정正, 말씀 어語	바르게 말하는 것
정업 (正業)	바를 정正, 선악의 소행 업業	바르게 행동하는 것
정명 (正命)	바를 정正, 목숨 명命	바르게 생명을 유지하는 것
정정 (正定)	바를 정正, 정할 정定	바르게 몸과 마음을 안정되게 하는 것
정정진 (正精進)	바를 정正, 정성스러울 정精, 나아갈 진進	바르게 수행해 나아가는 것

이와 같이 팔정도 수행은 여덟 가지의 실천방법으로 나뉘어져

있지만 이 여덟 가지 각각의 실천의 효과는 모두 해탈의 지혜를 완성하는데 도움이 되도록 서로 영향을 주고받게 되어있는 것이다.

그런데 이 팔정도 수행 방법 중에서 가장 기본이 되는 실천 방법은 정사유(正思惟)다. 왜냐하면 반야바라밀다 수행의 구체적인 수행 방법인 조견으로 해탈의 지혜를 완성해가기 위해서는 현재 자신이 겪고 있는 고통에 대해 깊이 관찰하여 그 원인을 분석해 들어가서 그 고통이 왜 시작되었는지 원인을 찾아내고, 그 고통의 원인을 제거할 수 있는 타당한 이치에 맞는 논리나 방법을 연구하여, 스스로에게 적용해 고통의 원인이 제거되는 효과가 있는지를 체험함으로써 그동안의 무지를 깨닫는 과정을 거쳐야 하는데, 이와 같이 고통의 원인을 제거할 수 있는 논리나 방법을 찾아 적용하고 효과를 검증하는 과정이 깊이 생각하는 숙고(熟考)의 과정인 정사유에 해당하기 때문이다.

정사유가 되면, 스스로의 생각의 힘으로 집착을 끊을 수 있어 탐진치 번뇌의 속박에서 벗어날 수 있게 되므로, 향후 유사한 상황에서 올바른 생각으로 상(想)의 단계를 잘 관리할 수 있게 되어 두 번 다시 같은 실수나 잘못을 반복하지 않아 고통을 겪지 않게 되고, 이미 고통의 쓴 맛을 보았기 때문에 과거와 같은 못난 생각, 못난 행동으로 두 번 다시 고통을 겪는 시행착오를 겪지 않도록 지금까지의 생각의 습관이나 기준 등을 바꾸어 나가는 수행에 자발적으로 전념하게 하는 원동력이 생기게 되는 것이다.

따라서 정사유가 되면, 탐진치 번뇌가 사라져 저절로 몸과 마음이 올바로 깨어 있게 되므로 정념(正念)하게 되고, 정견(正見)하게 되며, 정어(正語)하게 되고, 정업(正業)하게 되며, 정명(正命)하게 되고, 정정(正定)하게 되며, 이러한 실천들이 계속되도록 정정진(正精進)하게 되어 끊임없는 노력 속에 자신의 성품이 부처님 성품에 맞도록 개조돼가게 되는 것이다. 생각을 하면 깨달음이 생기기 때문이다.

오온(五蘊)인 수→상→행→식의 인식 과정 중 사람의 마음에 가장 큰 영향을 미치는 단계도 생각으로 정보분석을 하는 상(想)의 단계인 것이고, '이것이 무엇인가?'의 사투리인 '이뭣꼬!' 화두도 깊이 생각하는 수행인 것이며, '사람은 생각하는 대로 된다', '생각이 삐딱한 사람은 삐딱하게 살다가 삐딱하게 죽는다'는 말들도 정념, 정견, 정어, 정업, 정명, 정정, 정정진이 올바로 이루어지기 위해서는 먼저 정사유가 선행돼야 하는 것임을 보여준다고 하겠다. 현대 과학에서도 뇌(腦)의 중요한 기능이 생각이며 인간의 정체성을 결정한다는 사실을 밝혀냈다.

그러므로 탐진치 번뇌와 고통이 마음에 들러붙지 못하도록 일상생활에서 실천하여 항상 몸과 마음이 올바로 깨어있게 하는 팔정도 수행 방법은, 자신의 생각이 이치에 맞아 마음에 걸림이 없어져 자유로와지고 편안해지고 평화로와져서 공(空)한 삼매(三昧 : 산스크리트어 사마디Samādhi의 음사어)의 상태가 되도록 해탈의 지혜를 완성해가는 반야바라밀다 수행인 조견을 하기 위해 실천해야 하는 수행 방법인 것이다.

> ⟨ 법구경 ⟩
>
> 마음은 가벼워 흔들리고 들뜨기 쉬우며,
> 이리저리 날뛰어 지키기 어렵고 억제하기도 어렵다.
> 그러나 지혜 있는 사람은 마음을 곧게 다스린다.
> 마치 활 만드는 이가 화살을 곧게 하듯이.

이 팔정도는 중생을 사바세계의 번뇌와 고통에서 건져내어 자유롭고 평화로우며 행복한 깨달음의 세계인 피안(저 피彼, 언덕 안岸 : 저편의 언덕, 인간세계의 저쪽에 있다는 극락세계를 이르는 말)으로 건네주는 역할을 하고 있어 배나 뗏목에 비유되기도 한다.

이러한 팔정도는 자신이 고통에 빠지지 않도록 미연에 고통의 발생 원인을 근본적으로 차단하는 사전 예방적 수행 방법이기도 하지만, 자신이 고통에 빠졌을 때 그 고통으로부터 벗어날 수 있는 사후 처방적 수행 방법이기도 하다.

그러나 굳이 무지로 인한 무명의 어리석음에 빠져 고통의 쓴 맛을 보고 나서야 팔정도를 공부하고 실천하는 사람보다는, 고통의 쓴 맛을 보지 않고서도 석가모니 부처님의 가르침에 따라 팔정도를 공부하고 실천하는 사람이야말로 더 지혜로운 사람일 것이다.

하지만 대부분의 평범한 사람들은 팔정도를 일상에서 실천하는 것이 좋은 줄을 머리로는 충분히 알지만 꾸준히 실천하는 것은 쉽지 않은 것이 일반적일 것이다.

어쩌면 팔정도를 억지로 지켜야 하는 계율 정도로 생각하는 사람들도 많을 것이다. 그러나 다음의 이야기들을 읽어본다면 자기 자신을 위해서라도 팔정도를 자발적으로 실천하려 할 것이다.

일본인 에모토 마사루(江本勝, 1943.7.22.~2014.10.17.) 박사가 저술한 세계적인 베스트셀러 『물은 답을 알고 있다』는 유리병에 들어 있는 물에게 말을 들려주거나, 글씨를 보여주거나, 음악을 들려준 뒤에 그 물을 얼려서 찍은 총천연색의 물 결정 사진 120여 컷이 담긴 책으로서 30여 개국 언어로 출간되어 전 세계 독자들의 뜨거운 관심을 받아 오고 있다. 이 책은 긍정적인 생각과 언어의 힘이 얼마나 대단한지를 보여 준다.

저자는 두 개의 스피커 사이에 물이 든 병을 놓고 물에게 음악을 들려주는 실험을 하였는데, 베토벤의 교향곡 전원(田園), 모차르트의 교향곡 40번 같은 아름다운 클래식 음악을 들은 물은 아름다운 결정을 만들었는데 비하여, 분노와 저항의 말로 채워진 헤비메탈 음악을 들은 물은 결정이 뿔뿔이 흩어지고 찌그러진 모양으로 나타났다고 한다.

그리고 물이 들어있는 유리병에 '고맙습니다'라고 쓴 글을 보여준 물은 또렷하게 육각형의 아름다운 결정을 만들었는데 비하여 '멍청한 놈'이라고 쓴 글을 보여준 물은 결정이 깨진 채 흐트러져 있었다고 한다.

또한 '그렇게 해주세요'라는 글을 붙인 물은 단정한 모양의 결정을 보여주었는데 비하여, '그렇게 해'라는 글을 붙인 물은 결정을 만들지 못했다고 한다.

물에 기도를 하기 전의 물 결정보다 기도를 한 후의 물 결정이 더 아름다웠고, 특히 '사랑·감사'라는 글을 보여 주었을 때는 마치 물이 기뻐하면서 꽃처럼 활짝 핀 모습의 가장 아름다운 결정을 보여주었다고 한다.

〈 물 결정 사진 〉

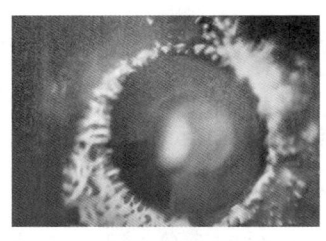 그렇게 해!

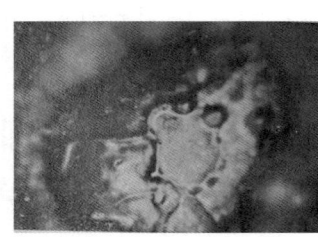 기도하기 전

 그렇게 해주세요

 기도한 후

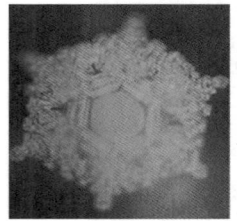 사랑·감사

출처 : 『물은 답을 알고 있다(2008.3. 더난콘텐츠)』

그런데 인간의 몸도 70퍼센트가 물이라고 한다. 세상에 태어나기 전인 수정란 단계에서는 몸의 99퍼센트, 태어날 때는 몸의 90퍼센트, 성인이 되면 70퍼센트, 죽을 때는 50퍼센트 정도가 물이라고 하니, 저자가 물을 대상으로 실험한 결과는 우리 인체에도 그대로 적용될 수 있는 것이다.

이러한 실험들을 통해 좋은 말을 하면 그 진동음이 물질을 좋은 성질로 바꾸고, 나쁜 말을 하면 그 진동음이 물질을 파괴의 방향으로 끌고 간다는 사실을 알게 되었으니, 우리가 일상에서 쓰는 말이 얼마나 중요한지 잘 알 수 있을 것이다.

또한 마음의 상태가 몸에 큰 영향을 미친다는 것은 이미 의학적으로 밝혀진 사실이고, 말은 그 사람의 마음을 나타내는 것이니, 어떤 마음으로 인생을 사느냐가 자기 몸의 70퍼센트를 차지하는 물을 바꾸고, 그 변화는 자기 몸에 그대로 나타나게 되는 것이다.

그러니 내 몸의 피가 독물로 변하지 않도록 긍정적인 좋은 말을 하고 즐거운 마음으로 살면 몸도 건강하지만, 부정적인 나쁜 말을 하거나 고민하고 슬퍼하며 괴로운 마음으로 살면 몸도 아프게 마련인 것이다.

따라서 남편이나 아내, 자녀, 친구, 동료 등에게 화를 내거나, 욕을 하는 등 부정적인 나쁜 말을 하는 것은 듣는 사람에게 독을 퍼부어 대는 것과 같은 것이고, 그 독으로 인해 자신이 가장 아끼고 사랑하는 사람들을 병들게 만드는 어리석은 짓이 되는 것이니, 만약 나쁜 말을 하였다면 용기를 내어 빨리 사과하거나 기분을 풀어주는 것이 자신에게도 이득이 되는 지혜로운 일일 것이다.

『물은 답을 알고 있다』는 우리의 마음이 우주 만물에 얼마나 영향을 미치고 새로운 세계를 만들 수 있는가를 말해주고 있는 것이다. 사랑과 감사로 마음을 채우면 이 세상은 온통 사랑하고 감사해야 할 것으로 가득해질 것이고 그때 우리는 환하게 빛나는 결정 그 자체가 될 것이다.

〈 백범 김구(1876~1949) 〉

지옥을 만드는 방법은 간단하다.
가까이 있는 사람을 미워하면 된다.
천국을 만드는 방법도 간단하다.
가까이 있는 사람을 사랑하면 된다.
모든 것은 내 자신에 달려있다.

다음은 언론에 발표된 암에 관한 소식이다.

부부 사이에 "사랑합니다"라는 말 한마디가 암예방과 노화방지에 효과가 있다는 연구결과가 국내에서 나왔다.

「'여보 사랑해' 매일 말하면 암 예방에 효과」라는 제목의 연합뉴스(2010.9.9.)에 따르면, 연세대 사회복지학과 김재엽 교수는 부부 사이에 주고받는 '고맙다' '미안하다' '사랑한다'는 표현이 암 예방과 노화 방지에 효과가 있는지 노인 남성 30명을 대상으로 실험한 결과 배우자에게 매일 이런 표현을 한 피험자(10명)의 혈액 내 산화성 스트레스 지표가 50퍼센트 감소하였다고 한다.

혈액 내 산화성 스트레스 지표가 감소하면 암과 고혈압, 당뇨병, 파킨슨병 등의 발생 확률이 낮아지고 노화도 늦춰지는 것으로 알려져 있기 때문에 '고맙다' '미안하다' '사랑한다'는 긍정적인 표현이 암 예방과 노화 방지에 효과가 있다는 것이다.

김 교수는 또 가족들 간에 '고맙습니다' '미안합니다' '사랑합니다'라는 표현을 자주 쓰게 되면 가족관계도 개선되는 효과가 있음을 실험을 통해 검증했다고 한다.

〈 말 한마디 〉

부주의한 말 한마디가 싸움의 불씨가 되고,
잔인한 말 한마디가 삶을 파괴합니다.
쓰디쓴 말 한마디가 증오의 씨를 뿌리고,
무례한 말 한마디가 사랑의 불을 끕니다.
은혜로운 말 한마디가 힘든 길을 편하게 하고,
즐거운 말 한마디가 하루를 빛나게 합니다.
때에 맞는 말 한마디가 긴장을 풀어 주고,
사랑의 말 한마디가 축복을 줍니다.

다음은 MBC 방송국에서 2009년 한글날 특집 방송으로 아나운서실과 일반사무실 총 다섯 곳의 직원들이 밥을 가지고 '말의 힘'에 대한 실험을 하여 방송한 내용이다.

갓지은 쌀밥을 담은 2개의 병에 하나에는 '고맙습니다'라고 쓴 라벨을 붙이고 다른 병에는 '짜증나'라고 쓴 라벨을 붙여 아나운서와 직원들에게 이 2개의 병을 각각 나누어 주었다고 한다.

이 2개의 병을 받은 실험자들은 자기의 책상 위에 놓아두고 '고맙습니다'라고 쓴 병에는 좋은 말을 '짜증나'라고 쓴 병에는 나쁜 말을 한 달 동안 해주는 실험이었다고 한다.

실험자들은 한쪽 병에는 "고맙습니다" "감사합니다" "아~예쁘다" "사랑해 사랑해"와 같은 좋은 말들을, 다른쪽 병에는 "짜증나" "어~ 너무 미워" "냄새날 것 같애"와 같은 나쁜 말들을 들려주었다고 한다.

두 병에 담긴 쌀밥은 3, 4일 뒤부터 변화가 생기기 시작하더니 4주 후에는 병속에 담긴 쌀밥의 색깔이 확연하게 구분될 정도로 차이가 나 있었다고 한다.

좋은 말을 해준 '고맙습니다' 병의 쌀밥에는 하얗고 뽀얀 곰팡이가 생겨 예쁜 상태를 유지했고 구수한 누룩냄새가 났지만, 나쁜 말을 해준 '짜증나' 병에 담긴 쌀밥은 검푸른 곰팡이가 핀 채 썩어 있었다는 것이다.

단지 좋은 말과 나쁜 말을 들려줬을 뿐인데 확연히 다르게 변해버린 쌀밥을 보면서 그것이 쌀밥이 아니라 가족, 친구, 직장동료들이었다면 어땠을까를 생각해 보면 건강한 파동과 밝은 에너지를 전해주는 말의 힘을 다시 한번 깨닫게 한다.

속상한 일이 있어도 나쁜 말보다는 좋은 말을 많이 하는 것이 나한테도 좋고 사람들한테도 좋다는 것을 새삼 깨닫게 해주는 실험이다.

〈 백범 김구(1876~1949) 〉

거칠게 말할수록 거칠어지고
음란하게 말할수록 음란해지며
사납게 말할수록 사나워진다.

우리는 위의 글들을 통해 불평불만이나 짜증이나 욕과 같은 부정적인 생각과 말보다는 감사와 칭찬 등 긍정적인 생각과 말 한 마디가 어떤 변화를 일으킬 수 있고, 얼마나 중요한지를 다시 한번 확인할 수 있게 되었다.

긍정은 긍정을 끌어들이고 부정은 부정을 끌어들이는 것이다. 감사하면 할수록 감사할 일이 많아지는 법이다. 자녀를 키울 때도 꾸중보다는 칭찬이 더 낫다고 한다. 칭찬은 고래도 춤추게 만든다고 하지 않는가!

따라서 우리가 바른 마음으로, 바르게 생각하고, 바르게 보고, 바르게 말하고, 바르게 행동하고, 바르게 생활하는 등 팔정도를 힘써 실천하는 일이야말로 나 자신과 가족과 세상을 이롭게 하는 지혜로운 길임을 잘 알아야 하겠다.

〈 법구경 〉

악한 일은 자기를 괴롭히나 행하기 쉬우며,
착한 일은 자기를 편안하게 하나 행하기 어렵다.

12. 오온(五蘊)을 알면 몸과 마음이 보인다

오온(다섯 오五, 쌓을 온蘊)이란, 산스크리트어인 '판챠 스칸다(Pañca Skandha)'를 한문으로 번역한 말인데, 여기서 판챠(Pañca)는 5를 의미하고 스칸다(Skandha)는 쌓임, 덩어리, 무더기를 의미한다.

따라서 오온이란, '다섯 가지의 쌓임, 덩어리, 무더기'라는 뜻인데, 인간이라는 존재는 오온의 덩어리라는 것이다. 즉 우리가 '나' 또는 '자기'라고 말하는 존재는 오온이 임시로 모여 구성된 것에 불과하다는 것이다.

이 오온은 물질적·육체적 요소인 색온(色蘊)과 정신적 요소인 수온(受蘊), 상온(想蘊), 행온(行蘊), 식온(識蘊)을 합쳐서 부르는 말인데, 인간을 구성하고 있는 요소(要素)를 육체적 요소인 색온과 정신적 요소인 수온, 상온, 행온, 식온의 5가지 요소로 구성되어 있다고 보는 것이다.

이것은 색(色), 수(受), 상(想), 행(行), 식(識)의 오온 덩어리로 이루어진 인간이 육체적인 존재인 동시에 생각하는 능력을 가진 정신적인 존재임을 의미하는 것이다.

※ **오온**(五蘊) : 색(색 색色), 수(받을 수受), 상(생각할 상想), 행

(행할 행行), 식(알 식, 깨달을 식識)

이러한 오온의 개념은 석가모니 부처님께서 처음 말씀하신 것은 아니다. 그 당시 인도 사회에 알려져 있던 개념이었는데 석가모니 부처님께서 연기법(緣起法)을 통해 색(色), 수(受), 상(想), 행(行), 식(識) 간의 인과관계(또는 연기관계)를 밝혀주신 것이다.

이 오온에 해당하는 색온(色蘊)은 산스크리트어인 루파 스칸다(rūpa skandha)를 한문으로 번역한 용어이고, 수온(受蘊)은 베다나 스칸다(vedana skandha), 상온(想蘊)은 삼즈나 스칸다(saṃjñā skandha), 행온(行蘊)은 삼스카라 스칸다(saṃskāra skandha), 식온(識蘊)은 비즈냐나 스칸다(vijñāna skandha)를 한문으로 번역한 용어다.

오온은 색온, 수온, 상온, 행온, 식온에서 온을 생략하고 색, 수, 상, 행, 식이라고 간단하게 줄여서 말하기도 하는데, 색은 지수화풍(땅 지地, 물 수水, 불 화火, 바람 풍風)으로 구성되는 몸이나 물질을 말하고, 수는 감각(感覺)정보 수집, 상은 수집된 감각정보에 대한 분석, 행은 감각정보에 대한 분석의 결과로 일어나는 정신적·신체적 행위, 식은 수·상·행의 결과를 총정리하여 인식하는 종합적 인식 또는 기억을 말한다.

오온 중에서, 물질적·육체적 요소에 해당하는 색은 인간으로 말하면 몸이요. 몸은 지수화풍이라는 4가지 기본요소가 모여 만들어진 사지육신(四肢肉身 : 두 팔과 두 다리와 몸)의 허우대(몸집을 말함)를 말하는데, 젊을 때는 지수화풍의 결합이 단단하였다가 나이가 들수록 느슨해지고 죽으면 다시 흩어져 한 줌 흙이 되어 지수화풍으로 돌아가게 되는 것이다.

 오온 중에서, 정신적 요소에 해당하는 수·상·행·식은 인간의 정신이 작용되는 과정 즉 인간의 마음이 일어나는 과정을 수→상→행→식의 단계별로 구분하여 보여주고 있다.

 이를 연기법으로 설명을 하면, 수가 있기 때문에 상이 있게 되는 것이고, 상이 있기 때문에 행이 있게 되는 것이고, 행이 있기 때문에 식이 있게 되는 것이고, 식이 있기 때문에 허상(虛像)인 아상(我相)이 생기게 되는 것이다.

　　※ **아상**(나 아我, 모양 상相) : 오온이 일시적으로 모여서 이루어진 자기를 진짜 나라고 생각하는 것

 반면에 수가 없으면 상이 없게 되는 것이고, 상이 없으면 행이 없게 되는 것이고, 행이 없으면 식이 없게 되는 것이고, 식이 없으면 허상인 아상이 생기지 않게 되는 것이다.

 그러므로 허상은 스스로 생겨나고 사라지는 것이 아니라 내가 만드는 것이므로 모두 다 내 탓인 것이라서, 오온 자체만으로는 문제가 없고, 탐진치 번뇌로 인한 그릇된 상상·연상·회상 등의 망상이 오온에 작용하여 만들어지는 허상이 문제인 것이다.

이렇게 연기법의 진리를 토대로 타당한 이치로써 관찰하는 조건을 통해 오온의 상태를 깊이 관찰해 보면, 무지(無知)와 무명(無明)의 어리석음 때문에 생기는 탐진치(貪瞋癡) 번뇌로 인한 그릇된 상상이나 연상이나 회상 등의 망상이 오온에 작용하여 생긴 그릇된 인식 때문에 몸과 마음에서 일어나는 현상인 그릇된 허상이 모두 참된 실상이 아니라서, 무지와 무명의 어리석음에서 벗어나게 되어 탐진치 번뇌가 사라지게 되면 그 그릇된 허상인 아상도 몸과 마음에서 사라지고 마는 것이라는 진리를 꿰뚫어 볼 수 있게 되는 것이다.

그리하여 그 그릇된 허상인 아상이 몸과 마음에서 사라져 무아(無我)가 되면, 무지와 무명의 어리석음 때문에 생기는 탐진치 번뇌로 인한 그릇된 상상이나 연상이나 회상 등의 망상을 하지 않게 되어, 탐진치 번뇌로 인한 그릇된 상상이나 연상이나 회상 등의 망상이 오온에 작용하여 생긴 그릇된 인식 때문에 몸과 마음에서 일어나는 현상인 그릇된 허상이 더 이상 만들어지지 않게 됨으로써, 그 그릇된 허상이 일어나기 전에 있던 그대로의 존재의 본래 모습인 실상(實相)이 드러나게 되는 청정한 공(空)의 상태로 돌아가게 되는 것이다.

그렇게 그릇된 허상이 사라지고 실상만이 남은 상태인 공의 상태로 돌아가게 됨으로써, 그동안 탐진치 번뇌로 인한 그릇된 상상이나 연상이나 회상 등의 망상에 의한 그릇된 인식 때문에 일어난 그릇된 허상에 집착하게 되어 생긴 일체의 모든 고통과 액운에서 벗어나 해탈하여 열반에 이를 수 있게 된다는 가르침이 바로 조견오온개공(照見五蘊皆空) 도일체고액(度一切苦厄)인 것이다.

따라서 인간을 괴롭히는 모든 고통의 원인은 탐진치 번뇌 때문이고, 탐진치 번뇌는 색수상행식의 오온을 통해 들어오게 되는데, 오온은 인간의 육체적·정신적 한계로 인해 완전하지 못한 정보통로이기 때문이다.

오온 중에서 정신적 요소에 해당하는 수(受)→상(想)→행(行)→식(識)의 작용이 마음에서 단계별로 일어나는 과정의 예를 들어본다면, 식탁 위 쟁반에 담긴 자두(색에 해당)가 눈에 보임(수에 해당)→잘 익은 모양에 상큼하고 새콤하고 달콤한 맛이 상상이 됨(상에 해당)→집어서 한입 먹어봄(행에 해당)→역시나 자두는 맛 좋은 과일이야(식에 해당) 순서로 마음이 일어나게 되는 것이다.

이번에는 오온 중에서 감각정보를 수집하는 기능을 담당하고 있는 수(受)가 작동하게 되는 과정을 살펴보면, 인간의 육체에 존재하는 6가지 감각기관인 안·이·비·설·신·의 즉 눈·귀·코·혀·피부·뇌가 감각정보를 수집하기 위해서는 우선 6가지 감각대상인 색·성·향·미·촉·법 즉 형태·소리·냄새·맛·촉감·생각과 일대 일로 접촉해야 가능해진다.

여기서 6가지 감각기관인 안·이·비·설·신·의를 육근(六根)이라 부르는데, 육근이란, 인간의 육체에 깊이 신경(神經) 체계를 뿌리 내리고 있는 6가지 감각기관을 말하는 것으로, 이 6가지 감각기관이 감각정보를 수집하는 주체가 된다는 의미에서 육근을 주관(主觀)이라고 부르기도 한다.

  ※ **육근**(여섯 육六, 뿌리 근, 근본 근根) : 안근(눈 안眼)·이근(귀 이耳)·비근(코 비鼻)·설근(혀 설舌)·신근(몸 신身)·의근(뜻 의意)
   ⇒ 줄이면 안·이·비·설·신·의

반면에 6가지 감각대상인 색·성·향·미·촉·법을 육경(六境)이라 부르는데, 육경이란, 주관인 육근이 수행하는 감각정보 수집의 대상이 되는 객체적 존재라는 의미에서 객관(客觀)이라고 부르기도 한다.

  ※ **육경**(여섯 육六, 경계 경境) : 색경(색 색色)·성경(소리 성聲)·향경(냄새 향香)·미경(맛 미味)·촉경(닿을 촉觸)·법경(법 법法)
   ⇒ 줄이면 색·성·향·미·촉·법

그리고 6가지 감각기관인 육근(안근·이근·비근·설근·신근·의근)과 6가지 감각대상인 육경(색경·성경·향경·미경·촉경·법경)의 12가지 요소를 합쳐서 십이처(十二處)라 부르는데, 주관인 육근과 객관인 육경을 합하면 자기의 안과 밖을 모두 합하는 것이 되므로 인간이 살고 있는 세계의 전체를 모두 인식할 수 있다고 말할 수 있는 것이다. 육근과 육경으로 구성된 십이처 안에 세계 전체가 다 들어오게 되는 것이다.

그런데 감각기관인 육근과 감각대상인 육경만으로는 인식할 수 있는 기능이 없어 육근이 육경을 접촉하게 되는 것만으로는 아직 인식이 이루어질 수 없게 된다.

육근이 감각정보를 수집하기 위해 육경을 만나게 되면, 육근의 감각기관에 연결된 신경체계를 통해 감각대상인 육경에 대한 감각정보가 육근의 6가지 감각기관에 각각 연결된 뇌의 특정 부위로 전달되어 6가지의 인식이 이루어지게 되는데, 이렇게 인식된 6가지를 육식(六識)이라고 부르고, 육식(六識)에는 안식(眼識), 이식(耳識), 비식(鼻識), 설식(舌識), 신식(身識), 의식(意識)이 있다.

※ **육식**(여섯 육六, 알 식, 깨달을 식識) : 안식(眼識)·이식(耳識)·비식(鼻識)·설식(舌識)·신식(身識)·의식(意識)

이와 같이 육식은 육근이 육경을 만났을 때를 '원인 또는 조건'으로 해서 일어나는 정신작용인 6가지 인식을 말하는 것이다. 예컨대, 육식에서 안식(眼識)은 눈이 그 감각대상인 색을 인식하게 된 것을 말하는 것이다.

따라서 안식(眼識)은 안근(眼根)이 색경(色境)을 만나 생겨난 인식인 것이고, 이식(耳識)은 이근(耳根)이 성경(聲境)을 만나 생겨난 인식인 것이고, 비식(鼻識)은 비근(鼻根)이 향경(香境)을 만나 생겨난 인식인 것이고, 설식(舌識)은 설근(舌根)이 미경(味境)을 만나 생겨난 인식인 것이고, 신식(身識)은 신근(身根)이 촉경(觸

境)을 만나 생겨난 인식인 것이며, 의식(意識)은 의근(意根)이 법경(法境)을 만나 생겨난 인식인 것이다.

그런데 육근인 안(눈)·이(귀)·비(코)·설(혀)·신(피부)·의(뜻) 중에서 의(뜻)에 해당하는 감각기관을 대부분의 해설서에서는 한자로 표기된 의(뜻 의意) 글자에 충실하게 해석하여 '마음, 정신, 의식 등'이라고 설명하고 있는데 필자는 육체적 기관인 '뇌(腦)'라고 설명하는 것이 타당하다고 생각한다.

왜냐하면 현대 과학에서도 인간의 뇌의 기능이 제대로 밝혀진 지는 얼마 되지 않았기 때문에 불경을 기록하기 시작한 2천여 년 전에는 뇌가 마음, 정신, 의식과 같은 생각에 관한 기능을 담당하는 기관이라는 사실을 알지 못하였을 것이므로, 육근 중에서 유일하게 의근(意根)만 눈, 귀, 코, 혀, 피부와 같은 육체적 기관으로 명시되지 못한 채 마음, 정신, 의식 등의 정신적인 기능으로 대신하여 설명해 오고 있기 때문이다.

그러나 이제는 경전에 쓰인 대로 의(意)라고 표기는 하더라도 의(意)에 해당하는 육체적 감각기관은 뇌(腦)라고 분명히 하는 것이 좋겠다고 생각한다. 그리고 의근(意根)의 상대인 법경(法境)은 마음, 정신, 의식 등의 정신적인 기능을 모두 포함하는 의미에서 '생각'이라고 하는 것이 좋을 것 같다. 뇌의 기능을 한마디로 줄여서 말한다면 '생각'이라고 말 할 수 있기 때문이다.

앞에서 살펴본 것처럼, 불교에서는 6가지 감각기관인 육근과

6가지 감각대상인 육경의 12가지 요소를 십이처라 부르는데, 십이처는 인식이 이루어지기 전의 순간이라 아직은 인식이 이루어지지 않은 상태를 말한다. 여기서 '처(處)'라는 한자의 뜻은 '곳 처, 장소 처'인데, 감각정보를 인식하는 6가지 정신작용인 육식을 가능하게 해주는 곳이라는 의미로 육근과 육경을 가리켜 십이처(十二處)라 부르는 것이다.

그래서 육근이 육경을 만나 6가지 인식이 이루어지는 육식까지 포함한 18가지 요소를 통틀어 십팔계(十八界)라 부르는데, 이 18가지 요소는 제각각 고유한 역할 영역을 담당하면서 육식을 만들어내고 있으므로 인식이 이루어지는 과정에 참여하는 이 18가지 각각의 요소에다가 '영역'을 의미하는 글자인 '계(세계 계界)'를 붙여 십팔계라 부르고 있는 것이다.

'인식이 이루어지는 과정에 참여하는 18가지 각 요소의 역할의 영역'이라고 할 수 있는 18계에는 6근계(六根界)로 안계(眼界), 이계(耳界), 비계(鼻界), 설계(舌界), 신계(身界), 의계(意界)가 있고, 6경계(六境界)로 색계(色界), 성계(聲界), 향계(香界), 미계(味界), 촉계(觸界), 법계(法界)가 있으며, 6식계(六識界)로 안식계(眼識界), 이식계(耳識界), 비식계(鼻識界), 설식계(舌識界), 신식계(身識界), 의식계(意識界)가 있다.

이 십팔계의 작용에 따라 육근→육경→육식의 인식 과정을 거쳐 인식된 내용인 감각정보가 오온 중에서 감각정보를 수집하는 기능을 담당하고 있는 수(受)에 전달되어 접수되는 것이다. 그리고 수에 접수된 감각정보는 수→상→행→식의 단계별 과정을 거치며 최종적으로 인식되거나 기억되는 것이다.

4온(四蘊)	수(受)		상(想)		행(行)		식(識)
정신적 요소	감각정보 수집	⇒	감각정보 분석	⇒	정신적·신체적 행위	⇒	종합적 인식·기억

	기능	십팔계(十八界)					
		십이처(十二處)					
		육근(六根)			육경(六境)		육식(六識)
1	본다 (시각)		안 (眼: 눈 안)	⇒	색(色: 색 색) : 물질	⇒	안식 (眼識)
2	듣는다 (청각)		이 (耳: 귀 이)	⇒	성(聲: 소리 성) : 소리	⇒	이식 (耳識)
3	맡는다 (후각)		비 (鼻: 코 비)	⇒	향(香: 향기 향) : 냄새	⇒	비식 (鼻識)
4	맛본다 (미각)		설 (舌: 혀 설)	⇒	미(味: 맛 미) : 맛	⇒	설식 (舌識)
5	만진다 (촉각)		신(身: 몸 신) ※ 피부	⇒	촉(觸: 닿을 촉) : 감촉	⇒	신식 (身識)
6	안다 (생각)		의(意: 뜻 의) ※ 뇌(腦)	⇒	법(法: 법 법) : 생각	⇒	의식 (意識)
		주관(主觀)			객관(客觀)		

이와 같이 석가모니 부처님께서는 우리들 인간의 정신이 작용되는 과정 즉 인간의 마음이 일어나는 과정을 수→상→행→식의 단계별로 구분하여 관찰해 보도록 함으로써 자신의 마음을 들여다 볼 수 있고 조절할 수 있게 하신 것이다. 이로써 누구나 마음공부를 할 수 있는 길이 열리게 된 것이다.

예를 들면, 길을 지나가는 사람의 얼굴이나 옷차림(색에 해당)을 보게 되면(수에 해당) 자기 기준에 따라 어떻다 저떻다 마음대로 생각(상에 해당, 상상·연상·회상 등)을 하게 되고, 생각한 결과에 따라 말을 건네고 싶다든지(정신적 행위) 직접 인사를 건넨다든지(신체적 행위) 하는 과정을 거치면서 그 사람에 대하여 전체적인 느낌을 인식하거나 기억(식에 해당)하게 되는 것이 일반적인 수→상→행→식의 단계별 진행 과정인 것이다.

그런데 인간의 정신이 작용되는 과정 즉 인간의 마음이 일어나는 과정이 수→상→행→식의 단계별로 일어난다는 가르침을 몰랐을 때에는, 사람이나 사물 등의 색을 접할 경우 수→상→행→식 과정이 단계별 구분 없이 하나로 연결되어 나도 모르게 번개처럼 순식간에 일어나 버릴 수 밖에 없었다.

그러나 이제는 길을 지나가는 사람의 얼굴이나 옷차림(색에 해당)을 보게 되면, "아! 지금 수의 단계네", "아! 지금 상이 일어나려고 하네", "육체는 내장과 오물과 병균을 담고 있는 몸뚱아리라 끊임없이 오물이 흘러나와 악취가 나는 물건에 불과하고, 얼굴과 화장, 향수, 염색, 성형, 장신구나 옷차림 등은 물건을 장식하는 포장지에 불과할 뿐이니, 허상인 겉모습에 현혹되지 말고 허상에 가려진 본래의 모습인 실상을 볼 줄 알아야지", "순간만 보지 말고 영원을 보고, 부분만 보지 말고 전체를 보아야 바르게 볼 수 있구나" 하면서 수→상→행→식의 단계별로 그 정보처리 과정이 슬로우 비디오(Slow Video)처럼 눈앞에 그려지게 되어 느린 속도로 바라볼 수 있게 되는 것이다.

석가모니 부처님께서도 "정신을 집중하여 자기의 몸과 마음을 깊이 관찰한다면, 그런 수행자는 육신에 대한 갈망에서 벗어날 것이다"라고 말씀하셨다.

그러므로 자기의 마음을 다스리려면, 즉 자기 마음을 컨트롤 하려면, 수에 접수된 감각정보에 즉각적인 반응을 하지 않도록 잠깐 멈추고 수→상→행→식의 단계별로 차례차례 정보가 지나가는 과정을 객관적으로 관찰할 수 있어야 한다.

이러한 관찰은 일상생활 속에서 얼마든지 훈련할 수가 있다. 그러다 보면 자신의 건강과 행복과 평화를 지키기 위해 수→상→행→식의 각 단계에서 일어나는 진행을 언제든 멈추도록 브레이크 밟을 기회를 포착할 수 있게 될 것이다. 훈련도 생활 속 수행인 것이다.

여러분들도 일상생활에서 어떤 사람이나 사물이나 상황을 접할 때마다 일어나는 인식 과정을 다음의 예시와 같이 수→상→행→식의 단계에 대입(代入)해 보면서 훈련을 하면 좋을 것 같다.

⟨ 수·상·행·식의 단계별 인식 과정 예시 ⟩

수(受)	→	상(想)	→	행(行)	→	식(識)
문틈에 손가락이 끼어 있는데 문이 닫히게 되어 손가락이 끊어질 듯이 아픔		통증이 심해 생각할 틈도 없이 상(想)을 거치지 않고 무조건 반사로 반응함		악!(비명을 지름)		너무 아팠다. 조심해야지!
어제 어떤 직원이 나한테 한 언행이 생각남 ※ 육식六識 중 의식意識에서 기억이 떠오름		나를 무시하는 듯한 고압적인 응대에 기분 나빴지, 생각할수록 기분 나쁘네		두고보자거나 욕을 함		그 직원 생각할수록 열받네
어제 어떤 직원이 나한테 한 언행이 생각남		생각할수록 화가 나려고 하네, 탐진치에 빠지지 말자. 그래봤자 나만 더 괴롭다. 용서하자.		-		탐진치에 빠지지 않으니까 마음이 편안하네

 이렇게 어떤 사람이나 사물이나 상황을 접할 때마다 수→상→행→식의 인식 단계로 관찰하기가 습관화, 생활화되도록 훈련이 되면, 마음의 고통을 일으키고 있는 잘못된 생각 습관들을 고칠 수 있게 되어 고통에서 벗어나 자유, 평화, 행복을 맛볼 수 있게 될 것이다.

따라서 자신의 몸뿐만 아니라 보이지 않는 마음까지도 관찰의 대상이 됨으로써, 마음으로 인한 고통의 원인이 수→상→행→식의 단계 중 어느 단계에서 어떤 문제가 있어서 일어났는지를 스스로 진단하여 알아내고 처방하여 치유할 수 있게 되는 것이다.

그리하여 몸과 마음의 작동 이치와 원리 즉 몸과 마음의 사용설명서를 가지고 인생을 제대로 살아갈 수 있게 되는 것이고, 그때부터 인생은 자기가 창조하는 예술이 되는 것이다.

그 전에는 마음이라는 것이 시시때때로 변덕스럽게 변하고 시도 때도 없이 변화무쌍하게 초고속으로 움직이고 있어 도저히 어찌해 볼 방법이 없이 속수무책으로 당해 만 오다 보니 '내 마음 나도 몰라'라고 자포자기 할 수 밖에 없었는데 이제는 마음이 보이기 시작하니 더 이상 '내 마음 나도 몰라'라고 말할 수 없게 되었다.

내가 내 몸과 마음을 제대로 관리하지 못해서 일어나는 것임을 알게 되었으므로 누구도 탓할 수 없게 되었다. 다 내 탓인 것이다. 결국 성범죄, 폭행 등 각종 사건과 사고가 일어나는 것도 수→상→행→식의 인식 과정에서 정보처리가 잘못되었기 때문이다.

그러니 부정적인 감정이 순간적으로 올라오면(상想) 반응(행行)을 멈추고 일단 자신의 내면부터 점검해 보아야 한다. 그리하여 부정적인 감정의 원인을 찾아서 스스로 진단하고 처방하여 치유하여야 한다.

영화 매트릭스(The Matrix, 1999년 개봉, 미국)를 보면 주인공인 네오(Neo)가 날아오는 총알을 멋지게 피하는 장면이 나오는데, 이때 그 날아오는 총알을 슬로우 비디오(Slow Video)처럼 느린 모습으로 볼 수 있는 능력이 있기 때문에 피할 수 있는 것이다. 그렇지 않다면 바로 총알에 관통당해 사망할 것이다.

영화 매트릭스의 주인공인 네오처럼, 우리도 마음에서 일어나는 인식 과정을 수→상→행→식의 구분 동작으로 나누어 관찰하는 훈련을 계속하다 보면 과거처럼 나쁜 생각이나 감정이나 기분에 휘둘려지는 경우가 많이 줄어들 것이다.

그런데 이 수→상→행→식의 인식 과정에서 사람들의 마음에 가장 큰 영향을 미치는 단계는 정보분석을 하는 상(想)의 단계이다. 그러나 범위를 좀 더 넓혀서 감각정보를 수집하는 기능을 담당하고 있는 수(受)에 감각정보가 접수되기 전 처음으로 감각정보의 인식이 이루어지는 십팔계까지도 포함하면, 육근→육경→육식→수→상의 단계가 모두 사람들의 마음에 영향을 미친다고 볼 수 있다.

왜냐하면 '부처의 눈에는 부처만 보이고 돼지의 눈에는 돼지만 보인다'는 말처럼 감각정보가 들어오는 최초 통로인 안(눈), 이(귀), 비(코), 설(혀), 신(피부), 의(뇌)의 육근이 과거의 삶으로부터 쌓여져 온 그릇된 생각 습관에 영향을 받아 탐진치에 물들어 있지 않게 함으로써 감각기관이 오염되지 않도록 하는 것도 올바른 감각정보 인식을 위해 매우 중요하기 때문이다.

그러므로 지금 내가 탐욕(그릇된 욕심)에 빠져 있지는 않은지? 성냄에 빠져 있지는 않은지? 어리석음에 빠져 있지는 않은지? 마음 상태를 수시로 관찰하고 점검하여 마음에 무언가 걸림이 있어 부자연스러워지면서 탐진치 번뇌와 고통이 일어나려 하거나 이미 탐진치 번뇌와 고통 속에 빠져있다고 생각되면, 눈(가장 직접적이고 포괄적인 감각기관인 눈을 육근의 대표로 가정함)에 탐진치 안경이 씌어서 그런다고 생각을 하고 얼른 탐진치 안경을 벗어버리는 상상을 하면 탐진치 번뇌로부터 벗어나 다시 평온한 마음을 되찾는 데 도움이 될 수 있다.

 탐진치 번뇌가 마음에 들러붙는 것을 원천적으로 차단하기 위하여 감각정보가 들어오는 최초 통로인 육근에 씌어진 탐진치 안경을 벗어 버림으로써 육근이 본래의 청정한 감각기관으로 돌아가도록 교정하는 것이다.

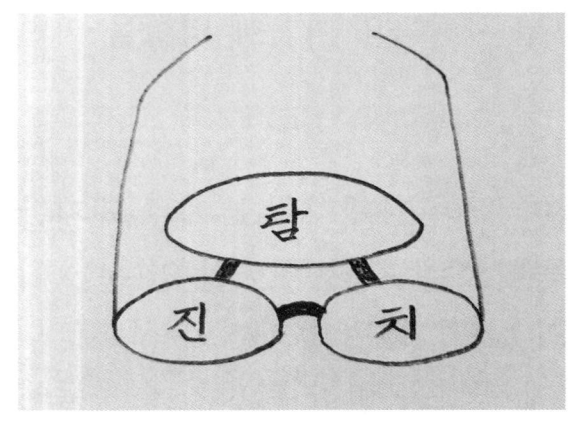

필자가 상상하여 그린 탐진치 안경

눈에 콩깍지가 씌면 눈앞이 흐려져 사물을 정확하게 볼 수 없듯이, 탐진치 안경이 눈에 씌면 상대방이 탐욕과 분노와 어리석음을 자극하지 않고 있음에도, 마음이 안정되지 못하고 흔들려 자신이 상상하거나 연상하거나 회상하는 대로 탐욕과 분노와 어리석음이 끼어든 모습의 허상으로 상대방을 보게 되어 상대방의 실제 모습인 실상을 보지 못한 채 실수나 잘못을 저지를 수 있게 되기 때문이다.

자신의 눈에 씌어 있는 탐진치 안경은 상상으로 썼다 벗었다 할 수 있는 것이고 상상훈련을 통해 더 잘할 수 있겠지만, 근본적으로는 몸과 마음이 올바로 깨어있어 늘 바르게 생각하고 바르게 볼 수 있도록 팔정도(八正道)를 실천하는 삶을 추구하는 자세와 노력이 있어야 마음속 탐진치를 소탕하기가 더 쉬워질 것이다.

따라서 탐진치 안경을 벗어버려도 탐진치 번뇌가 사라지지 않고 여전히 마음에 남아있어 고통이 되고 있음을 느낀다면, 현재 자신의 몸과 마음의 상태가 조화롭지 못한 비정상 상태에 있음을 알아차리고, 바르게 생각하는 정사유(正思惟)나 바르게 인식하는 정념(正念), 바르게 보는 정견(正見), 몸과 마음을 바르고 안정되게 하는 정정(正定) 등의 팔정도를 통해 조견(照見)하여 그 원인이 무엇 때문인지를 찾아내 자신의 마음을 잘 설득하고 타일러 충분히 이해시킴으로써 자신의 몸과 마음의 상태를 다시 조화로운 정상의 상태로 회복시켜야 하는 것이다.

그래서 석가모니 부처님께서 우리들에게 조견(照見)하라 하신 것이다. 연기법, 십이연기, 사성제, 팔정도의 진리를 토대로 타당한 이치로써 관찰하는 조견을 통해 오온의 상태를 깊이 관찰하다 보면, 무지로 인한 무명의 어리석음에서 벗어나게 되어 자신이 탐진치 번뇌에 빠져 있었음을 깨닫게 되고, 그 순간 그동안 집착해 왔던 허상이 순식간에 사라지게 되면서 탐진치 번뇌도 고통도 없어지게 되기 때문이다.

이렇게 진리와 이치를 통해 허상 뒤에 가려진 실상이 온전히 드러나지게 할 수 있는 지혜를 찾아가는 과정이 조견인 것이며, 허상에 속아 넘어가지 않고 허상 너머의 실상을 꿰뚫어 볼 수 있는 능력이 지혜인 것이므로, 조견하여야 해탈의 지혜를 완성해 갈 수 있는 것이다.

이제, 우리들 인간의 정신이 작용되는 과정 즉 인간의 마음이 일어나는 과정인 인식 과정에 가장 큰 영향을 미치게 되는 상(想)의 단계에 대하여 살펴보면, 수(受)에 접수된 감각정보는 감각대상에 대한 객관적 느낌에 가까운 기초적 인식정보인 데 비하여, 본격적 정보분석 단계인 상의 단계에서는 수에 접수된 감각정보를 가지고 새로운 것을 상상하거나 연상하거나 회상하는 등 개인의 주관적인 생각 내용이 크게 작용하기 때문에 상의 단계를 거치게 되면 인식의 내용이 수에 접수된 감각정보와 크게 달라질 수 있게 된다.

그러므로 상의 단계에서 탐진치 번뇌와 같은 개인의 주관적인 생각 내용이 구체적이고 강해질수록 그 이후의 단계인 행과 식에서 벌어질 결과도 크게 달라질 것이다.

반면에 몸과 마음이 올바로 깨어있어 생각 내용이 팔정도에 부합하거나, 무념무상(無念無想)으로 아무것도 생각하지 않고 그냥 멍하니 있는 멍때리기를 할 때와 같이 육근(六根)과 상(想)의 단계가 청정하거나 작동하지 않아 개인의 주관적인 생각 내용이 끼어들지 않는다면, 수에 접수된 감각정보만으로 행의 단계와 식의 단계가 이루어지게 되므로 최종적으로 인식되는 내용도 수에 접수된 감각정보와 큰 차이가 없을 것이다.

그렇게 되면 사람과 사물 등 감각대상을 개인의 주관적인 생각 내용이 개입된 허상이 아니라 본래의 있는 그대로의 모습인 실상에 가깝게 볼 수 있게 될 것이다.

이러한 수→상→행→식의 인식 단계를 이해하게 되면, 행의 단계는 상(想)의 결과에 좌우되는 것이므로 연기법에 따라 상의 단계에서 긍정적이고 적극적인 생각으로 간절히 원하는 것이 있다면 그 결과로 행과 식의 단계를 거치면서 소원이 이루어질 수도 있는 것이니 수→상→행→식의 인식 과정을 잘 활용하면 탐진치 번뇌와 고통에서의 해탈뿐 아니라 성공과 행복을 적극적으로 창조할 수도 있는 것이다.

반야심경을 한문으로 번역한 당나라 삼장법사 현장 스님은 불법을 구하러 인도로 가는 길에 겪은 숱한 죽을 고비와 위험 앞에서도 반야심경을 암송하여 위기를 면하고 다녀올 수 있었다고 한다. 반드시 불법을 구해 오고야 말겠다는 간절한 일념이 상(想)의 단계에 작용되어 마침내 서원(誓願)을 이룰 수 있게 된 것으로 보인다.

따라서 누구든지 긍정적이고 적극적인 생각으로 간절히 원한다면 소원을 이룰 수 있을 것이다. 하늘도 스스로 돕는 자를 돕는 법이다.

이와 관련하여, 호주인인 론다 번(Rhonda Byrne)이 저술한 세계적인 베스트셀러 『더 시크릿(the Secret)』에서도 저자는 우리가 긍정적인 생각으로 간절히 원하여 선택하는 것은 무엇이든 얻을 수 있다고 말하고 있다.

『더 시크릿(the Secret)』은 2007년 6월 우리나라에서도 번역되어 출간된 책이다. 지금도 전 세계의 수많은 사람들에게 큰 영감을 주고 있는 이 책의 제목인 『시크릿(Secret)』은 우리말로 '비밀'이라는 뜻인데, 그 비밀(시크릿Secret)이란, 수 세기 동안 단 1퍼센트의 사람들만이 알았던 부와 성공의 위대한 비밀인 '끌어당김의 법칙(law of attraction)'이라고 저자인 론다 번은 소개하고 있다.

이 끌어당김의 법칙은 비슷한 것끼리 서로 강력하게 끌어당긴다는 것이다.

우리들 각 개인은 우주에서 가장 강력한 자석과도 같은데, 그

강력한 자석의 끌어당기는 힘을 실행시키는 것은 바로 우리들 자신의 생각이라고 한다. 생각으로 끌어당긴다는 것이다.

이 끌어당김의 법칙은 좋은 생각이든 나쁜 생각이든 원하든 원하지 않든 상관없이 그저 우리가 하는 생각에 응답한다고 한다.

따라서 지금 우리의 삶은 지난날 우리가 한 생각들이 끌어당김의 법칙을 통해 현실에 반영되어 나타난 결과물이라는 것이다. 생각이 현실이 된 것이므로 모두 우리 자신이 끌어당긴 것이라는 것이다.

그러니 근심이나 걱정이나 의심과 같은 부정적이고 소극적인 나쁜 것 말고 긍정적이고 적극적인 좋은 것을 생각하고 온 힘을 다해 거기에 집중하면, '끌어당김의 법칙'은 행복이든 건강이든 금전이든, 우리가 원하는 것을 무엇이든 확실하게 가져다준다는 것이다. 우리가 생각의 주인이 되어 원하는 주파수의 파장을 보내면 무엇이든 원하는 대로 되고, 하고, 얻을 수 있다는 것이다.

소크라테스, 플라톤, 레오나르도 다빈치, 피타고라스, 아이작 뉴턴, 윌리엄 셰익스피어, 링컨, 에디슨, 아인슈타인 등 역사상 위대했던 사상가, 과학자, 개척자들도 이 '위대한 비밀'을 알고 있었다고 한다.

이에 저자는 강조하여 말한다. 당신은 당신 자신의 창조자이고, 끌어당김의 법칙은 원하는 모든 것을 창조하게 해주는 마법 같은 멋진 도구라는 것을 확인할 수 있을 것이라고…

따라서 과거처럼 나쁜 생각이나 감정이나 기분에 휘둘려지지 않고, 잘못된 생각 습관들을 고치기 위해서는 수→상→행→식의 인식 단계 중에서 특히 정보분석 단계라 할 수 있는 상의 단계를 잘 관리하는 것이 매우 중요하다.

이렇게 상(想)을 잘 관리하는 방법이 지혜이고, 상을 잘 관리할 줄 알면 해탈할 수 있어 탐진치 번뇌와 고통으로부터 벗어나 뜻하는 대로 원하는 대로의 자유롭고 평화롭고 행복한 삶을 누릴 수 있기 때문이다.

석가모니 부처님께서도 금강경 장엄정토분(莊嚴淨土分) 제10에서 "응당히 이와 같이 청정심을 내야한다(응여시생청정심應如是生淸淨心). 색에 머물러 마음을 내지 말며(불응주색생심不應住色生心), 성향미촉법에 머물러 마음을 내지 말라(불응주성향미촉법생심不應住聲香味觸法生心). 응당히 머무는 바 없이 그 마음을 내야한다(응무소주 이생기심應無所住 而生其心)"고 말씀하셨다.

즉 맑고 깨끗한 마음인 청정심을 내려면 상을 잘 관리해서, 색이라고 하는 형상에 집착하여 마음을 내서도 안 되고, 소리와 냄새와 맛과 감촉과 생각에 집착하여 마음을 내서도 안 되며, 아무데도 집착함이 없이 그 마음을 내야 한다고 말씀하신 것이다. 마음공부를 하는 방법을 말씀해 주신 것이다.

머문다는 것은 집착한다는 것이고, 집착이란, 수(受)에 접수된 감각정보에 대해 상(想)에서 좋아하는 마음 또는 싫어하는 마음을 일으키는 것을 말하므로, 좋아하는 그 마음도 집착이고 싫어하는 그 마음도 집착이니, 어떤 대상에 대하여 좋아하는 마음이나 싫어하는 마음이 일어났다면 내가 현재 좋아하거나 싫어하는 그 대상에 집착하고 있음을 알아채고 경계해야 하는 것이다. 그리하여 집착하는 마음을 놓아버려 초월하게 되면 청정한 마음인 불성을 회복할 수 있는 것이다.

　그러므로 집착하지 않는다는 것은, 수(受)에 접수된 감각정보에 대해 상(想)에서 좋아하는 마음이나 싫어하는 마음이 일어나지 않도록 하여 그 감각정보가 자기의 청정한 마음인 불성(佛性)에 들러붙지 못하도록 쳐내거나 흘려보내는 것이다.

출처 :
호주 시드니 주립미술관, 프레드릭 레이튼(1830~1896)

그런데 상(想)에서 망상과 분별심으로 집착이 일어나 그로 인해 행(行)과 식(識)을 거치면서 마음의 고통이 따라붙을 경우 "내가 왜 그랬지?"라며 후회와 반성을 한다고 해서 그 고통이 사라지지 않는다.

오히려 후회와 반성을 거듭할수록 그 나쁜 기억이 의근(意根)→법경(法境)→의식(意識)을 거치고 또다시 수→상→행→식을 거치며 고통을 확대 재생산하기를 반복하게 될 뿐이다. 그리하여 처음의 고통은 더욱 커지게 되어 스스로를 비하하고 학대하며 자기 마음을 붙잡고 싸우게 된다. 자기 마음을 갉아먹히는 고통을 겪게 된다.

이렇게라도, 내가 왜 그랬을까? 후회와 반성을 뼈저리게 하면서 자기의 마음과 싸우며 나쁜 생각 습관을 고쳐보려고 노력하는 것도 필요하지만, 더욱 좋은 방법은 후회와 반성에 그치지 않고 그 고통의 원인을 찾아 상(想)의 단계를 잘 정화하여 근본적으로 고통이 일어나지 않도록 치유하는 일이다. 그래야 그 고통의 원인이 재생되지 않게 되어 고통에서 진정으로 벗어날 수 있게 되는 것이다.

인간의 정신이 작용되는 과정 즉 인간의 마음이 일어나는 과정인 수→상→행→식의 인식 과정과 수가 작동하게 되는 과정인 십이처(十二處)와 십팔계(十八界)의 인식 과정을 이해하는데 도움이 될 수 있는 내용이 대한불교조계종 교육원에서 편찬한 책 『부처님의 생애』에 잘 기술되어 있어 옮겨본다.

천 명의 제자와 함께 마가다국의 수도 라자가하로 향해 가던 중 가야산 정상에서 잠시 쉬며 아래를 굽어보던 부처님께서 제자들에게 말씀하셨다.

"온 세상이 불타고 있다"
"온 세상이 불타고 있다는 말씀이 무슨 뜻입니까?"
"비구들이여, 눈이 불타고 있다. 눈에 보이는 빛깔과 형상이 불타고 있다. 눈의 분별이 불타고 있다. 눈과 그 대상의 접촉이 불타고 있다. 눈과 그 대상의 접촉에서 생기는 즐겁고 괴로운 느낌들이 불타고 있다.

비구들이여, 무엇 때문에 불타는 것인가? 탐욕의 불, 분노의 불, 어리석음의 불 때문이다. 그 까닭에 늙음의 불길, 질병의 불길, 죽음의 불길, 걱정의 불길, 슬픔의 불길, 고통의 불길, 고뇌의 불길이 치솟고 있는 것이다. 귀에서도 코에서도 혀에서도 몸에서도 마음에서도 불길이 훨훨 타오르고 있다.

비구들이여, 이와 같이 관찰할 수 있는 현명한 제자는 눈에 대해서도, 눈으로 보는 빛깔과 형상에 대해서도, 눈과 대상의 접촉에 대해서도, 그 접촉에서 생기는 즐겁고 괴로운 느낌에 대해서도 집착하지 않는다. 그들은 집착을 벗어나 마음의 해탈을 얻는다.

탐욕의 불, 분노의 불, 어리석음의 불에서 벗어나 마음이 해탈한 이는 '나는 이미 해탈했다'고 스스로 깨닫게 될 것이다. 그럴 때 그는 '나의 생은 이미 다했고, 청정한 수행은 이미 완성되었으며, 해야 할 일을 다 마쳤다. 이제는 더 이상 윤회의 굴레에 속박되지 않는다'고 스스로 알게 될 것이다"라고 말씀하셨다.

그리고, 이어서 여섯 가지 감각기관(육근六根)과 그 인식 대상(육경六境)을 합한 열두 영역(십이처十二處), 그리고 인식 작용(육식六識)을 합한 열여덟 가지 요소(십팔계十八界), 네 가지 존엄한 진리(사성제四聖諦)와 여덟 가지 바른 길(팔정도八正道)에 대해 자세히 설명을 해 주셨다.

13. 반야바라밀다는 번뇌와 고통에서 벗어날 수 있는 해탈의 지혜를 완성해가는 수행 방법이다

반야바라밀다(prajñā-pāramitā, 般若波羅蜜多)란, 산스크리트어인 프라즈냐(prajñā)를 그 소리 나는 음에 가까운 한자를 찾아 적은 반야(般若)와 산스크리트어인 파라미타(pāramitā)를 그 소리 나는 음에 가까운 한자를 찾아 적은 바라밀다(波羅蜜多)가 합쳐진 합성어이므로 한자 자체의 의미와는 관계가 없다.

한자어 반야바라밀다(般若波羅蜜多)의 산스크리트어인 프라즈냐 파라미타(prajñā-pāramitā)에서 프라즈냐(prajñā)의 뜻은 '지혜'라는 말이며, 파라미타(pāramitā)의 뜻은 '완성', '성취', '깨달음의 피안(저 피彼 언덕 안岸 : 저 언덕)에 이르다'라는 의미이다.

따라서 반야바라밀다의 의미는 '지혜의 완성', '지혜로써 피안에 도달함' 등의 의미를 가지고 있는데, '지혜의 완성', '지혜로써 피안에 도달함'이란 사바세계의 탐진치 번뇌와 고통에서 벗어나 해탈할 수 있는 지혜를 완성해가는 수행 방법을 의미한다고 보아야 할 것이다.

당나라 때 계빈국(罽賓國)의 반야(般若)와 이언(利言)이 공동으로 번역한 반야심경에서도 '반야바라밀다(般若波羅密多)' 뒤에 '행(행할 행行)'자를 붙여 '반야바라밀다행(般若波羅密多行)'으로 번역함으로써 '반야바라밀다'가 수행을 의미하고 있음을 강조하고 있다.

따라서 반야바라밀다 수행이란, 석가모니 부처님의 가르침인 진리를 토대로 타당한 이치로써 관찰하는 조견(照見)을 통해 자신의 몸과 마음의 상태를 깊이 관찰하여 고통의 원인인 무명(無明)을 밝혀 어리석음을 없애는 지혜를 완성해감으로써 탐진치 번뇌로 인한 고통에서 벗어나 해탈하여 열반에 이르는 수행 방법이라고 할 수 있다.

그리고 해탈의 지혜를 내 것으로 만들어 완성해가는 반야바라밀다 수행을 하는데 있어, 무명을 생기게 하는 무지를 없애기 위해 반드시 공부하고 실천해야 하는 진리로는 석가모니 부처님이 우주만물의 생성과 소멸에 관한 법칙과 원리에 근거하여 가르쳐 주신 연기법(緣起法)과 십이연기(十二緣起), 사성제(四聖諦)와 팔정도(八正道)가 있다.

그러므로 석가모니 부처님의 핵심 가르침이며 해탈에 이르는 지혜의 원천이 되는 연기법과 십이연기, 사성제와 팔정도의 진리를 마음속에 깊이 새기고 타당한 이치로써 관찰하여 조견하는 반야바라밀다 수행을 평소에 정진해 나간다면, 고통의 근본 원인이 되는 무지가 사라져 무명으로 인한 어리석음이 없어지기 때문에 언제 어떠한 상황에 부닥치게 되더라도 밝은 지혜로 마음이 흔들리지 않게 됨으로써 그 상황에 대한 허상(虛像)이 만들어지지 않는 공(空)의 상태를 유지할 수 있게 되어 탐진치 번뇌와 고통을 겪지 않게 되는 것이다.

만일, 현재 어떤 사람이나 사물이나 상황 때문에 자신이 고통을 받고 있는 상태라서 그 고통을 완전히 사라지게 하고 싶다면, 먼저 자신에게 고통을 주고 있는 그 사람이나 사물이나 상황에 대해 깊이 관찰하여야 한다.

그리하여 그 고통이 왜 시작되었는지 원인을 분석하면서 연기법과 십이연기, 사성제와 팔정도의 진리에 비추어 보아 자신의 오온(五蘊) 중 상(想) 단계에서의 생각하는 방식의 문제점을 찾아내고 고통의 원인이 되고 있는 그 문제점을 제거할 수 있는 논리나 방법을 이치에 맞게 연구하여야 한다.

그리고 자신의 상 단계에서의 생각하는 방식의 문제점을 제거할 수 있는 논리나 방법을 찾아내 유사한 상황에서 상의 단계에 적용해 보아 고통이 제거되어 마음에 걸림이 없이 자유로와지고 편안해지고 평화로와지는지 그 효과를 검증함으로써 그동안의 무지를 깨닫게 되어 향후 유사한 상황에서 올바른 생각으로 상의 단계를 잘 관리할 수 있게 되어야 한다.

이와 같은 방법으로 상(想)의 단계를 잘 관리할 수 있게 되면 고통의 근본 원인인 무지가 사라지고 무명이 밝혀져 더 이상 어리석은 탐진치 번뇌로 인한 그릇된 상상이나 연상이나 회상 등의 망상을 하지 않게 된다.

그리하여 자신의 탐진치 번뇌로 인한 그릇된 상상이나 연상이나 회상 등의 망상에 의한 그릇된 생각 방식 때문에 그 사람이나 사물이나 상황에 대하여 생겨나던 현상인 허상이 만들어지지 않게 됨으로써, 그동안 그릇된 허상에 가려져 제대로 볼 수 없었던 본래의 모습인 실상(實相)을 바르게 볼 수 있게 되어 탐진치 번뇌와 고통에서 벗어나 해탈하여 열반에 이르기 위한 자신의 지혜를 완성해갈 수 있는 것이다.

따라서 생각하는 방식을 바꿔주기만 하면 되는 것인데, 그 방식은 바로 석가모니 부처님의 가르침인 진리를 토대로 타당한 이치로써 관찰하는 조견(照見)을 통해 해탈의 지혜를 깨달아가는 반야바라밀다 수행인 것이다.

즉 언제 어디서 무엇을 만나든 정신을 차리고 석가모니 부처님의 가르침인 진리를 토대로 타당한 이치로써 깊이 관찰하여 오온의 허상 너머에 있는 실상을 꿰뚫어 볼 수 있는 조견의 힘을 키워가는 과정이 탐진치 번뇌와 고통으로부터 해탈할 수 있는 지혜를 완성해 가는 반야바라밀다 수행인 것이다.

이와 같은 반야바라밀다 수행을 통해, 자기 스스로의 힘으로 그 고통의 원인인 탐진치 번뇌를 제거할 수 있게 됨으로써 탐진치 번뇌로 인한 그릇된 생각 방식 때문에 생겨났던 가짜 모습인 허상이 제거되고 실상만이 남은 상태인 공(空)의 상태를 유지할 수 있게 되어 그동안 탐진치 번뇌로 인한 그릇된 생각 방식 때문에 생겨났던 허상에 집착하여 생긴 일체의 모든 고통을 근본적으로 없애버릴 수 있게 되는 것이다.

그리하여 탐진치 번뇌로 인한 망상의 잡념이 모두 사라져 청정해진 공(空)의 상태인 삼매(三昧) 속에서 마음에 걸림이 없이 자유롭고 평화롭게 생활하는 기쁨을 맛볼 수 있게 되는 것이다.

이와 같이 반야바라밀다 수행은 탐진치 번뇌로부터 자기 자신을 치유해 가는 과정이다. 생각으로 인한 고통은 생각으로 치유할 수 있는 것이다. 생각을 고치면 되는 것이다. 자기 자신을 윽박지르고 나무래보았자 잠시뿐, 또다시 재발하고 말기 때문에 스스로 그러지 않게끔 자기 자신이 논리적으로 충분히 납득이 되고 확실히 알게 되어야 비로소 그 고통의 원인이 말끔히 소멸되어 고통이 완전히 사라지게 되는 것이다. 해가 뜨면 어둠이 흔적도 없이 사라지듯이…

이렇게 반야바라밀다 수행을 정진하는데 있어 공부하고 실천해야 하는 진리는 석가모니 부처님의 핵심 가르침인 연기법, 십이연기, 사성제, 팔정도인데, 반야심경에 나오는 조견(照見)이란, 연기법, 십이연기, 사성제의 진리와 팔정도의 8가지 실천 수행 방법을 통해, 오온이 작용해서 일어난 결과인 자신의 몸과 마음의 상태는 물론 우주만물의 존재 상태를 깊이 관찰하여 모든 사람과 사물과 현상이 어떤 방식으로 생겨나고 사라지는지에 대한 법칙과 원리를 이치에 맞게 탐구해 탐진치 번뇌를 제거하는데 적용해 봄으로써 자신의 해탈의 지혜를 완성해가는 반야바라밀다 수행의 구체적인 수행 방법이라고 할 수 있는 것이다.

그런데 인간이 사바세계에서 중생으로 살아가면서 수(受)→상(想)→행(行)→식(識)의 인식 과정을 거치며 느끼게 되는 온갖 고통에 대하여 살펴보면, 수(受)에 접수된 어떤 사람이나 사물이나 현상 등에 대한 감각정보가 상(想)의 단계에서, 과거 수백만 년 동안 인간의 DNA(디앤에이)에 뿌리 깊게 내재되게 된 생존경쟁 욕구와 감각적 욕망 등의 원초적 본능에 영향을 받게 되는 경우가 많다.

또한 근심, 걱정, 불안, 초조, 안달, 슬픔, 의심, 오해, 긴장, 주눅, 짜증, 우울, 흥분, 불만, 불쾌, 미움, 분노, 증오, 원망, 시기, 질투, 심술, 무시, 오만, 태만, 변덕, 못마땅, 언짢음, 두려움, 자존심, 호기심, 소심함, 열등감, 억울함, 창피함, 조급함, 조바심, 경쟁심, 적개심, 충동심, 인색함, 속상함, 게으름, 소외감, 의기소침, 피해의식, 자격지심, 스트레스, 관음증 등의 질병, 체력저하 등으로 인한 부정적이고 불안정한 감정 상태에 영향을 받게 되는 경우도 많다.

이와 같이 생존경쟁 욕구와 감각적 욕망 등의 원초적 본능에 영향을 받게 되거나, 부정적이고 불안정한 감정 상태에 영향을 받게 되는 것은 자기도 모르게 탐욕과 성냄과 어리석음의 탐진치 번뇌 중 어느 한가지 이상의 번뇌에 빠진 결과다.

이렇게 되면 수(受)에 접수된 감각정보에 대해 탐진치 안경을 끼고 보게 되는 것처럼, 사람이나 사물이나 현상 등을 본래 있는 그대로의 진짜 모습인 실상으로 보지 못하게 되고 탐진치 안경에 비치는 대로의 가짜 모습인 허상에 순간적으로 집착하게 되어 마음이 불안정해져 정확한 판단을 하지 못해 실수나 잘못을 저질러 그 결과로 고통을 받게 되는 것이다.

왜냐하면 모든 인간은 근본적으로 불완전한 존재이기 때문이다. 인간은 개인마다 타고난 신체조건, 적성, 성격, 지능, 능력, 인품, 이해력, 감수성, 생활환경 등이 다 다를 뿐만 아니라, 육근(六根)이 가진 기능(시각, 청각, 후각, 미각, 촉각, 생각)도 완전하지 못한 데다, 그나마도 개인마다 육근의 기능이 다 다를 수 밖에 없는 한계를 가지고 있기 때문이다.

예를 들면, 가시광선(可視光線) 즉 인간의 눈으로 볼 수 있는 빛의 한계로 인해 인간은 이 세상의 대부분의 것들을 보지 못하고 있고, 정확히 보는 것도, 멀리 보는 것도 한계가 있으며, 귀, 코, 혀, 피부, 뇌의 감각도 이러한 한계를 가지고 있다.

그러나 이러한 한계에도 불구하고 인간들은 자신이 인식하고 있는 것이 정확하다고 착각하며 살아가기 때문에 이러한 부정확한 인식이 상(想)의 단계에서 작용하게 되어 서로 마음에 들지 않아 못마땅해하거나 오해가 생겨 갈등과 고통을 겪기도 하고 홧김에 범죄를 저지르기도 하는 것이다. 뉴스를 보라, 이 세상에 범죄 없는 나라가 있나? 사건과 사고가 없는 날이 없지 않은가?

이와 같이 인간의 태생적 한계로 인한 부정확한 인식결과와 그동안 성장해 오면서 가정이나 학교나 사회에서 보고 듣고 경험하여 의식 속에 잠재되어 있던 정보들이 상(想)의 단계에 작용하여 생겨난 그릇된 허상에 병적으로 집착하는 자신에 대하여 실망이 반복될수록 마음은 점점 더 어두워지고 얼굴 인상도 갈수록 일그러져 험악해지며 고통도 더욱 더 커지게 되는 것이다.

따라서 탐진치 번뇌와 고통에서 벗어나 해탈하려면 불완전한 인간에 대한 깊은 이해를 바탕으로 마음을 비우는 것이 필요하다. 상(想)의 단계에서 일어나는 생각들을 비워 없애야 하는 것이다.

이때 생각들을 없앤다고 해서 자연과 교감하거나 자기 신체의 안전을 지키거나 부처님의 진리의 말씀을 생각하거나 선업과 공덕같이 세상을 이롭게 하는 생각들까지 없애라는 말은 아니다. 이러한 생각들은 많으면 많을수록 좋은 것이다. 나를 괴롭히고 세상을 해롭게 하는 어두운 생각들 즉 탐진치 번뇌로 인한 망상과 같은 그릇된 생각들을 털어내고 비우고 없애라는 것이다. 그릇된 생각들만 사라지고 남는 공(空)의 상태로 만들라는 것이다.

그러면 저절로 내 안의 태양과 같은 부처님 성품이 밝고 환하게 드러나게 되어 그 사람이나 사물이나 현상 등에 대한 그릇된 허상은 사라지고 본래 있는 그대로의 모습인 실상으로 그 사람이나 사물이나 현상 등을 바르게 볼 수 있게 되는 것이다. 내 마음에서 탐진치 먹구름이 사라지게 되면 온 세상이 환하고 기쁨이 넘치는 아름다운 세상으로 보이게 되는 것이다.

누군가를 미워해 보라! 그러면 내 몸도 마음도 아프고 괴로워지지 않는가? 남을 미워하거나 증오하는 것은 내 피를 탁하게 만드는 일이며, 그 끝을 알 수 없는 윤회의 씨앗을 뿌리는 일이므로 곧 나 자신을 학대하고 악의 구렁텅이로 밀어넣는 것과 같은 것이다. 나만 손해다.

그러므로 미워하는 마음이 올라오면 같은 불완전한 인간으로서 "무슨 사연이 있겠지? 무슨 까닭이 있겠지?"라는 노래 가사처럼 역지사지(易地思之)로 상대방과 입장을 바꿔놓고 객관적으로 생각해 보라. 그러면 불완전한 나를 넘어 상대방을 좀 더 이해할 수 있게 된다.

비록 이해할 수 없는 경우라 하더라도 나를 위해 흔쾌히 용서하는 것도 지혜다. 그냥 용서하는 것도 나를 사랑하는 것이기 때문이다. 그래야 불쾌한 마음의 고통을 겪지 않아도 되고 마음에 여유가 생겨 마음 씀씀이도 부드러워지게 된다. 그러니 감사하고 만족하며 하심하면서 살자!

※ **하심**(아래 하, 내릴 하, 낮출 하下, 마음 심心) : 마음 내려 놓기, 자기를 낮추고 남을 높이는 마음

이러한 방법 등으로, 괴로움의 원인이었던 남을 미워한 그 생각을 없애어 괴로웠던 마음을 치유하게 되면 고통에서 벗어나 몸과 마음의 건강과 행복을 누릴 수 있게 되는 것이다. 마음이 부처님 성품에서 벗어나 있다면 잘 다스려서 부처님 성품으로 되돌릴 줄 아는 것이 지혜이고, 그 지혜를 찾아가는 수행이 반야바라밀다

수행인 것이다.

그릇된 욕심을 부리거나 성내고 분노하며 화를 내봤자 좋은 결과는 하나도 없다. 질병은 마음의 그림자라는 말도 있으니 어리석지 않고 지혜롭다면, 살아가면서 어떠한 경우에도 탐진치 번뇌에 빠지지 않도록 노력해야 하겠다.

그래서 석가모니 부처님께서 우리들에게 조견(照見)하라 하신 것이다. 내가 지금 겪고 있는 고통의 원인을 찾아 충분히 이해될 때까지 깊이 관찰을 하다 보면 나에게 고통을 주고 있는 허상의 실체를 꿰뚫어 볼 수 있게 되기 때문이다.

이렇게 조견 관찰을 통해 육근(六根)과 오온(五蘊)의 한계를 넘어 실상을 보게 되면 그 번뇌와 망상이 다 부질없는 것임을 깨닫게 되고, 그렇게 깨닫게 되는 순간, 그동안 그토록 집착했던 어리석음도 눈 녹듯 순식간에 사라지고 마는 것이다. 그리하여 탐진치 번뇌도 고통도 없어지게 되는 것이다.

따라서 상(想)의 단계에서 일어나게 되는 상상이나 연상이나 회상 등의 생각 내용이 망상에 빠지지 않고 언제나 부처님 성품에 맞도록 잘 관리하는 것이 중요한 것이다.

이 사바세계에서는 부처님 성품에서 일탈했을 때 맛보는 순간의 짜릿한 스릴과 쾌락, 쾌감 등 어떠한 즐거움일지라도 조견하여 세세히 관찰해 보면 생각한 것처럼 고상하지도, 순수하지도,

청결하지도, 아름답지도, 향기롭지도, 영원하지도 않아 시시하여 탐할만한 가치가 없기 때문에 탐하게 되면 실망과 후회와 반성 속에 고통만이 남게 된다.

또한 지금 이 한 순간의 탐진치 행적은 고통의 씨앗으로 뿌려져 세월이 흐를수록 깊이 깊이 기억에 저장되어 윤회의 원인인 업장이 되고 두고 두고 나에게 부끄러움과 죄의식과 고통을 일깨우려 손가락질을 해댈 것이다. 육근六根의 의근意根인 뇌가 육경六境의 법경法境인 생각을 하게 되어 육식六識의 의식意識에서 과거의 기억을 끄집어내 떠올려 곱씹게 만들기 때문이다.

따라서 지혜로운 사람이라면 부처님 성품에서 일탈하여 얻는 순간의 즐거움을 버리고 부처님의 성품을 지킴으로써 얻는 영원한 즐거움을 지켜가야 할 것이다. 행복은 누가 가져다 주는 것이 아니라 스스로 창조하는 것이기 때문이다. 화(禍)도 복(福)도 다 자신이 불러들이는 것이기 때문이다.

산에 들에는 암꽃과 수꽃이 있고, 철따라 이제 갓 피어나거나 활짝 핀 꽃, 피었다 시들어 가는 꽃도 있으며, 꽃잎은 다 져버렸지만 그래도 모두들 서로 어우러져 주어진 생애를 최고로 만들려고 노력하고 있다.

'인간이라는 꽃'을 의미하는 '인꽃'도 마찬가지다. 유아기, 아동기, 청년기, 장년기, 노년기라는 생애주기 중에서 때가 되면 남자든 여자든 타고난 용모(容貌 : 사람의 얼굴 모양)를 한껏 활짝 피워냈다가 생애주기를 따라 서서히 져가게 마련이다.

하지만 피부색도 흑색, 백색, 황색 등으로 다르고, 눈동자와 머리카락 색깔 등 이목구비의 생김새도 각양각색이며, 다민족, 다문화로 언어와 문화와 복장도 다양한 남녀노소의 크고 작은 인꽃들이 자신의 용모(容貌)를 스스로 아름답게 가꾸어 지구를 꽃밭처럼 수놓으며 주어진 생애를 열심히 살아 내고 있다.

이렇게 인꽃들이 세상을 칙칙하고 단조로운 황량한 세상이 되지 않도록 역동적이고 다채롭게 빛내주고 있기 때문에 세상은 살아있는 미술관, 우리 모두는 움직이는 미술품과 같아 서로 예술작품 감상하듯 보는 것만으로도 즐겁고 감사한 일이니 마음껏 활짝 인꽃을 피우고 뽐내며 잘 살아갈 수 있도록 서로 지켜주고 보살펴 주는 것이야말로 우리 모두의 즐거움과 행복을 위한 일인 것이다.

혹시라도 우리가 몸이 아파 길에서 쓰러지기라도 한다면, 그래도 달려와 주거나 119에 신고라도 해 줄 고마운 사람들 아닌가? 자기 같은 사람 곁에 있어 주기만 해도 감사한 일 아닌가?

그러니 우리는 서로서로가 탐진치의 탐욕과 성냄과 어리석음의 대상이 아니라 남녀노소 할 것 없이 서로 지켜주고 보살펴 주어야 할 귀하고 고마운 존재들인 것이다. 나를 위해 사는 자가 중생이요. 남을 위해 사는 자가 보살인 것이다.

〈 알버트 아인슈타인(1879~1955, 물리학자) 〉

오직 남을 위해 산 인생만이 가치 있는 것이다

그러므로 우리 마음에서 탐진치 번뇌만 제거하면 망상이 사라져 어린아기처럼 본래의 순수하고 천진난만하며 자연스러운 공(空)의 상태로 돌아가게 되어 세상을 감사와 사랑으로 아름답게 볼 수 있게 되는 것이다. 왜냐하면 이 세상은 원래 감사와 사랑으로 만들어졌기 때문이다.

반야심경에서도 관자재보살(觀自在菩薩) 즉 자기 안에 있는 보살을 보라고 하지 않는가? 이 가르침은 석가모니 부처님께서 우리들에게 누구나 자기 자신이 부처가 될 수 있는 보살이라는 사실을 잊지 말고 대자대비한 보살의 눈으로 보고, 보살의 귀로 듣고, 보살의 마음으로 생각하고, 말하고 행동하며 살아가라고 말씀하고 계신 것이다.

또한 세상에 비밀이 없음을 비유하는 '하늘이 알고 땅이 알며 네가 알고 내가 안다'라는 말도 있지만, 우리가 살아가면서 행하는 모든 행적에 대해서는 그 누구보다도 자기 안의 보살이 다 알고 있음을 명심하여 부끄럽지 않도록 죄짓지 말고 떳떳한 삶을 살아가라고 말씀하고 계신 것이다.

> ## 〈 톨스토이(1828~1910) 〉
>
> 나이가 어리고 생각이 짧을수록
> 물질적이고 육체적인 삶이 최고라고 생각하나,
> 나이가 들고 지혜가 늘수록
> 정신적인 삶이 최고라고 생각한다.

　불교적 세계관에서는, 중생들이 자신이 지은 업(業)에 따라 육도(六道), 즉 지옥도, 아귀도, 축생도, 아수라도, 인간도, 천상도의 6가지 세계를 수레바퀴 돌아가듯 계속 태어나고 죽는 윤회를 반복하면서 갖가지 고통 속에 살아가야 하는 세계를 사바세계(娑婆世界)라 하고, 이 육도윤회(六道輪廻)의 사바세계를 벗어나 더 없이 안락하여 아무 걱정고 없고 편안하며 즐거움만 있는 세계를 극락세계(極樂世界)라고 한다.

　우리들 중생은 사람이든 동물이든 식물이든 곤충이든 벌레든 모두 전생의 어떠한 업장과 인연의 결과로 말미암아 극락세계에 태어나지 못하고 육도윤회의 고통으로 가득한 이 사바세계에 태어나 함께 살아가야 하는 처지에 놓인 불쌍한 존재들이다. 각자 이 생에서 해결해야 할 어떤 공부거리, 숙제거리를 가지고 태어난 존재들인 것이다.

　그러기에 사람을 만나든 동물을 만나든 무엇을 만나든, 이들은 어떤 업장과 인연으로 극락세계에 가지 못하고 이 사바세계에 떨어져서 이런 환경과 모습으로 살아가고 있을까를 생각해 보면, 같은 처지의 사바세계 존재로서 잘나고 못나고가 별 의미가 없고 모두가 그저 측은한 중생으로 보이게 된다.

그리되면 어리석음과 집착이 사라져 서로를 더 이상 탐진치의 대상으로 바라보지 않게 되어 모두가 행복하게 잘 살아갈 수 있도록 가족처럼 지켜주고 보살펴주고 눈물을 닦아주며 응원하고 싶은 자비로운 마음이 일어나게 된다.

〈 법구경 〉

> 꽃향기는 아무리 짙어도 바람을 거스르지 못한다.
> 그러나 덕이 있는 사람의 향기는 바람을 거슬러
> 사방에 퍼진다.

그래도 다행인 것은, 전생의 업장과 인연의 결과로 이 사바세계에 이러한 삶의 중생으로 태어났듯이 현생인 이 사바세계에서도 어떠한 업과 인연을 짓느냐에 따라 내생의 삶을 결정할 수 있는 희망이 있다는 것이다.

연기법에 따라 현생에서의 삶의 행태가 내생의 삶을 결정짓는다는 것을 한번쯤이라도 진지하게 생각해 본다면, 어디에서 왔는지, 어디로 가는지도 모른 채 정신없이 살다가 이 생에서 지은 업과 인연에 따라 육도윤회의 틀에 또다시 내던져지는 죽음을 맞이

하는 삶이란 것이 얼마나 끔찍스러운 일인지 정신이 번쩍 나게 될 것이다.

그런데 비록 내생을 자기가 준비해 갈 수 있는 기회가 있다손 치더라도, 야속하게도 세월은 기다려 주지 않는다. 나이가 들어 하는 일이 없어도 세월은 가속도가 더 붙어 인정사정 없이 흘러가 버리고 말기 때문이다. 50세에는 시속 50킬로로, 60세에는 시속 60킬로로, 70세에는 시속 70킬로로, 100세에는 시속 100킬로로 달려가 어느새 종착역에 도착해 가차없이 인생의 막을 내리게 만든다.

더군다나 사바세계 세상은 우리가 순탄하게 부처님 가르침을 공부하여 해탈의 지혜를 얻거나 선업(善業)과 공덕(功德)을 쌓을 수 있도록 내버려 두질 않는다. 끊임없는 장애와 역경과 시련과 유혹으로 방해를 한다.

그래서 사람으로 태어난 인생은 소중한 기회인 것이다. 인생을 헛되이 보내면 바보 같은 삶이 되는 것이다. 죽음이라는 피할 수 없는 현실 앞에서 타고난 환경과 조건에 불평불만할 시간도 아까운 것이다.

어떠한 역경과 고난에도 삶을 포기하지 말고 이번 생의 막이 내려질 때까지 어떻게든 최선을 다해 열심히 살아가되 악업(惡業)을 짓지 않도록 하며, 부처님 가르침을 열심히 공부하고 선업(善業)과 공덕(功德)을 쌓아 극락왕생(極樂往生 : 극락세계로 가서 태어남)을 준비하는 것이야말로 자신을 가장 이롭게 하는 삶이기 때문이다.

왜냐하면, 피안의 세계로 가서 태어나는 극락왕생을 발원(發願 : 신이나 부처님께 소원을 빎)하며 중도적인 균형을 유지하여 선업과 공덕을 쌓아 준비해 온 사람은 죽는 것도 크게 두렵지 않을 것이기 때문이다.

아무리 금수저를 쥐고 태어났거나 빼어난 용모와 뛰어난 재능을 타고났다 하더라도 그 부와 명예와 용모와 재능에 도취되어 부귀영화에만 안주하여 인생을 보낸다면, 그로 인해 선업과 공덕을 쌓을 시간을 까먹고 있는 것이니 행복을 향해 살아가고 있는 것이 아니라 육도윤회의 고통을 향해 달려가고 있는 셈이 되고 마는 것이다. 그러니 마냥 우쭐할 일도 부러워할 일도 아닌 것이다. 복(福)을 받고 태어난 것이 아니라 벌(罰)을 받고 태어난 것이 될 수도 있기 때문이다.

100세 시대라지만, "나이 70세가 넘으면 잘나가던 사람이나 평범한 사람이나 도토리 키재기이고, 나이 80세가 넘으면 건강한 사람이나 병든 사람이나 거기서 거기이며, 나이 90세가 넘으면 산 사람이나 죽은 사람이나 그게 그거다"는 말도 있다.

그러므로 영원(永遠)을 생각할 때 시한부의 삶을 살면서 탐진치 번뇌에 빠져 남을 해롭게 하거나 해치면서까지 잘 살려고 하는 이기적인 삶은 아주 어리석은 삶인 것이다.

그렇게 하여 남을 속이고 빼앗고 억압하고 때리고 죽이고 전쟁에서 승리한들 자신에게 무슨 이익이 있나? 오로지 그로 인해 자신을 육도윤회의 틀에 스스로 내던지는 꼴 밖에 되지 않는 것이다. 하늘 무서운 줄 알고 팔정도를 실천하는 삶을 살아야 하는 이유다.

< 법구경 >

우리는 결국 죽음의 문 앞에 이른다는 것을
사람들은 알지 못하고 있다.
그러나 이를 아는 이들은
이제 더 이상 서로 다투지 않는다.

미국인으로 정신치료 전문가인 데이비드 호킨스(David Hawkins, 1927.6.~2012.9.) 박사가 저술한 세계적인 베스트셀러 『의식혁명』은 인간의 의식 상태에 대하여 20여 년에 걸친 연구와 수천 명을 대상으로 한 수많은 임상시험을 거친 결과를 담고 있는 책이다.

이 책에서 호킨스 박사는 인간 내면의 의식 상태를 빛의 밝기를 나타내는 단위인 룩스(Lux)를 사용하여 최하 20룩스(Lux)에서 최고 1000룩스(Lux)까지 17단계로 수준별로 구분하고 각 수준별 의식 상태에 따른 감정 상태와 행동양식을 표로 정리해 만든 「의식의 지도」를 제시하고 있다.

〈 의식의 지도 〉

의식의 밝기(Lux)		의식의 상태	감정 상태	행동
밝은 의식	700~1000	깨달음	언어이전	순수의식
	600	평화	하나/축복	인류공헌
	540	기쁨	감사/고요함	축복
	500	사랑	존경	공존
	400	이성	이해	통찰력
	350	수용/포용	책임감	용서
	310	자발성	낙관	친절
	250	중립/중용	신뢰	유연함
	200	**용기**	**긍정**	**힘을 주는**
어두운 의식	175	자존심/자만심	경멸	과장
	150	분노	미움	공격
	125	욕망	갈망	집착
	100	두려움	근심	회피
	75	슬픔	후회	낙담
	50	무기력	절망	포기
	30	죄의식	비난	학대
	20	수치심	굴욕	잔인함

이 「의식의 지도」가 나오게 됨으로써, 누구나 자신의 의식수준을 객관화하여 바라볼 수 있게 되었는데, 「의식의 지도」에서 보

여주고 있는 단계별 의식수준은 사람마다 타고난 대로 한 가지로만 고정되어 있는 것이 아니라 하루에도 수없이 오르락 내리락 하므로, 그 중에 자기가 주로 머무는 의식단계가 바로 자신의 의식수준이라고 보면 되는 것이다.

이 「의식의 지도」에서 200룩스(Lux) 아래에 해당하는 어두운 의식을 가진 사람들은 부정적인 에너지로 자기와 주변 사람들에게 어두운 기운을 주면서 살아가고 있다고 보면 된다.

반면에 200룩스(Lux) 위에 해당하는 밝은 의식을 가진 사람들은 긍정적인 에너지로 자기와 주변 사람들에게 밝은 기운을 주면서 살아가고 있다고 보면 된다.

중생들이 사는 사바세계에서 의식수준이 가장 높아 천상천하 유아독존이라 하신 석가모니 부처님의 의식수준은 최고 수준인 1000룩스(Lux)에 해당하는 것으로 볼 수 있다.

사바세계 중생의 삶의 특징은 탐진치 번뇌에 속박되어 부자유와 고통 속에 살아간다는 것이고, 보살이나 부처의 삶의 특징은 탐진치 번뇌와 고통에서 벗어나 물처럼 바람처럼 마음에 걸림이 없는 대자유와 평화와 행복 속에 살아간다는 것이다.

그러므로 사바세계 중생의 괴로운 삶에서 벗어나고 싶다면 부처님과 같은 높은 의식수준을 선택하여 살면 되는 것이다. 부처님의 의식수준이 되어 부처님 마음으로 부처님 같이 살겠다고 결심하는 순간 탐진치 번뇌에 걸림이 없는 청정한 마음이 되어 자유와 평화와 행복을 누릴 수 있게 되기 때문이다.

따라서 만물의 영장인 인간이라도 의식수준이 낮아지면 탐진치 번뇌 속에 짐승처럼 이기적인 삶을 살아가게 되어 진정한 자유와 평화와 행복을 얻을 수 없는 것이므로, 인간으로 태어났으면 보살이나 부처처럼 높은 의식수준으로 널리 만물을 이롭게 하는 삶을 살아야 의식수준이 추락하지 않게 되어 영원한 자유와 평화와 행복을 누릴 수 있는 것이다.

그러니 「의식의 지도」를 통해 지금 자신의 의식수준이 어느 단계쯤인지 알았다면, 자신이 원하는 단계의 의식수준을 선택하여 이동할 수 있다. 그리고 선택한 의식수준에 맞는 삶을 실천하여 의식의 단계가 높아지게 되면 그보다 더 높은 의식수준도 선택할 수 있는 것이다.

만일, 석가모니 부처님의 높은 의식의 세계를 조금이라도 느껴보고 싶다면, 각고의 수행 끝에 사바세계에서 벗어난 석가모니 부처님의 감격스런 심정이 되어 "천상천하 유아독존!"이라고 마음속으로 외쳐보라! 그러면 어느새 자기의 의식수준도 중생의 낮은 의식수준에서 부처님처럼 높고 거룩한 의식수준으로 변하여지는 것을 조금이라도 느껴볼 수 있게 될 것이다. 일체유심조(一切唯心造)이기 때문이다.

길을 걸으면서도 발걸음에 맞춰 "천!상!천!하!유!아!독!존!" 또는 "천상!천하!유아!독존!"하며 걷다 보면 어느새 탐진치 번뇌에 걸림이 없는 편안하고 청정한 마음이 되어 부처님처럼 자비롭게 세상을 바라볼 수 있게 될 것이다. 마치 높은 산에 올라 고고(孤高)하게 저 아래 세상을 내려다 보듯이…

일체유심조(一切唯心造)란, 모든 것은 마음이 만드는 것이니 모든 것은 마음먹기에, 선택하기에 달렸다는 뜻이다. 이처럼 사람은 마음을 먹고 사는 존재이므로 부처님 마음을 먹고 살면 부처가 되고 중생의 마음을 먹고 살면 중생이 되는 것이다. 그러니 상(想)의 단계를 잘 관리하여 의식수준이 밑으로 떨어지지 않고 더욱 높아질 수 있도록 하여야 하는 것이다.

앙굴리말라와 같은 악명높은 잔인한 살인마도 석가모니 부처님의 가르침을 들은 후 잘못을 뉘우치고 제자가 되어 수행을 정진해 깨달음을 얻었지 않은가? 수행 정진으로 상(想)을 잘 관리할 수 있게 됨으로써 인생을 180도로 전환할 수 있었던 것이다.

〈 백범 김구(1876~1949) 〉

상처를 받을 것인지 말 것인지 내가 결정한다.
또 상처를 키울 것인지 말 것인지도 내가 결정한다.
그 사람 행동은 어쩔 수 없지만 반응은 언제나 나의 몫이다.

불교의 가르침을 세 개의 단어로 요약한다면 지혜(智慧)와 자비

(慈悲)와 실천(實踐)이라 할 수 있다. 왜냐하면, 탐진치 번뇌와 고통에서 벗어날 수 있는 해탈의 지혜를 완성해가는 반야바라밀다 수행으로 보살님과 부처님처럼 높은 의식수준이 되어 다른 중생들을 이롭게 하는 자비로운 삶을 실천하며 살아가라고 가르치기 때문이다.

그러기에 대승불교의 이상적 수행자상인 보살이 추구하는 '상구보리 하화중생(上求菩提 下化衆生 : 위로는 깨달음을 구하고 아래로는 중생을 교화한다)'의 정신도 지혜와 자비와 실천을 강조하고 있는 것이다.

따라서 불교는 중생들이 해탈의 지혜를 깨달아 자비롭게 살아갈 수 있는 방법을 가르치고 있는 것인데, 여기서 자비(사랑 자慈, 슬플 비悲)란 중생을 깊이 사랑하고 중생의 슬픔을 함께 슬퍼하며 중생에게 즐거움을 주고 중생의 괴로움을 없애주는 무한한 사랑의 마음이다.

이와 같은 자비심은 이기적인 탐진치 번뇌에서 벗어난 공(空)한 마음에서 나오는 이타(利他 : 자기보다는 타인을 이롭게 함)의 마음이다.

우리가 절에 가거나 법문을 들으면 그때만큼은 마음이 넓어지고 커져서 대자대비하신 부처님의 마음 같다가도 얼마 지나지 않아 도로 마음이 탐진치에 물들게 되며 쪼그라들고 옹졸해지는 것을 느끼곤 할 때가 많다.

이처럼 마음이란 것이 얼마나 알 수 없는 것이었으면 달마대사께서도 "마음이 너그러울 때는 온 세상을 다 받아들이다가도 한번 옹졸해지면 바늘하나 꽂을 자리도 없게 된다"고 말씀하셨겠는가?

그러나 우리도 부처님같이 큰 마음인 자비심을 선택하여 의식이 높고 커지게 되면 탐진치 번뇌로 일어나는 온갖 망상인 세속적 욕망, 의심, 분노, 잡념 등과 같은 의식수준이 낮은 그릇된 생각들은 줄어들고 의식수준이 높은 올바른 생각들이 많이 늘어나게 될 것이다.

여러분이 지금 그 누구 때문에, 그 무엇 때문에 괴로움을 겪고 있다고 생각한다면, '나를 괴롭히는 것은 그것 때문이 아니라 나의 소심함 때문이다'라고 생각해 보라. 그 순간 나의 의식이 나도 모르게 쪼그라들어 작아져 있었음을 알아차릴 수 있을 것이다. 이렇게 알아차리는 순간 자신의 의식수준을 다시 회복하게 되어 그 괴로움도 많이 사라지게 될 것이다.

이와 같이 자신의 변화는 스스로 선택해야 가능한 것이므로 마음인 의식의 수준이 높아지도록 선택하여야 자신을 바꿀 수 있는 것이다. 그러므로 선택하는 것이 중요한데 선택에는 용기가 필요하다. 그래서 「의식의 지도」에서도 어두운 의식과 밝은 의식의 경계인 200룩스가 용기인 것이다.

그런데 끝없는 인간의 이기심은 인간 뿐 아니라 인간이 살아가고 있는 터전인 지구까지도 심각한 위기로 몰아가고 있다.

경제개발을 위한 무분별한 자연환경 파괴와 산업화는 급격한 환경오염과 기후 변화를 초래하여 폭염, 가뭄, 홍수, 지진, 산불, 기근, 해수면 상승, 코로나19와 같은 전염병 대유행 등으로 인류를 포함한 수많은 생물의 생존을 위협하고 있다. 게다가 국가간 전쟁위기, 종교와 이념 대립 등이 격화되고 있어 이대로 가다간 더 이상 인류와 지구의 미래에 희망을 가질 수 없게 되었다.

자연은 어떤 것도 홀로 존재하지 않기 때문이며, 남을 해롭게 하면 그것이 자기에게 되돌아오게 되어 있기 때문이다. 왜냐하면 모든 존재나 현상은 인연에 의존하여 생겨나고 소멸하는 연기법에 따라 서로 그물처럼 연결되어 있어 인간이 행하는 어떤 행위라도 반드시 그에 상응하는 결과를 낳는 법이기 때문이다.

그러므로 더 늦기 전에 지금이라도 우리 인간들이 생각을 바꾸고 행동을 바꾼다면 우리 자신과 후손과 뭇 생명과 지구의 미래에 희망을 가질 수 있다.

그러니 마음이 우리 자신과 세상을 바꿀 수 있도록 용기를 내자. 자신의 의식수준을 수시로 점검하여 자신의 의식을 더 높은 수준으로 진화시키자. 다 함께 자비심을 실천하여 자비로운 마음이 꽃처럼 피어나는 세상을 만들어 나가자! 인류와 지구를 살리자!

> **〈 서산대사(휴정) : 1520~1604 〉**
>
> 눈 덮인 들판을 걸어 갈 때에
> 함부로 어지럽게 걷지를 마라.
> 오늘 내가 걸어가는 발자국이
> 뒤에 오는 이의 이정표가 될 수 있으니.

 석가모니 부처님은 그 어떤 절대자를 무조건 믿거나 그 어떤 절대자의 권위적인 가르침이나 계시를 무조건 따르라고 가르친 것이 아니다. 우리들 자신의 이성적인 판단과 노력의 힘으로 누구나 탐진치 번뇌와 고통을 벗어나 보살이 되고 부처가 될 수 있다고 가르치신 것이다.

 그래서 석가모니 부처님의 핵심 가르침인 연기법과 십이연기, 사성제와 팔정도의 법을 등불로 삼고(법등명法燈明) 그 법을 의지하되(법귀의法歸依) 자기 자신을 등불로 삼고(자등명自燈明), 자기 자신을 의지하며(자귀의自歸依) 색수상행식의 오온을 관찰하는 조건을 통해 반야바라밀다 수행을 정진하면 누구나 해탈의 지혜를 얻을 수 있다고 가르치신 것이다.

 이렇게 반야바라밀다 수행을 통해 진리와 이치로 몸과 마음을 관찰하여 탐진치 번뇌와 고통에서 해탈할 수 있는 지혜를 스스로 깨닫게 되면, 그 깨달은 지혜로 같은 실수나 잘못을 반복하지 않게 된다는 점에서 가장 효과적이고 근본적인 치유방법이므로 반야심경에서는 반야바라밀다 수행에 대해 다음과 같이 말씀하고 계신 것이다.

"보살이나 과거, 현재, 미래의 모든 부처님도 반야바라밀다 수행 방법을 통해서만 사바세계의 탐진치 번뇌를 소멸하고 고통에서 완전히 벗어나 해탈하여 열반에 이를 수 있는 것이며, 가장 높고 완전한 바른 깨달음인 아뇩다라삼먁삼보리를 얻을 수 있는 것이니, 반야바라밀다 수행 방법은 마치 가장 신령하고, 가장 밝으며, 더 이상 위도 없고, 무엇과도 비교할 수 없는 전능(全能)한 주문과도 같아서 능히 본래의 모습인 실상을 드러나게 하고 그릇된 모습인 허상을 사라지게 하여 일체의 모든 고통을 없애주는 효능이 있다는 것을 잘 알아야 하느니라"

보리살타 의반야바라밀다고 심무가애 무가애고 무유공포 원리전도몽상 구경열반 삼세제불 의반야바라밀다고 득아뇩다라삼먁삼보리 고지 반야바라밀다 시대신주 시대명주 시무상주 시무등등주 능제일체고 진실불허(菩提薩埵 依般若波羅蜜多故 心無罣礙 無罣礙故 無有恐怖 遠離顚倒夢想 究竟涅槃 三世諸佛 依般若波羅蜜多故 得阿耨多羅三藐三菩提 故知 般若波羅蜜多 是大神呪 是大明呪 是無上呪 是無等等呪 能除一切苦 眞實不虛)

이와 같이 석가모니 부처님의 가르침은 모두 반야바라밀다 수

행 방법을 통해 깨달으신 해탈의 진리와 지혜를 담고 있다.

이렇게 과학적, 합리적, 이성적, 현실적인 방법으로 해탈의 지혜를 완성해가는 반야바라밀다 수행을 해 나간다면, 탐진치 번뇌로 인한 잡생각들이 사라져 고통에서 벗어나 마음에 걸림이 없는 자유롭고 평화로우며 안락한 공(空)의 상태인 삼매(三昧) 속에서 생활할 수 있게 되는 해탈의 지혜를 얻게 됨은 물론, 학업이나 사업 등 생업에서도 성공하여 행복해질 수 있는 것이니, 바라건대, 탐진치 번뇌와 망상은 가고 공삼매의 자유와 평화여 오라!

고통의 원인인 탐진치 번뇌는 잘못된 정보에 자기 자신이 세뇌가 되어서 일어나는 것이므로, 석가모니 부처님의 가르침인 연기법과 십이연기, 사성제와 팔정도의 진리를 공부하고 수행을 해 의식수준을 높여 자신의 보물인 불성(佛性)을 잘 지키고 환하게 밝히며 사는 것이야말로 자신과 세상을 건강하고 행복하며 평화롭게 만드는 가장 지혜로운 삶이 되는 것이다.

얼굴을 찡그리다 보면 인생까지 찌그러지는 법이니, 자기의 마음과 정신인 얼이 드러나는 얼굴을 활짝 펴고 다니면 절대로 불행이 다가오지 않는다고 한다. 그러니 너그럽고 따뜻한 훈훈한 마음으로 마음의 주름을 활짝 펴보자!

이와 같이 마음을 잘 관리하기 위해서는 자기의 마음을 담고 있는 몸부터 잘 관리하는 것이 기본이 되어야 한다. 몸은 마음 수행을 하는데 없어서는 안 되는 중요한 도구이기 때문이다.

생명체인 몸이 있기에 마음이 있는 것이고, 몸은 마음에 마음은 몸에 서로 영향을 주고 받으므로, 해탈의 깨달음을 얻는 수행을 잘 하려면 몸이 잘 따라와 주지 않으면 안 되기 때문이다.

그래서 석가모니 부처님께서도 오랜 기간의 극심한 고행으로 뼈만 앙상해진 몸을 돌아보며 본격적인 명상수행에 들어가기에 앞서 마을 처녀인 수자타(Sujata)로부터 우유죽 공양을 받으신 것이다.

'건강한 신체에 건강한 정신이 깃든다'는 말이 있듯이, 몸이 허약하면 육근(六根)도 오온(五蘊)도 통제하기 어려워지고 그로 인해 마음 상태가 불안정해져서 자기의 본래 마음과 달리 엉뚱한 소리나 행동을 하게 되는 때가 있다. 마음만 갖고는 어려운 것이다.

몸이 하자는 대로 마음이 하자는 대로 그냥 따라가다 보면 고통 지옥에 떨어지기 십상이다. 그러므로 몸과 마음이 따로 놀지 않고 하나가 되어야 몸과 마음이 따로 노는데 따른 또 다른 번뇌와 고통이 생기지 않게 된다. 그래서 자기 몸에 대한 적극적인 관리도 필요한 것이다.

그러려면 마음과 몸을 함께 단련하는 심신수행(心身修行)이 필요하다. 인간을 구성하고 있는 색수상행식의 오온 중에서 수상행식의 마음 수행만 해서는 부족하기 때문에 색인 몸 수행도 반드시 해야 하는 것이다. 그렇지 않으면 그때 그때의 몸 상태나 기분 상태에 휘둘려짐을 당하기 쉽기 때문이다.

그러므로 '닦고 조이고 기름치자'라는 기계정비소의 구호처럼 몸과 마음이 따로 놀지 않도록 평소에 맨손체조나 스트레칭, 걷기나 조깅, 복식호흡, 단전호흡, 발성연습, 헬스 등 자기의 부족한 부분을 보완할 수 있는 적절한 운동뿐 아니라 적당한 식사로 몸을 잘 관리해 주어야 한다. '내 몸이 곧 법당'이기 때문이다.

그런데 우리는 몸을 관리하는데 가장 기본이 되는 숨 쉬는 방법, 걷는 방법, 앉는 자세 등에 대해서도 잘 모른 채 대충 살아가고 있다. 왜냐하면 태어나면서 받은 몸과 마음에 대한 올바른 사용설명서도 없고, 가정에서도 학교에서도 잘 가르쳐 주지 못하고 있기 때문이다.

따라서 전자제품을 사면 사용설명서를 보면서 그 사용법을 익히듯이 우리의 몸과 마음도 관심을 가지고 관찰하고 연구하고 배워야 올바른 사용법을 알 수 있다. 그리하여 자신이 원하는 대로 몸과 마음이 잘 작동될 때 비로소 온전한 나로 살아갈 수 있는 것이다.

필자의 경우, 몸이 그리 건강한 편이 못 되어서 한창 젊은 나이인 20대 때에도 감기 몸살을 자주 앓았었다. 그럴 때마다 '내 몸이 건강하지 못하면 출세를 한들 무슨 소용이 있겠나?' 하는 생각이 들어 그때부터 건강에 좀 더 관심을 가지게 되었다.

군 복무 시절에 누군가가 단전호흡을 한번 배워보라고 했던 기억이 나서 제대 후에 백화점 문화센터와 기수련원에 가서 배운 기체조 등을 지금까지도 혼자서 매일 하고 있다.

호흡법은 매우 중요하다. 가슴으로만 얕게 숨을 쉬는 폐호흡을 하게 되면 목소리가 목에서만 나기 때문에 대부분의 경우 목소리가 작고 힘차지 못하며 성격도 소극적이고 소심해져서 신경질적으로 되기 쉽다.

반면에 단전호흡이나 복식호흡을 하게 되면 숨을 깊고 길게 쉴 수 있어 뱃심이 생겨 목소리가 아랫배로부터 나오기 때문에 우렁차지고 성격도 적극적이며 활달해지는 등 육체적 건강과 정신적 건강에 아주 큰 도움이 된다. 연습을 하다 보면 자기도 모르게 단전호흡이나 복식호흡으로 바뀌게 된다.

'걸으면 걸을수록 저승길에서 멀어진다'는 말이 있지만, 걷는 방법에도 관심을 가져야 한다. 보통 팔자걸음이라고 하는 걸음 방법은 양발의 앞쪽이 벌어져 한자(漢字)인 여덟팔 자(八)처럼 걷는 방법인데 걸을수록 관절에 부담이 되고 몸의 골격이 틀어지게 되어 건강에 좋지 않은 반면에, 십일 자 걸음 방법은 양발이 11자처럼 나란히 되게 걷는 방법으로서 걸을수록 몸에 활력이 쌓이고 관절과 골격에 부담이 적은 건강한 걸음 방법이다.

앉는 자세도 중요한데, 삐딱하게 앉거나 구부정하게 앉는 자세보다는 경주 석굴암 석가모니 부처님의 모습처럼 허리를 쭈욱 펴고 바르게 앉는 명상자세가 내장의 활동을 원활하게 하고, 온 몸에 기혈(氣血) 순환도 잘 이루어지게 하여 아랫배와 손발을 따뜻하게 해주며, 머리도 시원하고 맑게 해주어 몸과 마음을 건강하고 편안하게 해주는 좋은 자세이다.

필자도 가능하면 거르지 않고 공원에서 운동을 한다. 그리고 입을 다문 채 입술 근육을 시계 방향으로 몇 번씩, 시계 반대 방향으로 몇 번씩 크게 돌려주는 등의 방법으로 얼굴근육을 풀어주어 얼굴 표정이 굳어지는 것을 예방하고, 조용한 소리로 입을 크게 벌리면서 아!, 에!, 이!, 오!, 우! 하며 발성연습을 하여 말을 또박또박 정확히 할 수 있도록 하며, 승용차 문을 닫고 안에서 크게 소리를 지르거나 파하하하 하고 크게 웃음으로써 스트레스를 확 날리고 마음을 후련하게 하여 하루를 활기차게 살아갈 기운을 충전(充塡)하려고 노력하고 있다.

'남의 기운을 빼앗는 사람이 되지 말고 남에게 기운을 주는 사람이 되자'는 것이 필자의 소박한 좌우명이다.

'운동을 하면 기분이 좋아진다', '운동을 하면 운명이 바뀐다'는 말처럼 운동은 자신의 기분 상태는 물론 자신의 운명까지도 바꾼다고 하니 운동을 게을리하지 말아야 할 것이고, 자신이 섭취하는 음식이 자신의 몸이 되는 것이니 식사를 균형있게 잘 챙겨 먹는 것이 건강을 위한 지혜로운 생활일 것이다.

그럼에도 불구하고 현실 세계에서의 고통을 술이나 담배 등으로 해결해 보려는 사람들이 적지 않은 것 같다. 그러나 술이나 담배 등은 고통을 근본적으로 해결할 수 있는 방법이 아니다. 오히려. 자기 자신을 패가망신(敗家亡身)시키고 그동안 애써 쌓아온 공든 탑도 무너뜨릴 수 있는 것이다.

 색(色)과 수(受), 상(想), 행(行), 식(識)의 오온 덩어리로 이루어진 나의 몸과 마음은 나가 아니라 나의 것이므로 내 의지로 선택할 수 있고 통제할 수 있는 것이다.

 이와 같이 석가모니 부처님의 가르침은 우리 몸과 마음의 사용 설명서라고 할 수 있으므로 이제 더 이상 자기의 몸과 마음에 끌려다니는 사람이 되지 말고, 수·상·행·식의 정신적 요소로 이루어지는 마음을 잘 관리해서 마음을 살릴 뿐만 아니라 색의 물질적 요소로 이루어지는 몸도 잘 관리해 몸을 살려서 건강과 자유와 평화와 행복을 창조하는 사람이 되어야 하겠다.

 술이나 담배 등 남의 힘을 빌리지 말고 운동의 힘, 마음의 힘을 길러 자기 자신의 힘으로 현실 세계에서의 힘든 고통을 당당히 이겨내었으면 좋겠다. 인간은 누구나 어머니에게서 태어나지만 살아가면서 스스로의 힘으로 다시 태어나야 하기 때문이다.

〈 돈으로 살 수 없는 것 〉

집은 살 수 있어도 가정은 살 수 없다.
침대는 살 수 있어도 잠은 살 수 없다.
약은 살 수 있어도 건강은 살 수 없다.
시계는 살 수 있어도 시간은 살 수 없다.

> 책은 살 수 있어도 지혜는 살 수 없다.
> 지위는 살 수 있어도 존경은 살 수 없다.

　석가모니 부처님의 가르침인 진리를 토대로 타당한 이치로써 관찰하는 조견(照見)을 통해 해탈의 지혜를 깨달아가는 반야바라밀다 수행이 어떠한 것인지를 살펴보기 위하여 대한불교조계종 교육원이 편찬한 책『부처님의 생애』에 기술되어 있는 내용 중에서 두 편을 옮겨보니 참고가 되었으면 좋겠다.

　석가모니 부처님께서 가야산 꼭대기에서 나무 아래에 풀을 깔고 고행을 하시며 깊은 생각에 잠겨 계실 때였다.

　길고 긴 고통의 원인인 번뇌의 속박을 어떻게 하면 태워버릴 수 있을까? 번뇌의 속박을 태워버릴 불은 어떻게 지필 수 있을까? 그때 맑고 선명한 생각이 떠올랐다.

　'물에 축축하게 젖은 나무토막으로는 불을 피울 수 없다. 그런 나무토막을 주워 불을 피우려고 부싯돌을 켜는 사람이 있다면 그는 결코 불을 얻을 수 없다. 그 사람은 소득도 없이 피곤할 뿐이다. 사문 바라문들 가운데 현재 몸과 마음을 오욕(五欲 : 식욕, 성욕, 재물욕, 명예욕, 수면욕)의 강물에 내던지고 사는 사람들이 있다. 그들은 오욕에 목말라하고, 오욕에 욕심을 내고, 오욕에 열을 내고, 오욕을 추구한다. 그들은 오욕으로 향한 마음을 버리지 못하고 정화하지도 못하고 있다. 그런 수행자는 격렬하고 모진 고행을 하더라도 진리를 보고 알고 깨닫는 것이 불가능하다. 뿐만 아니라 고행을 하지 않더라도 진리를 보고 알고 깨닫는 것이 불가능하다. 물속에 던져진 나무토막에 부싯돌을 켜는 것처럼 소득이 없다.

물에서 건졌지만 물기가 마르지 않은 나무토막으로는 불을 피울 수 없다. 그런 나무토막을 주워 불을 피워야지 라고 생각하며 부싯돌을 켜는 사람이 있다면 그는 결코 불을 얻을 수 없다. 그 사람은 소득도 없이 피곤할 뿐이다. 사문 바라문들 가운데 오욕의 강물에서 빠져나와 생활하지만 마음속으로는 여전히 오욕에 목말라하고, 오욕에 욕심을 내고, 오욕에 열을 내고, 오욕을 추구하는 이들이 있다. 그들은 오욕으로 향한 마음을 버리지 못하고 정화하지도 못하고 있다. 그런 수행자는 격렬하고 모진 고행을 하더라도 진리를 보고 알고 깨닫는 것이 불가능하다. 뿐만 아니라 고행을 하지 않더라도 진리를 보고 알고 깨닫는 것이 불가능하다. 물기가 마르지 않은 나무토막에 부싯돌을 켜는 것처럼 소득이 없다.

땅위의 바짝 마른 나무토막으로는 불을 피울 수 있다. 그런 나무토막을 주워 불을 피워야지 하고 마음먹고 부싯돌을 켜는 사람이 있다면 그는 반드시 불을 얻을 수 있다. 사문 바라문들 가운데 오욕의 강물에서 빠져나와 생활하면서 마음속으로도 오욕에 목말라하지 않고, 오욕에 욕심을 내지 않고, 오욕에 열을 내지 않고, 오욕을 추구하지 않는 자들이 있다. 그들은 오욕으로 향한 마음을 버리고 정화한 것이다. 그런 수행자가 격렬하고 신랄한 고행을 한다면 진리를 보고 알고 깨닫는 것이 가능하다. 뿐만 아니라 고행을 하지 않더라도 진리를 보고 알고 깨닫는 것이 가능하다. 바짝 마른 나무 토막에 부싯돌을 켜는 것처럼 분명 소득이 있다.'

마가다국 빔비사라왕의 셋째 왕비인 케마 왕비는 빼어난 미모를 지녔는데 석가모니 부처님으로부터 다음의 가르침을 듣고 출가하게 되었다고 한다.

"왕비여, 자세히 보십시오.

고운 비단 같던 살결은 금이 가기 시작하더니 삼베처럼 거칠어 지고, 도톰하던 눈두덩이는 꺼지고 별빛처럼 초롱초롱하던 눈동자는 뭍에 올려진 생선처럼 백태가 끼기 시작하고, 잘 익은 복숭아처럼 볼그스름하던 얼굴은 점점 주름이 잡히더니 늙은 원숭이 피부처럼 늘어지고, 윤기가 자르르 흐르던 까만 머리카락은 늙은 돼지의 털처럼 뻣뻣해지더니 뚝뚝 부러져 나가게 됩니다. 허리가 굽고, 뼈마디가 불거지고, 이가 빠지고, 성글성글해진 흰 머리카락을 겨우 추스르는 할머니가 되어 몸도 채 가누지 못하게 됩니다.

케마여, 자세히 들으십시오.

지혜의 눈이 없는 장님 같은 이들은 이 육체의 아름다움을 아끼고 찬탄하지만, 보십시오. 이 몸은 쉽게 늙고 병들며 무너집니다. 화려한 옷과 분으로 덮고 가리지만 아홉 개의 구멍으로 고약한 냄새를 풍기는 오물들이 끊임없이 흘러내리고 있습니다.

케마여, 생각해 보십시오.
무너지지 말라고 아무리 애써도 그것은 무너지는 것입니다. 아름답다고 아무리 되뇌어도 그것의 본성은 아름답지 않은 것입니다. 그와 나의 육체를 사랑해 보듬지만 그 다음에 기다리는 것은 슬픔과 두려움과 고통입니다"

대왕의 사랑을 독차지 하고는 빳빳이 목을 세우고 왕궁을 거닐던 케마였다. 그러나 늘어가는 속살의 주름이 늘 두려웠던 케마였다.

"어떻게 해야 합니까?"

"왕비여 그곳에 휴식은 없습니다. 벗어날 길을 찾으십시오. 있는 그대로의 진실을 알아 육체에 대한 집착과 갈애를 버릴 때, 마음은 고요해지고 편안해집니다.

그러니 지혜를 닦으십시오.
당신이 아름답다고 여기는 것, 보기 좋다고 여기는 것, 거기에 아름다움은 없습니다. 원래 없습니다.

탐욕과 분노와 어리석음을 떨치고 자세히 보십시오. '나'와 '너'가 실재하는 것이라 생각해선 안됩니다. '나'와 '너'를 비교해서도 안됩니다. 그로 인해 교만심을 일으켜서는 더더욱 안됩니다.

행동과 말씨와 마음가짐을 조용히 가라앉히고 예의를 갖추십시오. 공손하고 부드러운 자세로 마음속 교만을 버리십시오. 그러면 고요하고 편안한 열반에 곧바로 도달할 것입니다"

케마는 자신의 교만을 참회하고 부처님께 진심으로 머리숙였다. 그녀의 마음은 평화로웠다.

〈 법구경 〉

목숨이 다해 정신이 떠나가면,
가을 들녘에 버려진 표주박처럼
살은 썩고 앙상한 백골만 나뒹굴 텐데
무엇을 사랑하고 즐길 것인가!

이렇게 자신의 몸과 마음을 진리와 이치로써 관찰하고 연구하여 탐진치 번뇌와 고통으로부터 해탈할 수 있는 올바른 지혜를 깨달아가는 반야바라밀다 수행 방법을 실천해 고통이 사라지는 효능을 직접 체험해 본다면, 2600여 년 전의 석가모니 부처님의 가르침이 얼마나 과학적인지 놀라게 될 것이고, 인류를 탐진치 번뇌와 고통으로부터 벗어나게 할 수 있는 해탈의 진리와 지혜와 수행 방법을 알려주신 석가모니 부처님께 깊이 감사드리게 될 것이다.

출처 : 대한불교열반종 총본산 연화산 와우정사 벽화(경기도 용인)

14. 모든 고통은 그 발생 원인을 없애면 소멸시킬 수 있다

어떤 분들은 말씀하신다. 부처님 법을 잘 몰라도 세상을 착하게 살면 되는 거라고 말씀하신다.

언뜻 들어보면 맞는 말씀 같기도 하지만, 착한 척, 착한 체 온화한 얼굴로 표정관리는 할 수 있어도 그 마음속에는 별별 잡념이 한가득이라 탐진치 번뇌와 불성(佛性) 간의 부딪힘에서 오는 고통 속에서 진정으로 착하게 산다는 것은 쉬운 일이 아닐 것이다.

그래서 '착하게 살라'는 말은 세 살 먹은 아이도 알아들을 수 있는 말이나 여든 먹은 노인도 행하기 어려운 말이라고 하는 것이다.

왜냐하면 모든 인간은 스스로 번뇌를 일으켜 고통을 초래하고 윤회의 원인을 만들며 살아가는 어리석은 존재이므로, 누구든 그 마음속에는 탐진치인 탐욕과 성냄과 어리석음의 번뇌가 진을 치고 있어 탐진치에 걸리지 않을 사람이 거의 없기 때문이다.

그도 그럴 것이, 모든 인간은 개인마다 타고난 신체조건, 적성, 성격, 지능, 능력, 인품, 이해력, 감수성, 생활환경 등이 다 다르고, 게다가 과거 수백만 년 동안 인간의 DNA(디앤에이)에 뿌리 깊게 내재되게 된 생존경쟁 욕구와 감각적 욕망 등의 원초적 본능에 휘둘려지기 쉬운 불완전한 존재이므로 탐진치 번뇌에서 자유로울 사람이 거의 없기 때문이다.

이 탐진치라는 말 석자 안에는 인간의 모든 나쁜 마음 씀씀이가 거의 다 들어가게 되는데, 근심, 걱정, 불안, 초조, 안달, 슬픔, 의심, 오해, 긴장, 주눅, 짜증, 우울, 흥분, 불만, 불쾌, 미움, 분노, 증오, 원망, 시기, 질투, 심술, 무시, 오만, 태만, 변덕, 못마땅, 언짢음, 두려움, 이기심, 호기심, 자존심, 자만심, 소심함, 열등감, 억울함, 창피함, 조급함, 조바심, 경쟁심, 적개심, 충동심, 인색함, 속상함, 게으름, 소외감, 의기소침, 피해의식, 자격지심, 스트레스, 관음증 등의 질병, 체력저하 등으로 인한 부정적이고 불안정한 감정 상태 등이 다 포함되기 때문이다.

그러다 보니, 탐진치로 인하여 배우자와 자녀 등 가족과의 불화도 있는 것이고 친구나 직장동료 등과의 갈등도 있는 것이며, 정치, 경제, 사회, 문화, 종교적으로 존경받던 지도층 인사이거나 유명인들도 부동산 투기나 성추문 등으로 '내로남불'(내가 하면 로맨스요 남이하면 불륜이다의 줄임말)이라 비난 받거나 '미투' (Me Too : 나도 당했다) 폭로로 패가망신(敗家亡身)을 당하고 몰락하는 경우를 뉴스를 통해 수도 없이 보고 있는 것이다. 악마는 탐진치에 있기 때문이다.

오죽했으면 이 탐진치 3가지 번뇌를 가리켜 지혜를 어둡게 하고 악의 근원이 되어 열반에 이르는 데 장애가 되는 독과 같다고 하여 삼독(三毒)이라고까지 불리게 되었겠는가?

그러므로 진정으로 착한 삶을 살아가기 위해서라도 탐진치 번뇌로 인한 고통에서 벗어나 해탈할 수 있는 지혜를 완성해가는 삶을 살아야 하는 것이다.

▲ 황호섭, '얼굴' 연작.

작가 황호섭은 "인간은 모순적이다. 마음의 안정을 바라면서도 욕망을 꿈꾸는 게 인간이다. 이런 모순적인 상황을 융화시키는 게 인간이다. 이 작품을 통해 이러한 것을 형상화하고자 했다"고 밝혔다(출처 : 2009.9.18. 노컷뉴스)

이렇게 고통의 원인이 되는 탐진치 번뇌는 무지(無知 : 아는 것이 없음) 때문에 생겨나는 것이다. 석가모니 부처님께서도 번뇌와 고통의 가장 큰 원인은 신(神)을 믿지 않아서 예경(禮經)을 하지 않아서가 아니라 무지 때문이라고 말씀하셨다. 무지가 고통의 근본 원인이 되는것이다.

고통의 근본 원인이 되는 무지란, 모든 것은 인연따라 생겨났다가 인연이 다하면 사라지므로 인연의 원인을 제거하면 인연의 결과도 사라진다는 석가모니 부처님의 가르침인 연기법(緣起法), 십이연기(十二緣起), 사성제(四聖諦), 팔정도(八正道)를 모르는 것을 말하는데, 이렇게 석가모니 부처님 가르침을 알지 못하는 무지 때문에 지혜가 어두워져 무명(無明 : 밝음이 없음)인 상태가 되는 것이고, 무명으로 인해 어리석음이 일어나게 되는 것이다.

그리고 이 무명의 어리석음 때문에 생기는 탐진치 번뇌로 인한 그릇된 상상(想像)이나 연상(聯想)이나 회상(回想) 등의 망상이 오온(五蘊)에 작용하게 되어 수(受)→상(想)→행(行)→식(識)의 인식 과정을 거쳐 몸과 마음에서 일어나는 현상인 그릇된 허상(虛像)에 집착이 생기게 되는 것이고, 그 어리석은 집착의 결과로 고통이 생겨나게 되는 것이다.

이렇게 무지와 무명과 탐진치 번뇌로 인해 고통이 생겨나는 구체적인 과정을 연기법에 따라 원인과 결과의 12가지 단계로 설명한 것이 십이연기설(十二緣起說)이고, 이 12가지 단계가 생사를 반복하며 돌고 도는 것이 바로 '윤회'인 것이며, 이 십이연기의 고통과 윤회를 끊는 수행 방법이 사성제와 팔정도인 것이다.

따라서 탐진치 번뇌와 고통과 윤회를 끊고 해탈하려면 연기법, 십이연기, 사성제, 팔정도의 진리를 공부하고 수행하여 고통의 근본 원인이 되는 무지를 없애버려야 하는 것이다.

이렇게 하여 무지가 없어지게 되면 무지로 인해 일어나는 무명도 없게 되는 것이고, 무명이 없으면 무명 때문에 일어나는 어리석음도 없게 되는 것이고, 어리석음이 없으면 어리석음 때문에 일어나는 탐진치 번뇌도 없게 되는 것이고, 탐진치 번뇌가 없으면 탐진치 번뇌 때문에 일어나는 그릇된 상상이나 연상이나 회상 등의 망상도 없게 되는 것이고, 그릇된 상상이나 연상이나 회상 등의 망상이 없으면 육근과 육경과 육식의 열여덟 가지 인식 영역인 십팔계에서도 그릇된 상상이나 연상이나 회상 등의 망상에 의한 인식 작용이 없게 되는 것이고, 십팔계의 이러한 인식 작용이 없으면 오온인 수의 작용 또한 없게 되는 것이고, 수의 작용이 없으면 상의 작용 또한 없게 되는 것이고, 상의 작용이 없으면 행의 작용 또한 없게 되는 것이고, 행의 작용이 없으면 식의 작용 또한 없게 되는 것이고, 식의 작용이 없으면 허상인 아상(我相)이란게 생기지 않게 되는 것이고, 아상(我相)이 생기지 않아 무아(無我)가 되면 무지와 무명의 어리석음 때문에 생기는 탐진치 번뇌로 인한 그릇된 상상이나 연상이나 회상 등의 망상을 하지 않게 되어, 탐진치 번뇌로 인한 그릇된 상상이나 연상이나 회상 등의 망상이 오온에 작용하여 생기는 그릇된 인식 때문에 몸과 마음에서 일어나는 현상인 그릇된 허상이 더 이상 만들어지지 않게 됨으로써, 그 그릇된 허상이 일어나기 전에 있던 그대로의 존재의 본래 모습인 실상(實相)이 드러나게 되는 청정한 공(空)의 상태로 돌아가게 되는 것이다.

그렇게 그릇된 허상이 사라지고 실상만이 남은 상태인 공의 상태로 돌아가게 됨으로써, 그동안 탐진치 번뇌로 인한 그릇된 상상이나 연상이나 회상 등의 망상에 의한 그릇된 인식 때문에 일어난 그릇된 허상에 집착하게 되어 생긴 일체의 모든 고통과 액운에서 벗어나 해탈하여 열반에 이를 수 있게 된다는 가르침이 바로 조견오온개공(照見五蘊皆空) 도일체고액(度一切苦厄)인 것이다.

그래서 석가모니 부처님께서도 연기법과 십이연기, 사성제와 팔정도의 법을 등불로 삼고(법등명法燈明) 그 법을 의지하되(법귀의法歸依) 자기 자신을 등불로 삼고(자등명自燈明), 자기 자신을 의지하며(자귀의自歸依) 색수상행식(色受想行識)의 오온을 관찰하는 조견(照見)을 통해 반야바라밀다 수행을 정진하면 누구나 현재의 살아있는 삶 속에서 해탈의 지혜를 얻을 수 있다고 말씀하신 것이다.

※ **육근**(감각기관) : 안근(눈 안眼)·이근(귀 이耳)·비근(코 비鼻)·설근(혀 설舌)·신근(몸 신身)·의근(뜻 의意)
⇒ 줄이면 안·이·비·설·신·의

※ **육경**(감각대상) : 색경(색 색色)·성경(소리 성聲)·향경(냄새 향香)·미경(맛 미味)·촉경(닿을 촉觸)·법경(법 법法)
⇒ 줄이면 색·성·향·미·촉·법

※ **육식**(감각정보 인식) : 안식(眼識)·이식(耳識)·비식(鼻識)·설식(舌識)·신식(身識)·의식(意識)

※ **십팔계**(감각정보 인식 영역) : 안계(眼界), 이계(耳界), 비계(鼻界), 설계(舌界), 신계(身界), 의계(意界), 색계(色界), 성계(聲界), 향계(香界), 미계(味界), 촉계(觸界), 법계(法界), 안식계(眼識界), 이식계(耳識界), 비식계(鼻識界), 설식계(舌識界), 신식계(身識계), 의식계(意識界)

※ **연기법** : 모든 존재나 현상은 인연따라 생겨났다가 인연이 다하면 사라진다는 법칙으로서, 모든 존재나 현상은 어떤 직접적이거나 간접적인 원인 또는 조건에 의하여 생겨나거나 사라지기 때문에, 어떠한 존재나 현상일지라도 우연히 생겨나거나 자기 혼자 생겨나는 것은 없다는 진리이므로, 고통의 경우에도 그 일어난 원인과 과정을 바로 알아서 원인을 제거하면 결과인 고통도 사라지게 된다는 것임.

※ **십이연기설**(12가지 연기 항목 간의 인과관계) : ① 무명(無明) → ② 행(行) → ③ 식(識) → ④ 명색(名色) → ⑤ 육입(六入) → ⑥ 촉(觸) → ⑦ 수(受) → ⑧ 애(愛) → ⑨ 취(取) → ⑩ 유(有) → ⑪ 생(生) → ⑫ 노사(老死)

※ **사성제** : 고성제(苦聖諦), 집성제(集聖諦), 멸성제(滅聖諦), 도

성제(道聖諦)
⇒ 줄이면 고집멸도(苦集滅道)

※ 팔정도 : 정사유(正思惟), 정념(正念), 정견(正見), 정어(正語), 정업(正業), 정명(正命), 정정(正定), 정정진(正精進)

〈 고통의 발생과 소멸 〉

무지 (無知)	무지(無知 : 아는 것이 없음)는 석가모니 부처님의 가르침인 연기법, 십이연기, 사성제, 팔정도의 진리를 모르는 것을 말하며 고통의 근본 원인이 됨.
↓	
무명 (無明)	무명(無明 : 밝음이 없음)은 연기법, 십이연기, 사성제, 팔정도의 진리를 알지 못하는 무지때문에 지혜가 어두운 것을 말하며 어리석음이 일어나는 원인이 됨.
↓	
육근 (六根)	육근(六根)은 인간의 육체에 존재하여 감각정보를 수집하는 6가지 감각기관인 안·이·비·설·신·의 즉 눈·귀·코·혀·피부·뇌를 말함.
↓	
육경 (六境)	육경(六境)은 육근이 수행하는 감각정보 수집의 대상이 되는 6가지 감각대상인 색·성·향·미·촉·법 즉 형태·소리·냄새·맛·촉감·생각을 말함.
↓	

육식 (六識)	육식(六識)은 육근이 육경을 만났을 때를 '원인 또는 조건'으로 해서 일어나는 정신작용인 6가지 인식으로, 안식(眼識), 이식(耳識), 비식(鼻識), 설식(舌識), 신식(身識), 의식(意識)을 말하며, 인식이 이루어지는 과정에 참여하는 육근과 육경과 육식의 열여덟 가지 각 요소의 역할의 영역을 십팔계(十八界)라 함.
↓	
수온 (受蘊)	오온(五蘊) 중에서 수온(受蘊)은 정신적 요소에 해당하며 감각정보 수집 기능이 있어, 십팔계의 작용으로 인식된 감각정보가 수온에 접수되면 수(受)→상(想)→행(行)→식(識)의 인식 과정을 거쳐 최종적으로 인식되거나 기억됨.
↓	
상온 (想蘊)	상온(想蘊)은 수온(受蘊)에서 수집된 감각정보에 대한 정보분석 단계이므로, 상온을 잘 관리할 줄 아는 지혜가 있으면 탐진치 번뇌와 고통에서 벗어나 자유롭고 평화로우며 행복한 삶을 누릴 수 있음.
↓	
탐진치 (貪瞋癡)	무지와 무명의 어리석음 때문에 생기는 탐진치 즉 탐욕과 성냄과 어리석음의 번뇌로 인한 그릇된 상상, 연상, 회상 등의 망상이 오온 중 상온(想蘊)에 작용하게 되어 상(想)→행(行)→식(識)의 인식 과정을 거쳐 생긴 그릇된 인식 때문에 몸과 마음에서 일어나게 되는 현상인 그릇된 허상에 집착이 생기게 되면, 그 어리석은 집착의 결과로 고통이 생겨나게 되는 것임.
↓	

행온 (行蘊)	행온(行蘊)은 상온(想蘊)의 정보분석 결과로 일어나는 정신적 신체적 행위를 말함.
↓	
식온 (識蘊)	식온(識蘊)은 수(受)→상(想)→행(行)의 인식 단계를 거친 결과를 총정리하여 인식하는 종합적 인식 또는 기억을 말하며, 그릇된 식(識)이 있기 때문에 그릇된 허상(虛像)이 생겨나게 되는 것임.
↓	
고 (苦)	고(苦, 괴로움)는 무지와 무명의 어리석음 때문에 생기는 탐진치 번뇌로 인한 그릇된 상상, 연상, 회상 등의 망상이 오온 중 상온에 작용하여 생긴 그릇된 인식의 결과로 몸과 마음에서 일어나는 그릇된 허상에 집착하게 되어 생겨나게 됨.
↓	
해탈 (解脫)	모든 것은 인연따라 생겨났다가 인연이 다하면 사라지므로 인연의 원인을 제거하면 인연의 결과도 사라진다는 석가모니 부처님의 가르침인 연기법, 십이연기, 사성제, 팔정도의 진리를 토대로 타당한 이치로써 관찰하여 해탈의 지혜를 완성해가는 반야바라밀다 수행 방법인 조견(照見)을 통해 오온의 상태를 깊이 관찰하는 것이 해탈에 이르는 비결임. 그리하여 조견을 통해 오온의 상태를 깊이 관찰해 보면, 무지로 인한 무명의 어리석음에서 벗어날 수 있게 되어 그동안 무지와 무명의 어리석음 때문에 생긴 탐진치 번뇌가 사라지게 되는 것임.

그리고 탐진치 번뇌가 사라지니 탐진치 번뇌로 인한 그릇된 상상이나 연상이나 회상 등의 망상을 하지 않게 되어, 그릇된 상상이나 연상이나 회상 등의 망상이 오온에 작용해 생긴 그릇된 인식의 결과로 몸과 마음에서 일어나게 되는 현상인 그릇된 허상(虛像)도 사라지게 되는 것임.

또한 그릇된 허상이 사라지니 그 그릇된 허상이 일어나기 전에 있던 그대로의 존재의 본래 모습인 실상이 드러나게 되는 청정한 공의 상태로 돌아가게 되는 것임.

그렇게 허상이 사라지고 실상만이 남은 공의 상태로 돌아가게 되는 것을 꿰뚫어 볼 수 있게 됨으로써 그동안 탐진치 번뇌로 인한 그릇된 상상이나 연상이나 회상 등의 망상이 오온에 작용해 몸과 마음에서 일어난 그릇된 허상에 집착한 결과로 생긴 모든 고통과 액운에서 벗어나 해탈에 이르는 지혜(智慧)를 완성하게 되는 것임.

15. 여시아문(如是我聞) : 이와 같이 나는 들었다

불경(佛經)이란, 불교의 교리를 담은 경전을 말한다. 불경은 좁게는 석가모니 부처님의 설법 내용을 정리하여 기록한 경장(經藏, Sutta Pitaka)만을 의미하지만, 넓게는 경장뿐 아니라 제자들이 교단의 공동생활 및 수도생활에서 지켜야 할 계율에 대한 석가모니 부처님의 가르침을 정리하여 기록한 율장(律藏, Vinaya Pitaka), 석가모니 부처님 열반 후에 제자들이 경장과 율장에 대하여 해석하거나 연구한 글들을 정리하여 기록한 논장(論藏, Abhidhamma Pitaka)까지 포함한 삼장(三藏, Tri Pitaka)을 모두 가리키므로 팔만대장경이라고 부를 만큼 그 내용이 방대하다.

불교 경전은 석가모니 부처님 생전에는 문자로 기록된 것이 없었다. 석가모니 부처님께서는 글이 아닌 말로써 직접 가르침을 전했고, 그 당시 인도에서는 성스러운 가르침을 문자로 기록하면 그 의미를 제대로 전달할 수 없을 뿐만 아니라 그 성스러움이 사라지게 된다고 믿어 외워서 입에서 입으로 구전(口傳)하여 전하는 암송 문화가 오랜 전통이었기 때문이다.

그래도 석가모니 부처님이 살아계실 때에는 가르침에 의문이 생기거나 제자들 간의 기억에 차이가 있을 경우 석가모니 부처님께 여쭈어 해결할 수 있었는데, 석가모니 부처님이 열반하시자 석가모니 부처님의 가르침이 왜곡되거나 없어질 수도 있어 온전하게 전승되지 못할 수 있다는 우려가 커지게 되었다.

그래서 제자들은 석가모니 부처님의 가르침을 정확하게 정리하여 보존할 필요성을 느끼게 되어, 석가모니 부처님 다비식(茶毘式)이 끝나고 3개월 뒤 최고 수제자(首弟子)인 마하가섭(산스크리트어 : 마하까삿빠 mahākāśyapa, 한자어 : 마하가섭摩訶迦葉)의 주도 하에 교단을 대표하는 5백 명의 아라한 비구들이 처음으로 마가다국의 왕사성 칠엽굴(七葉窟)에 모여 불경을 편찬하게 되었다.

이 불경 편찬 모임을 첫 번째 모임이라고 해서 제1결집(結集)이라 부르고, 그 이후에 열린 모임을 순서대로 제2결집(석가모니 부처님 입멸 후 100년경), 제3결집(석가모니 부처님 입멸 후 200년경), 제4결집, 제5결집이라 부른다.

제1결집에서는 석가모니 부처님의 설법 내용을 담은 경장(經藏)과 제자들이 교단의 공동생활 및 수도생활에서 지켜야 할 계율에 대한 석가모니 부처님의 가르침을 담은 율장(律藏)이 완성되었다.

경장(經藏)은 왕족인 석가족 출신으로 석가모니 부처님의 사촌동생이며, 25년간 석가모니 부처님을 그림자처럼 가까이서 시봉(侍奉)하면서 부처님의 가르침을 가장 많이 들었다고 하여 '다문제일(多聞第一)'이라는 호칭이 붙었고 부처님이 열반에 드실 때도 부처님 곁을 지켰던 아난다(산스크리트어 : 아난다Ananda,

한자어 : 아난阿難) 존자가 앞으로 나와 부처님 가르침을 암송하였다.

　율장(律藏)은 노예 계급인 수드라 출신으로 석가족(族) 궁정의 이발사였는데, 아난다, 난타, 아나율 등이 출가할 때 그들의 머리를 깎아주러 따라 갔다가 석가모니 부처님의 가르침에 큰 감화를 받아 출가하여 부처님이 수계식을 거행할 때마다 비구들의 머리를 깎아주면서 계율의 가르침을 가장 많이 들었고 스스로도 계율을 엄격히 지켜 '지계제일(持戒第一)'이라는 호칭이 붙은 우팔리(산스크리트어 : 우팔리Upali, 한자어 : 우바리優婆離) 존자가 앞으로 나와 부처님 가르침을 암송하였다.

　그렇게 아난다 존자와 우팔리 존자가 앞에 나와 부처님의 가르침을 암송하고, 그 내용을 들은 제자들이 확인하여 다른 이견이 없으면 그 내용으로 최종 확정해 다 함께 우렁차게 합송(合誦 : 함께 소리내어 외움)하는 방식으로 결집이 진행되어 경장(經藏)과 율장(律藏)이 편찬되기에 이른 것이다.

　　※ **석가모니 부처님의 십대제자**(十大弟子) : 사리불·목건련·마하가섭·아나율·가전연·수보리·아난다·우팔리·라훌라·부루나

〈 십대제자(十大弟子) 〉

사리불 (śāriputra)	지혜 제일 (智慧第一)	지혜가 뛰어남 / 반야심경의 사리자를 말함 / 붓다보다 나이가 많음 / 석존보다 먼저 입멸
목건련 (maudgalyāyana)	신통 제일 (神通第一)	신통력이 뛰어남 / 붓다보다 나이가 많음 / 석존보다 먼저 입멸
가섭 (kāśyapa)	두타 제일 (頭陀第一)	'두타'는 불교용어로서 수행을 정진하는 것을 말함 / 엄격한 금욕 수행이 뛰어남 / 제1차 결집 주도
아나율 (aniruddha)	천안 제일 (天眼第一)	통찰력이 뛰어남 / 석존의 사촌동생
가전연 (kātyāyana)	논의 제일 (論議第一)	석존의 가르침에 대한 해석에 뛰어나 논쟁을 잘 함
수보리 (subhūti)	해공 제일 (解空第一)	내면의 고요를 응시하여 수행에 전념해 공(空)의 이치에 밝음
아난다 (ānanda)	다문 제일 (多聞第一)	석존의 시자(侍者)로 25년간 보좌하며 가르침을 가장 많이 듣고 암송함 / 제1결집 때 경을 암송하여 경장(經藏) 결집에 기여함 / 석존의 사촌동생
우팔리 (upāli)	지계 제일 (持戒第一)	계율을 잘 지킴 / 제1결집 때 계율을 암송하여 율장(律藏) 결집에 기여함 / 십대제자 중 유일한 천민인 수드라 출신 이발사

라훌라 (rāhula)	밀행 제일 (密行第一)	남이 보지 않아도 스스로 계율을 잘 지키며 수행을 철저히 함 / 석존의 외아들
부루나 (pūrṇa)	설법 제일 (說法第一)	석존의 가르침을 전하는 설법이 뛰어남 / 인도의 서쪽에 불법을 전함

※ 경주 석굴암 석굴 벽면에도 10대제자의 모습이 조각되어 있음.

이렇게 제1결집에서 편찬된 경전도 문자로 기록하는 방식이 아니라 외워서 기억하는 암송방식이었다. 석가모니 부처님의 신성한 가르침을 문자로 기록하는 것을 여전히 불경스럽게 여겼기 때문이다.

제1결집 이후 수백 년 동안 입에서 입으로 암송하여 구전되어 오던 경전은 500여 년이 지난 기원전 1세기경이 되어서야 문자로 기록되는데, 이렇게 문자로 기록된 최초의 경전은 야자수 같은 나뭇잎을 의미하는 '패다라(貝多羅)'에 새겼다고 해서 패엽경(貝葉經)이라 한다.

제1결집에서 아난다 존자와 우팔리 존자는 암송을 할 때, '이와 같이 나는 들었다'는 말로 시작하여, 석가모니 부처님이 언제, 어디에서, 누구와 같이 있었고, 청중은 얼마나 있었는지에 대한 설명을 한 다음에 비로소 어떤 내용을 말씀하셨는지를 암송하였다.

이렇게 아난다 존자와 우팔리 존자가 암송을 시작하면서 하던 인도말은 '에밤 마야 스루탐 evam maya srutam(이와 같이 나는 들었다)'이었는데 중국에서 이 말의 뜻을 한자로 번역하면서, 에밤(evam)은 여시(如是 : 이와 같다), 마야(maya)는 아(我 : 나), 스루탐(srutam)은 문(聞 : 듣다)으로 번역한 것이며, 우리나라에서는 한자어인 '여시아문(같을 여如, 이 시是, 나 아我, 들을 문聞)'을 '이와 같이 나는 들었다' 또는 '이와 같이 나는 들었노라'라고 우리 말로 해석하고 있는 것이다.

그리하여 중국에서 한문으로 번역된 대부분의 불교 경전 첫머리에 '여시아문 일시 불재(如是我聞 一時 佛在) …'라는 구절이 나오게 된 것이다.

금강경(金剛經)의 첫머리를 보더라도, 여시아문 일시 불재사위국 기수급고독원 여대비구중 천이백오십인구(如是我聞 一時 佛在 舍衛國 祇樹給孤獨園 與大比丘衆 千二百五十人俱)로 시작하고 있고, 그 의미는 "이와 같이 나는 들었다. 어느 때에 부처님께서 사위국의 기수급고독원에서 큰 비구 무리 1250인과 함께 계셨다"가 되는 것인데, 석가모니 부처님이 언제, 어디에서 말씀하신 가르침을 내가 들은 대로 온전히 전하는 것이니 의심하지 말 것을 강조하는 뜻도 담겨있는 것이다.

초기 경전에서 사용되기 시작한 이 '여시아문'이라는 표현은 석가모니 부처님이 열반에 드시고 500여 년이 지난 기원 전후에 등장하는 대승불교의 경전들에도 사용되었으니, 『대반야바라밀다경』, 『묘법연화경』, 『화엄경』 등의 대승 경전도 그 첫머리를 '여시아문'이라는 문구로 시작하고 있다.

이처럼 대승불교 경전에서도 그 첫머리에 '여시아문'을 사용하고 있는 이유는 대승 경전도 석가모니 부처님이 직접 말씀하신 가르침임을 강조하기 위한 것이다.

여시아문(如是我聞)!

석가모니 부처님은 2600여 년 전에 가셨지만 그 가르침은 제자들에 의해 전승되어 사바세계에서 고통 속에 살아가고 있는 우리들에게 해탈의 희망의 등불로 밝게 빛나고 있다.

〈 사부대중(四部大衆) 〉

o **사부대중** : 석가모니 부처님의 가르침을 따르는 네 부류의 사람인 비구, 비구니, 우바새, 우바이를 통틀어 일컫는 말.

o **비구**(比丘) : '걸식하는 남자'라는 뜻의 '비쿠(팔리어 bhikkhu)'를 소리 나는 대로 한자로 적은 음사어로서, 출가하여 구족계를 받은 남자 승려를 말함.

o **비구니**(比丘尼) : '걸식하는 여자'라는 뜻의 '비쿠니(팔리어 bhikkhuni)'를 소리 나는 대로 한자로 적은 음사어로서, 출가하여 구족계를 받은 여자 승려를 말함.

o **우바새**(優婆塞) : '출가하지 않은 남자 재가 신도'라는 뜻의 '우파사카(산스크리트어 upāsaka)'를 소리 나는 대로 한

자로 적은 음사어로서, 우리나라 불교에서는 거사(居士)·처사(處士) 또는 거사님·처사님이라고도 부르고 있음.

o **우바이**(優婆尼) : '출가하지 않은 여자 재가 신도'라는 뜻의 '우파시카(산스크리트어 upāsika)'를 소리 나는 대로 한자로 적은 음사어로서, 우리나라 불교에서는 보살 또는 보살님이라고도 부르고 있음.

16. 반야심경 해설

현재 우리가 읽고 있는 불경들은 석가모니 부처님 열반 후에 500여 년 동안 암송으로 구전되어 오다가 기원전 1세기경이 되어서야 인도의 산스크리트어로 기록되기 시작한 경전이 중국을 거치면서 한문으로 번역되어 우리나라에 들어오게 된 경전들이다.

중국에는 서기 1세기 전후에 전래되었고 우리나라에는 서기 4세기 후반부터 전래되기 시작하였는데 고구려와 백제는 중국을 거쳐, 신라는 고구려를 거쳐 전래되었다.

이렇게 오랜 세월을 거치면서 불경이 우리에게 전해져 오는 동안 석가모니 부처님의 본래의 가르침 내용이 문자로 기록되거나 번역되는 과정에서 변질되지 않고 정확하게 전해져 온 것인지 궁금하기도 하다.

대승불교 경전인 『대반야바라밀다경(大般若波羅蜜多經)』('대반야경' 또는 '반야경'이라고도 함)이 인도에서 등장한 것은 석가모니 부처님이 열반하시고 500여 년이 지난 기원전 1세기에서 기원후 1세기 사이로 보고 있는데, 반야심경도 인도 문자로 편찬된 이 『대반야바라밀다경』 안에 들어있는 경전으로서 총 600권이나 되는 방대한 분량의 『대반야바라밀다경』의 핵심 가르침을 짧게 요약하여 담고 있는 경전이다.

현재 우리나라에서 가장 많이 읽히고 있는 반야심경은 당나라 삼장법사 현장(玄奘) 스님이 단 268자(우리나라 불교에서 제목에 붙인 '마하'를 포함하면 270자)의 한자로 번역해 놓은 반야심경인데, 반야심경은 모든 불교 경전 가운데서도 가장 짧은 경전이다.

이 반야심경은 대승불교 경전이기도 하지만 대승불교와 소승불교를 떠나 팔만대장경이라는 방대한 양의 석가모니 부처님 가르침을 관통하는 근본 진리와 지혜와 수행 방법을 함축하고 있어 종파를 초월하여 봉독되고 있는 불교의 핵심 중의 핵심 경전이다.

따라서 석가모니 부처님 가르침의 핵심을 담은 반야심경의 내용을 제대로 알게 되고 그 가르침의 효과를 직접 체험해 본다면 반야심경의 제목에 붙어 있는 '마하' 즉 '위대한'이라는 수식어로도 모자라는 대환희심을 맛보게 될 것이며, 절로 석가모니 부처님께 감사의 경배를 드리지 않을 수 없게 될 것이다.

지금부터 해설하는 내용은 기존의 많은 분들의 글을 참고하되 '석가모니 부처님께서 어떤 뜻으로 이렇게 말씀하셨을까?'라는 생각으로, 필자의 마음에 비추어 석가모니 부처님 가르침의 참뜻을 헤아려가며 써 내려간 내용들이라 필자의 주관이 일부 반영된 내용이 있을 것이다.

그러므로 필자가 해설하는 내용에 부족한 점도 있을 것이니 여러분께서 넓은 아량으로 보아주시면 감사하겠다. 대신에, 삼장법사 현장 스님의 한문 반야심경을 한글로 해설해 놓은 반야심경

몇 편을 소개하여 드리니 필자의 부족한 부분을 채워 독자 여러분의 반야심경 공부에 도움이 되었으면 좋겠다.

참고로, 필자가 외람되게도 『대한불교조계종 우리말 표준 반야심경』과 비교하며 우리말 해설을 하게 된 이유는 『대한불교조계종 우리말 표준 반야심경』의 내용에 이의가 있어서가 아니라 단지 독자 여러분의 이해를 돕기 위한 것일 뿐이라는 점을 말씀드린다.

『대한불교조계종 우리말 표준 반야심경』은 삼장법사 현장 스님이 번역한 한문 반야심경을 기준으로 직역(直譯)하되 예불에 사용하기 적합하도록 운율과 길이 등을 고려하여 우리말 438자로 짧게 번역해 놓은 경전으로 현재 우리나라에서 가장 널리 법회의식 등에서 봉독되고 있다.

삼장법사 현장(玄奘)의 한문 반야심경	대한불교조계종의 우리말 표준 반야심경
般若波羅蜜多心經 반야바라밀다심경	摩訶般若波羅蜜多心經 마하반야바라밀다심경
觀自在菩薩 行深般若波羅密多 時 照見五蘊皆空 度一切苦厄 관자재보살 행심반야바라밀다 시 조견오온개공 도일체고액	관자재보살이 깊은 반야바라밀다를 행할 때, 오온이 공한 것을 비추어 보고 온갖 고통에서 건너느니라.
舍利子 色不異空 空不異色 色卽	사리자여! 색이 공과 다르지 않

是空 空卽是色 受想行識 亦復如是 사리자 색불이공 공불이색 색즉시공 공즉시색 수상행식 역부여시	고 공이 색과 다르지 않으며, 색이 곧 공이요 공이 곧 색이니, 수 상 행 식도 그러하니라.
舍利子 是諸法空相 不生不滅 不垢不淨 不增不減 是故 空中無色 無受想行識 無眼耳鼻舌身意 無色聲香味觸法 無眼界 乃至 無意識界 無無明 亦無無明盡 乃至 無老死 亦無老死盡 無苦集滅道 無智亦無得 사리자 시제법공상 불생불멸 불구부정 부증불감 시고 공중무색 무수상행식 무안이비설신의 무색성향미촉법 무안계 내지 무의식계 무무명 역무무명진 내지 무노사 역무노사진 무고집멸도 무지역무득	사리자여! 모든 법은 공하여 나지도 멸하지도 않으며, 더럽지도 깨끗하지도 않으며, 늘지도 줄지도 않느니라. 그러므로 공 가운데는 색이 없고 수 상 행 식도 없으며, 안 이 비 설 신 의도 없고, 색 성 향 미 촉 법도 없으며, 눈의 경계도 의식의 경계까지도 없고, 무명도 무명이 다함까지도 없으며, 늙고 죽음도 늙고 죽음이 다함까지도 없고, 고 집 멸 도도 없으며, 지혜도 얻음도 없느니라.
以無所得故 菩提薩埵 依般若波羅蜜多故 心無罣礙 無罣礙故 無有恐怖 遠離顛倒夢想 究竟涅槃 이무소득고 보리살타 의반야바라밀다고 심무가애 무가애고 무유공포 원리전도몽상 구경열반	얻을 것이 없는 까닭에 보살은 반야바라밀다를 의지하므로 마음에 걸림이 없고 걸림이 없으므로 두려움이 없어서, 뒤바뀐 헛된 생각을 멀리 떠나 완전한 열반에 들어가며,
三世諸佛 依般若波羅蜜多故 得阿耨多羅三藐三菩提	삼세의 모든 부처님도 반야바라밀다를 의지하므로 최상의 깨달

삼세제불 의반야바라밀다고 득 아뇩다라삼먁삼보리	음을 얻느니라.
故知 般若波羅蜜多 是大神呪 是大明呪 是無上呪 是無等等呪 能除一切苦 眞實不虛 故說 般若波羅蜜多呪 卽說呪曰, 揭諦揭諦 波羅揭諦 波羅僧揭諦 菩提 娑婆訶 고지 반야바라밀다 시대신주 시대명주 시무상주 시무등등주 능제일체고 진실불허 고설 반야바라밀다주 즉설주왈, 아제아제 바라아제 바라승아제 모지 사바하	반야바라밀다는 가장 신비하고 밝은 주문이며 위없는 주문이며 무엇과도 견줄 수 없는 주문이니, 온갖 괴로움을 없애고 진실하여 허망하지 않음을 알지니라. 이제 반야바라밀다주를 말하리라. 아제아제 바라아제 바라승아제 모지 사바하

삼장법사 현장(玄奘)의 한문 반야심경	(사)한국불교연구원 불연 이기영 박사의 우리말 해설 반야심경
般若波羅蜜多心經 반야바라밀다심경	摩訶般若波羅蜜多心經 마하반야바라밀다심경
觀自在菩薩 行深般若波羅密多時 照見五蘊皆空 度一切苦厄 관자재보살 행심반야바라밀다시 조견오온개공 도일체고액	관자재보살이 깊은 반야바라밀다를 행할 때에 오온이 모두 공함을 밝히 보아 일체 고액을 넘는다.
舍利子 色不異空 空不異色 色卽是空 空卽是色 受想行識 亦復如是	사리자여, 색이 공과 다르지 않고, 공이 색과 다르지 않으며, 색이 즉 공이요, 공이 즉 색이니

사리자 색불이공 공불이색 색즉시공 공즉시색 수상행식 역부여시	수·상·행·식도 역시 그러하다.
舍利子 是諸法空相 不生不滅 不垢不淨 不增不減 是故 空中無色 無受想行識 無眼耳鼻舌身意 無色聲香味觸法 無眼界 乃至 無意識界 無無明 亦無無明盡 乃至 無老死 亦無老死盡 無苦集滅道 無智亦無得 사리자 시제법공상 불생불멸 불구부정 부증불감 시고 공중무색 무수상행식 무안이비설신의 무색성향미촉법 무안계 내지 무의식계 무무명 역무무명진 내지 무노사 역무노사진 무고집멸도 무지역무득	사리자여, 이 제법의 공한 모습은 생하지도 않고, 멸하지도 않고, 더럽지도 않고, 깨끗하지도 않고, 늘지도 않고, 줄지도 않는다. 그런 까닭에 공 가운데는 색도 없으며, 수·상·행·식도 없고, 안·이·비·설·신·의도 없고, 색·성·향·미·촉·법도 없고, 안계도 없고, 나아가 의식계까지도 없는 것이다. 무명도 없고, 무명이 다함도 없으며, 노·사도 없고, 노사가 다함도 없으며, 고·집·멸·도도 없고, 지혜도 없고, 얻음도 없다.
以無所得故 菩提薩埵 依般若波羅蜜多故 心無罣礙 無罣礙故 無有恐怖 遠離顛倒夢想 究竟涅槃 이무소득고 보리살타 의반야바라밀다고 심무가애 무가애고 무유공포 원리전도몽상 구경열반	얻는 바가 없으므로 보리살타는 반야바라밀다에 의지하며 그런 까닭에 마음에 걸림이 없고, 걸림이 없는 까닭에 두려움이 없어 전도된 몽상을 멀리 떠나 마침내 열반한다.
三世諸佛 依般若波羅蜜多故 得阿耨多羅三藐三菩提 삼세제불 의반야바라밀다고 득 아뇩다라삼먁삼보리	삼세제불도 반야바라밀다에 의하므로 아뇩다라삼먁삼보리를 얻는다.
故知 般若波羅蜜多 是大神呪 是	그러므로 알지어다. 반야바라밀

大明呪 是無上呪 是無等等呪 能除一切苦 眞實不虛 故說 般若波羅蜜多呪 卽說呪曰, 揭諦揭諦 波羅揭諦 波羅僧揭諦 菩提 娑婆訶 고지 반야바라밀다 시대신주 시대명주 시무상주 시무등등주 능제일체고 진실불허 고설 반야바라밀다주 즉설주왈, 아제아제 바라아제 바라승아제 모지 사바하	다는 대신주며, 대명주며, 무상주며, 무등등주니, 능히 일체의 고를 없애고, 진실하며, 헛되지 않는 것이다. 그러므로 반야바라밀다주를 설한다. 주에 가로대, 아제 아제 바라아제 바라승아제 보리사바하.

삼장법사 현장(玄奘)의 한문 반야심경	안동전통문화연구회 청남 권영한 회장의 우리말 해설 반야심경
般若波羅蜜多心經 **반야바라밀다심경**	반야의 큰 지혜 광명에 의해서 피안에 도달하는 방법을 설한 만고불변의 진리의 말씀
觀自在菩薩 行深般若波羅密多時 照見五蘊皆空 度一切苦厄 관자재보살 행심반야바라밀다시 조견오온개공 도일체고액	마음대로 진리를 볼 수 있는 눈이 열린 보살은, 그 깊은 예지(叡智)에 의해서 육체도 정신도 모두 공(空관)임을 달관(達觀)하고, 모든 번뇌와 재액(災厄)에서 벗어났다.
舍利子 色不異空 空不異色 色卽是空 空卽是色 受想行識 亦復如是	사리자여! 육체란 공을 떠나서 있을 수 없고, 공 또한 육체를 떠나서 있을 수 없다.

사리자 색불이공 공불이색 색즉시공 공즉시색 수상행식 역부여시	육체가 바로 공이며, 공이 또한 바로 육체이다. 감각도 상념도 의욕도, 혹은 자아라고 하는 정신조차도 모두 그와 같다.
舍利子 是諸法空相 不生不滅 不垢不淨 不增不減 是故 空中無色 無受想行識 無眼耳鼻舌身意 無色聲香味觸法 無眼界 乃至 無意識界 사리자 시제법공상 불생불멸 불구부정 부증불감 시고 공중무색 무수상행식 무안이비설신의 무색성향미촉법 무안계 내지 무의식계	사리자여! 이처럼 모든 것은 공이므로, 태어나는 것도 없고 멸하는 것도 없다. 더러워지는 것도 없고, 깨끗해지는 것도 없다. 늘어나지도 않고 줄어들지도 않는다. 그러므로 공(空) 가운데는 육체도 없고, 감각도 상념(想念)도 의욕(意慾)도 자아(自我)도 없다. 눈도 없고, 귀도 없고, 코도 없고, 혀도 없고, 몸도 없다. 색도 없고, 소리도 없고, 향도 없고, 맛도 없고, 닿는(觸) 모든 것도 없고, 생각되는 것도 없다. 이제까지 본 세계도 없고, 이제까지 생각한 세계도 없다.
無無明 亦無無明盡 乃至 無老死 亦無老死盡 無苦集滅道 無智亦無得 以無所得故 무무명 역무무명진 내지 무노사 역무노사진 무고집멸도 무지역무득 이무소득고	맹목적인 본능도 없고, 맹목적인 본능이 없어지는 것도 없다. 또한 노사(老死)의 고통도 없고 노사(老死)의 고통이 다함도 없다. 고뇌도 없고 고뇌의 인(因)인 탐애(貪愛)도 없다. 고뇌에서의 구원도 없고, 그를 위한 수행도 없다.

	안다는 것도 없고, 얻었다는 것도 또한 없다. 본래 얻을 수 있는 것이라고는 아무것도 없기 때문이다.
菩提薩埵 依般若波羅蜜多故 心無罣礙 無罣礙故 無有恐怖 遠離顚倒夢想 究竟涅槃 三世諸佛 依般若波羅蜜多故 得阿耨多羅三藐三菩提 보리살타 의반야바라밀다고 심무가애 무가애고 무유공포 원리전도몽상 구경열반 삼세제불 의반야바라밀다고 득아뇩다라삼먁삼보리	보살들은 이와 같이 완벽한 밝은 지혜에 의하여 마음속에 아무런 걸림이 없다. 걸림이 없으므로 아무런 공포도 없다. 공포가 없으므로 모든 혼미한 상념과 사견에서 구제되어 영원히 청정한 경지를 얻을 수 있다. 삼세의 모든 부처님도 이 위대한 예지에 의해서, 그 존엄한 보편적 인격을 자각시킨 것이다.
故知 般若波羅蜜多 是大神呪 是大明呪 是無上呪 是無等等呪 能除一切苦 眞實不虛 고지 반야바라밀다 시대신주 시대명주 시무상주 시무등등주 능제일체고 진실불허	그러므로 이 위대한 반야의 지혜만이 가장 위대한 주문이며, 가장 빛나는 주문이며, 지상 최고의 주문이며, 타에 유래 없는 주문이다. 이 주문이 세상 일체의 고뇌를 배제하는 것은 정말로 진실이며 한 점의 허점도 없다.
故說 般若波羅蜜多呪 卽說呪曰, 揭諦揭諦 波羅揭諦 波羅僧揭諦 菩提 娑婆訶 고설 반야바라밀다주 즉설주왈, 아제아제 바라아제 바라승아제 모지 사바하	그러면 그 위대한 예지의 주문을 말하리라. 이른 자여. 이른 자여. 저 언덕에 이른 자여. 저 언덕에 완전히 이른 자여. 깨달음을 축하하자.

① 반야심경의 문장구조

☞ 반야심경은 결론 내용이 앞부분에 나오는 두괄식(頭括式) 문장 구조다.

반야심경의 앞부분에 해당하는 "관자재보살 행심반야바라밀다시 조견오온개공 도일체고액"에서는, 석가모니 부처님이 우리들에게 "누구나 자기 자신이 부처가 될 수 있는 보살이라는 사실을 잊지 말고 열심히 정진하여야 하며, 연기법, 십이연기, 사성제, 팔정도의 진리를 토대로 타당한 이치로써 관찰하여 해탈의 지혜를 완성해가는 반야바라밀다 수행 방법인 조견(照見)을 통해, 오온의 작용으로 이루어진 그릇된 허상이 다 공하다는 사실을 꿰뚫어 볼 수 있어야 인생의 모든 고통과 액운으로부터 벗어날 수 있다"고 말씀하고 계신다.

즉, 인생의 모든 고통과 액운으로부터 벗어날 수 있는 해탈의 지혜를 완성하려면 반야바라밀다 수행 방법인 조견으로 오온을 관찰하여 오온의 작용으로 이루어진 그릇된 허상이 다 공하다는 사실을 꿰뚫어 보는 수행을 정진할 것을 당부하시는 말씀이 결론으로서 나오는 것이다.

그리고 경의 나머지 뒷부분에서는, 반야바라밀다 수행 방법인 조견으로 관찰하여 꿰뚫어 보면 오온의 작용으로 이루어진 그릇된 허상이 다 공하다는 사실을 어떤 이치로 깨닫게 되는지, 이렇게 오온의 작용으로 이루어진 그릇된 허상이 다 공하다는 사실을 깨닫게 되어 공의 상태에 이르게 되면 어떤 이치로 모든 번뇌와 고통에서 벗어나 해탈하게 되는지와 같은 반야바라밀다 수행 방법의 효능을 구체적으로 제자인 사리자에게 설명해 주시며, 모든 사람들도 이와 같이 일체의 모든 고통과 액운을 없애주는 전능한 효능이 있는 반야바라밀다 수행 방법으로 정진하여 반드시 해탈의 지혜를 완성할 것을 당부하시는 석가모니 부처님의 말씀이 나온다.

이와 같이 석가모니 부처님께서는 6년간 목숨을 걸고 치열하게 수행하여 깨달으신 해탈의 진리와 지혜와 수행 방법의 핵심을 반야심경에 담아 아낌없이 전해주셨다. 그렇기 때문에 우리 중생들은 더 이상 해탈의 진리와 지혜와 수행 방법을 깨닫기 위해 시행착오를 겪으며 고생할 필요가 없게 되었다.

단지 석가모니 부처님께서 전해주신 해탈의 진리와 지혜와 수행 방법을 열심히 공부하고 수행하여 나의 것으로 만들어 모든 번뇌와 고통에서 벗어나 보살이 되고 부처가 되는 일만 하면 되는 것이다.

우리가 해야 할 일은 반야심경의 내용을 바르게 알고 모든 보살님과 부처님이 해탈과 열반에 이르기 위하여 의지하는 반야바라밀다 수행을 정진하는 일인 것이다.

그러므로 반야심경 안에 탐진치 번뇌와 고통에서 벗어나는 길, 자유와 평화와 행복으로 가는 성불의 길이 있는 것이다. 그래서 반야심경은 보물인 것이다.

〈 반야심경의 문장구조 〉

(당부말씀) **관자재보살 행심반야바라밀다시 조견오온개공 도일체고액**(觀自在菩薩 行深般若波羅密多時 照見五蘊皆空 度一切苦厄)

(부연설명) **사리자 색불이공 공불이색 색즉시공 공즉시색 수상행식 역부여시 사리자 시제법공상 불생불멸 불구부정 부증불감 시고 공중무색 무수상행식 무안이비설신의 무색성향미촉법 무안계 내지 무의식계 무무명 역무무명진 내지 무노사 역무노사진 무고집멸도 무지역무득 이무소득고 보리살타 의반야바라밀다고 심무가애 무가애고 무유공포 원리전도몽상 구경열반 삼세제불 의반야바라밀다고 득아뇩다라삼먁삼보리 고지 반야바라밀다 시대신주 시대명주 시무상주 시무등등주 능제일체고 진실불허 고설 반야바라밀다주 즉설주왈, 아제아제 바라아제 바라승아제 모지 사바하**(舍利子 色不異空 空不異色 色卽是空 空卽是色 受想行識 亦復如是 舍利子 是諸法空相 不生不滅 不垢不淨 不增不減 是故 空中無色 無受想行識 無眼耳鼻舌身意 無色聲香味觸法 無眼界 乃至 無意識界 無無明 亦無無明盡 乃至 無老死 亦無老死盡 無苦集滅道 無智亦無得 以無所得故 菩提薩埵 依般若波羅蜜多故 心無罣礙 無罣礙故 無有恐怖 遠離顚倒夢想 究竟涅槃 三世諸佛 依般若波羅蜜多故 得阿耨多羅三藐三菩提 故知 般若波羅蜜多 是大神呪 是大明呪 是無上呪 是無等等呪 能除一切苦 眞實不虛 故說 般若波羅蜜多呪 卽說呪曰, 揭諦揭諦 波羅揭諦 波羅僧揭諦 菩提 娑婆訶)

② 경(經)의 제목 : 마하반야바라밀다심경(摩訶般若波羅蜜多心經)

대한불교조계종 해설	필자 해설
마하반야바라밀다심경	해탈의 지혜를 완성해가는 위대한 반야바라밀다 수행 방법의 핵심을 전하는 경전

반야심경의 제목을 보면, 인도의 산스크리트(Sanskrit)어로 된 원문에서는 「프라즈냐파라미타 흐르다야 수트라(Prajñāpāramitā-Hṛdaya Sūtra)」라고 되어 있는데, 이 산스크리트어 제목을 한문으로 번역하면서 구마라집 스님은 「마하반야바라밀대명주경(摩訶般若波羅蜜大明呪經)」으로, 현장 스님은 「반야바라밀다심경(般若波羅蜜多心經)」으로 번역하였다.

그런데 구마라집 스님이 번역한 제목에는 '마하'라는 단어가 있는데 현장 스님이 번역한 제목에는 '마하'라는 단어가 없다. 우리나라에서는 구마라집 역의 제목에 있는 '마하'라는 단어를 현장 역의 제목인 「반야바라밀다심경(般若波羅蜜多心經)」 앞에 붙여 「마하반야바라밀다심경(摩訶般若波羅蜜多心經)」이라 표기하고 있다. '심경(心經)'은 현장 스님이 처음으로 사용한 단어다.

사실 산스크리트어로 된 반야심경 원문에는 제목이 없다. 그래서 산스크리트어 반야심경의 끝부분에 '이티 프라즈냐 파라미타 흐르다얌 사마프탐(iti prajñā-pāramitā-hṛdayaṃ samāptam : 이상으로 반야바라밀다의 핵심을 마친다)'이라고 되어 있는 구절에서 마지막 문구인 '사마프탐(samāptam : 마친다, 끝났다)'을 '수트라(sūtra : 경전)'로 바꾸어 제목(Prajñā-pāramitā-hṛdaya Sūtra : 반야바라밀다심경)으로 삼은 것이다.

마하(mahā)란, 산스크리트어로서 '어마어마하게 큰', '위대한'이란 뜻을 지니고 있다. 마하(摩訶)는 산스크리트어인 마하(mahā)를 그 소리 나는 음에 가까운 한자(漢字)를 찾아 적은 음사어에 해당하므로 한자 摩訶(마하)에 대한 해석은 의미가 없다.

반야바라밀다(prajñā-pāramitā, 般若波羅蜜多)란, 반야와 바라밀다가 합쳐진 합성어로 산스크리트어인 프라즈냐 파라미타(prajñā-pāramitā)를 그 소리 나는 음에 가까운 한자를 찾아 적은 음사어에 해당하므로 한자 般若波羅蜜多(반야바라밀다)에 대한 해석은 의미가 없다.

여기서 반야(般若)란, 산스크리트어인 프라즈냐(prajñā)를 그 소리 나는 음에 가깝게 한자로 적은 음사어로서 산스크리트어 프라즈냐(prajñā)의 뜻은 '지혜'라는 말이며, '지혜'는 존재의 참모습을 가리고 있는 온갖 분별과 망상에서 벗어나 존재의 참모습을 꿰뚫어 보는 정신적 능력을 말한다.

바라밀다(波羅蜜多)란, 산스크리트어인 파라미타(pāramitā)를 그 소리 나는 음에 가깝게 한자로 적은 음사어로서 산스크리트어

파라미타(pāramitā)의 뜻은 '완성', '성취', '깨달음의 피안(저 언덕)에 이르다'라는 의미이다.

그러므로 반야바라밀다(般若波羅蜜多)의 의미는 '지혜의 완성', '지혜로써 피안에 도달함' 등의 의미를 가지고 있는데, '지혜의 완성', '지혜로써 피안에 도달함'이란 사바세계의 탐진치 번뇌와 고통에서 벗어나 해탈할 수 있는 지혜를 완성해가는 수행 방법을 의미한다고 보아야 할 것이다.

당나라 때 계빈국(罽賓國)의 반야(般若)와 이언(利言)이 공동으로 번역한 반야심경에서도 '반야바라밀다(般若波羅密多)' 뒤에 '행(行 : 행할 행)'자를 붙여 '반야바라밀다행(般若波羅密多行)'으로 번역함으로써 '반야바라밀다'가 수행을 의미하고 있음을 강조하고 있다.

심(心)이란, 산스트리트어인 흐르다야(hrdaya)의 뜻을 한자(心)로 옮긴 번역어로서, 산스트리트어 흐르다야(hrdaya)의 뜻은 '핵심'이라는 의미를 가지고 있는데, 한자인 심(心)의 의미도 '마음 심' 이외에, '(가운데, 중심, 알맹이, 근본) 심'의 뜻을 지니고 있어 '핵심'이라는 의미를 가지고 있다.

경(經)이란, 산스트리트어인 수트라(sutra)의 뜻을 한자(經)로 옮긴 번역어로서, 산스트리트어 수트라(sutra)의 뜻은 '성전' 또는 '경전'이라는 의미를 가지고 있는데, 한자인 경(經)의 의미도 '경전 경'이라는 의미를 가지고 있다.

따라서 마하반야바라밀다심경은 마하(위대한)+반야바라밀다(해탈의 지혜를 완성해가는 반야바라밀다 수행 방법)+심(핵심)+경(경전)의 뜻이므로 종합하면, '해탈의 지혜를 완성해가는 위대한 반야바라밀다 수행 방법의 핵심을 전하는 경전'이라는 의미를 담고 있다고 할 수 있다.

- 마(摩) : 문지를 마, 갈 마
- 하(訶) : 큰소리로 꾸짖을 가(불교식으로 하로 읽음)
- 반(般) : 일반 반
- 야(若) : 반야 야
- 바(波) : 물결 파(불교식으로 바로 읽음)
- 라(羅) : 비단 라
- 밀(蜜) : 꿀 밀
- 다(多) : 많을 다
- 심(心) : 마음 심, (가운데, 중심, 알맹이, 근본) 심
- 경(經) : 경전 경, 책 경

③ 관자재보살(觀自在菩薩)

대한불교조계종 해설	필자 해설
관자재보살이	(석가모니 부처님께서 말씀하셨다) 자기 안에 있는 보살을 보라.

한국민족문화대백과에 따르면, 보살은 스스로 깨달음을 이룰 수 있는 능력이 있음에도 불구하고, 이 세상에 머물 것을 자원하여 일체의 중생을 먼저 깨달음의 세계(피안彼岸)에 도달하게 하는 뱃사공과 같은 분이라고 설명하고 있다. 이러한 보살로는 문수, 보현, 관음, 세지, 지장 등의 많은 보살이 계신다.

'관자재보살'은 삼장법사 구마라집이 산스크리트어 반야심경에 나오는 '아바로키테스바라 보디사트바(Avalokiteśvara Bodhisattva)'를 한문으로 '관세음보살(Avalokiteśvara觀世音+Bodhisattva菩薩)'로 번역하였던 것을 당나라 삼장법사 현장이 '관자재보살(Avalokiteśvara觀自在+Bodhisattva菩薩)'로 번역하면서 불리게 된 용어다.

그런데 '아바로키테스바라 보디사트바(Avalokiteśvara Bodhisattva)'의 의미를 살펴보면, 아바(Ava : 두루두루, Around)+로키(loki : 보다, look)+테스(tes : 많은 사람, 중생, people)+스바라(svara : 목소리, voice)라고 해석하는 것 이외에도, 아바로키타(Avalokita : 보다, look, 觀)+이스바라(iśvara : 스스로 있는, 마음대로 할 수 있는, 自在)라고 해석하는 등 해석에 조금씩 차이가 있는 것으로 보인다.

여하튼 지금까지의 거의 모든 한문 반야심경에서는 '아바로키테스바라 보디사트바(Avalokiteśvara Bodhisattva)'를 '관세음보살(觀世音菩薩)' 또는 '관자재보살(觀自在菩薩)'로 번역하고 있다.

여기서 '관세음(觀世音)'은 '세상의 모든 소리를 살펴본다'는 뜻이며, '관자재(觀自在)'는 '세상의 모든 것을 자재롭게 살펴본다'는 뜻이니. 결국 관세음이나 관자재나 같은 뜻이라고 보아 '관세음보살'이 바로 '관자재보살'이라고 보는 의견도 많이 있는 것 같다.

그러나 당(唐)나라 때 인도 마갈제국(摩竭堤國)의 승려 법월(法月)이 한문으로 번역한 반야심경에서는 관자재보살이 반야심경을 설하는 자리에 관세음보살, 문수사리보살, 미륵보살 등이 함께 계셨다고 적혀 있어 '관세음보살'과 '관자재보살'을 다른 분으로 설정하고 있다.

또한 반야심경의 내용이 모든 사람들에게 반야바라밀다 수행으로 반드시 해탈의 지혜를 완성할 것을 당부하고 있다는 점에서, 수행보다는 기도와 자비와 중생구제를 상징하는 '관세음보살'이 반야심경을 설하는 것으로 보는 것은 무리가 있어 보인다. 삼장법사 구마라집이 번역한 '관세음보살'을 삼장법사 현장이 굳이 '관자재보살'로 바꾸게 된 이유가 될지도 모를 일이다.

관세음보살은 고통을 받고 있는 중생이 간절하게 관세음보살 명호를 부르면 그 소리를 들으시고 대자대비(大慈大悲)한 마음으로 중생을 그 고통에서 벗어나도록 구제하고 이끌어준다는 보살이신데, 광세음(光世音), 관세음(觀世音), 관음(觀音) 등으로 번역되고 있다.

이처럼 자비와 중생구제를 대표하고 있는 관세음보살은 인도 남부에 있는 보타락가산(普陀洛伽山)에 머문다고 알려져 있는데 관음도량으로 유명한 우리나라 강원도 양양에 있는 낙산사(洛山寺)는 바로 보타**락가산**(普陀**洛伽山**)에서 절 이름을 따온 것이다.

　우리나라에는 관세음보살을 모신 관음 기도 도량이 전국적으로 많이 있는데, 그 중에서도 강화도의 보문사(普門寺)와 남해의 보리암(菩提庵), 양양의 낙산사(洛山寺)가 대표적인 기도처로 꼽히고 있다.

강원 양양
낙산사(洛山寺) 해수관음상

베트남 다낭
영응사(靈應寺) 해수관음상

〈 나무아미타불 관세음보살 〉

나무(南無)란, 산스크리트어인 나모(namo : 귀의한다, 돌아가 의지한다, 믿고 의지한다, 가르침을 따른다)를 그 소리 나는 음에 가까운 한자로 적은 음사어로서 한자로는 남무(南無)라 쓰고 우리말로는 나무라고 읽음.

따라서 "나무아미타불 관세음보살"은 아미타불과 관세음보살에 귀의한다, 아미타부처님과 관세음보살님께 돌아가 의지한다는 뜻이며 극락세계에 태어나고 싶다는 뜻이기도 함.

※ 아미타불 : 극락세계에 계시는 부처의 이름
　관세음보살 : 극락세계에 계시는 보살의 이름, 자비를 상징

반야심경은 석가모니 부처님이 열반하시고 500여 년이 지난 기원전 1세기에서 기원후 1세기 사이로 추정되는 시기에 산스크리트어로 편찬된 경전이므로 지금으로부터 2천여 년 전에 등장한 경전이다.

이 산스크리트어 반야심경이 한문으로 번역되어 전해져 오는 반야심경은 총 여덟 종이 있는데, 기원후 5세기경에 구마라집이 최초로 번역하였고, 현재 가장 많이 읽히고 있는 것은 기원후 7세기경에 현장법사가 번역한 반야심경이다.

이렇게 반야심경은 2천여 년 전에 등장하여 인도어에서 중국 한자로 번역되어 우리에게 전해져 온 것이다.

〈 한문으로 번역된 8종의 반야심경 〉

반야심경 제목	번역가	비고
① **마하반야바라밀대명주경** (摩訶般若波羅蜜大明呪經)	중국 5호 16국 시대 때 요진국(姚秦國)의 구마라집(鳩摩羅什)	약본 (소본)
② **반야바라밀다심경** (般若波羅蜜多心經)	당(唐)나라의 현장(玄奘)	약본 (소본)
③ **반야바라밀다심경** (般若波羅蜜多心經)	당(唐)나라의 의정(義淨)	약본 (소본)
④ **보편지장반야바라밀다심경** (普遍智藏般若波羅蜜多心經)	당(唐)나라 때 인도 마갈제국(摩竭堤國)의 법월(法月)	광본 (대본)
⑤ **반야바라밀다심경** (般若波羅蜜多心經)	당나라 때 계빈국(罽賓國)의 반야(般若), 이언(利言) 공동번역	광본 (대본)
⑥ **반야바라밀다심경** (般若波羅蜜多心經)	당(唐)나라 때 동천축국(東天竺國)의 법성(法成)	광본 (대본)
⑦ **반야바라밀다심경** (般若波羅蜜多心經)	당(唐)나라의 지혜륜(智慧輪)	광본 (대본)
⑧ **불설성불모반야바라밀다경** (佛說聖佛母般若波羅蜜多經)	송(宋)나라의 시호(施護)	광본 (대본)

그런데 대부분의 해설서에서는 반야심경 내용을 관자재보살의 수행담과 가르침으로 보아 '관자재보살'을 고유명사인 이름 즉 명호(名號 : 불보살의 이름을 가리키는 불교 용어)로서 주어(主語)로 해석해 '관자재보살이'라고 해석하고 있다.

그러나 필자는 반야심경에서의 '관자재보살'을 고유명사인 명호로 보지 않는 것이 타당하다고 본다.

왜냐하면 '관자재보살'을 고유명사인 명호로 볼 경우에는 주어가 되어 '관자재보살이 깊은 반야바라밀다를 행할 때'로 해석되므로, 반야심경 내용이 '석가모니 부처님'의 가르침이 아니라 '관자재보살'의 수행담과 가르침이 되어버려 다음과 같은 불합리하고 혼동스러운 점들이 발생하기 때문이다.

① 석가모니 부처님의 가르침을 담은 총 600권이나 되는 방대한 분량의 대승불교 경전인 『대반야바라밀다경』의 핵심 가르침을 압축하고 있을 뿐 아니라, 팔만대장경이라는 방대한 양의 석가모니 부처님 가르침을 관통하는 근본 진리와 지혜와 수행 방법 등 불교사상의 핵심을 함축하고 있다고 평가받고 있어, 종파를 초월하여 봉독되고 있으며 불자들이나 일반 대중들에게 가장 널리 알려져 있는 반야심경을 불교를 창시하시고 불교사상을 설하신 석가모니 부처님이 아니라 '관자재보살'이 최초로 말씀하시는 게 되어 반야심경의 위상과 가치를 제대로 알리는데 도움이 되지 않는다는 점.

② '아제아제 바라아제 바라승아제 모지 사바하'라는 반야심경의 다라니(주문)까지도 불교를 창시한 석가모니 부처님이 아니라 '관자재보살'이 지은 것이 된다는 점.

③ 반야바라밀다 수행 방법으로 오온이 공한 것을 비추어 보고 온갖 고통에서 벗어나게 되었다는 '관자재보살'이 과거·현재·미래의 모든 부처님들도 반야바라밀다 수행으로 가장 높고 완전한 바른 깨달음인 아뇩다라삼먁삼보리를 얻는다고 주장하는 것은 아직 부처의 경지에 이르러 보지 못해 부처의 경계를 알 수 없는 보살의 수준에서는 외람되다는 점.

④ 석가모니 부처님의 십대제자(十大弟子) 가운데서도 가장 으뜸인 수제자로서 지혜제일(智慧第一)이고, 석가모니 부처님의 외아들인 라훌라의 스승이며, 석가모니 부처님보다 연장자인 사리자(舍利子) 존자에게 석가모니 부처님도 아닌 관자재보살이 지혜를 완성해가는 반야바라밀다 수행의 방법과 효능에 대해 가르쳐 주는 모습은 사실성이 떨어진다는 점.

⑤ 지혜(智慧)가 제일(第一)이라고 칭송받는 사리자(舍利子) 존자에게 지혜를 완성해가는 반야바라밀다 수행의 방법과 효능에 대해 가르쳐 줄 정도로 수행력이 뛰어나 산스크리트어 원문에서 '거룩하신āryā 관자재보살avalokiteśvara bodhisattva'이라고 쓰여있을 정도의 '관자재보살' 명호가 반야심경과 천수경을 제외하고는 한문으로 번역된 다른 불경에 거의 등장하지 않아 불교역사상 실재한 분인지 불분명

하다는 점.

⑥ 석가모니 부처님이 열반하시고 500여 년이 지나서 산스크리트어로 기록되어 등장한 반야심경이 이후로 다시 400~500여 년 이상이 지나 한문으로 번역되는데, 한문으로 번역된 반야심경 중에서도 본론 내용만 기술되어 약본(略本) 또는 소본(小本)이라 불리는 구마라집 번역본이나 현장법사 번역본과 달리, 서론, 본론, 결론으로 기술되어 광본(廣本) 또는 대본(大本)이라 불리는 다른 번역본들에서는 석가모니 부처님께서 깊은 삼매에 들어 계신 가운데 사리자가 부처님의 불가사의한 힘에 이끌려 '관자재보살'에게 해탈의 지혜를 완성하는 수행을 어떤 방법으로 하여야 하는지를 묻게 되고, 이에 '관자재보살'이 수행 방법에 대해 사리자에게 설명을 해주게 되며, 삼매에서 깨어나신 부처님께서 '관자재보살'의 설명내용을 칭찬하시고 모두가 받들어 수행토록 하시는 내용 등이 추가되어 있음.

그러나 이러한 광본(또는 대본)의 보충 내용은 약본(또는 소본)에 나중에 추가된 것으로 추정되고 있으며, 사리자가 '관자재보살'에게 질문하게 된 것을 부처님의 불가사의한 힘에 이끌려서 질문하게 되었다는 등의 추가된 내용들이 어색하고 자연스럽지 못한 설정으로 보이는 것은 관자재보살을 주어로 해석하는데 따른 문제들을 인식하여 무리하게 보완하려고 한 때문으로 보인다는 점.

따라서 반야심경은 '관자재보살'의 수행담과 가르침이 아니라 석가모니 부처님께서 탐진치 번뇌와 고통으로부터 해탈할 수 있는 지혜를 완성해가는 반야바라밀다 수행의 방법과 그 효능에 대해 직접 설명해 주시며 수행에 힘쓸 것을 당부하시는 가르침으로 보는 것이 타당하다고 본다. 반야심경에서 말씀하시는 화자(話者)는 관자재보살이 아니라 석가모니 부처님으로 보아야 한다는 것이다.

그러기 위해서는 '관자재보살~도일체고액' 부분에서 '관자재보살'을 이름 즉 명호에 해당하는 주어(主語)로 해석할 것이 아니라, 석가모니 부처님께서 우리들에게 말씀하시는 술어(述語) 동사로 시작하는 문장으로 해석하여야 반야심경의 전체 내용도 복잡해지지 않고 자연스럽게 되고 남의 얘기가 아니라 나의 얘기가 되며 석가모니 부처님의 당부 말씀도 제대로 전달되게 된다.

'관자재보살'을 고유명사인 명호로서 주어로 해석하면 '관자재보살이'로 해석되지만, '관자재보살'을 술어 동사(관觀)로 시작하는 하나의 문장으로 해석하면, 관〔觀 : (마음의 눈으로) 관하라, 보아라〕+자재(自在 : 자기 안에 있는, 자기 안에 있음)+보살(菩薩 : 보살을, 보살이)의 뜻이 되므로 종합하면, "자기 안에 있는 보살을 보라" 또는 "자기 안에 보살이 있음을 보라"는 석가모니 부처님의 말씀이 되는 것이다.

따라서 반야심경은 석가모니 부처님께서 우리들에게 "보살은 자기 밖에 있는 것이 아니라 자기 안에 있는 것이니 누구나 자기 자신이 부처가 될 수 있는 보살이라는 사실을 잊지 말고 본래의 자기인 보살이 되고 부처가 되어 대자대비한 마음으로 살아갈 수 있도록 열심히 반야바라밀다 수행을 정진하라"고 당부하시는 내용이 되는 것이다. 그래서 '내 몸이 곧 법당'이라는 말도 있는 것이고, 절에서도 신도님들을 보살님이라 부르지 않는가?

마찬가지로, 다음 구절인 '행심반야바라밀다시(行深般若波羅密多時)'도 관자재보살을 주어로 해석하면 '(관자재보살이) 깊은 반야바라밀다를 행할 때'로 해석이 되지만, 술어 동사(행行)로 시작하는 하나의 문장으로 해석하면, 행(行 : 행하라)+심(深 : 깊이)+반야바라밀다(般若波羅密多 : 반야바라밀다 수행을)+시(時 : 때때로)의 뜻이 되므로 종합하면, "반야바라밀다 수행을 때때로 깊이 행하여 보라"는 석가모니 부처님의 말씀이 되는 것이다.

그 다음 구절인 '조견오온개공 도일체고액(照見五蘊皆空 度一切苦厄)'도 관자재보살을 주어로 해석하면 '(관자재보살이) 오온이 공한 것을 비추어 보고 온갖 고통에서 건너느니라'로 해석이 되지만, 술어 동사(조견照見, 도度)로 시작하는 2개의 문장으로 해석하면, 조견(照見 : 조견하라, 꿰뚫어 보라, 관찰하라)+오온(五蘊 : 오온이)+개(皆 : 다, 모두)+공(空 : 공한 것임을)의 문장과 도(度 : 건너라, 벗어나라)+일체(一切 : 일체의, 모든)+고액(苦厄 : 고통과 액운을)의 문장이 되므로 이 2개의 문장을 종합하면, "오온이 다 공한 것임을 조견하여 꿰뚫어 보라. 그리함으로써 일체의 모든 고통과 액운에서 벗어나라"는 석가모니 부처님의 말씀이 되는 것이다.

기존의 해설	필자의 해설
관자재보살님의 수행담과 가르침	석가모니 부처님의 가르침
관자재보살이	자기 안에 있는 보살을 보라.
깊은 반야바라밀다를 행할 때	(그리고) 반야바라밀다 수행을 때때로 깊이 행하여 보라.
오온이 공한 것을 비추어 보고	(그리하여) 오온이 다 공한 것임을 조견하여 꿰뚫어 보라.
온갖 고통에서 건너느니라.	(그리함으로써) 일체의 모든 고통과 액운에서 벗어나라.

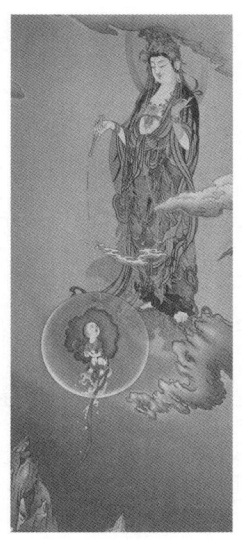

 인생은 자기 안에 있는 본래의 자기 자신인 보살이 되고 부처가 되기 위한 과정이라고 할 수 있다. 즉 자기 안에 있는 불성(佛性)

을 회복하여 자기 본래의 보살이 되고 부처가 되어 성불(成佛)하는 것이 인생 삶의 최고 목적인 것이다.

불교는 이렇게 자기 자신을 알아가고 만나고 하나가 되는 길을 알려주는 종교다. 자기 안에 있는 본래의 자기 자신인 보살과 대화하고 교감하며 사는 인생은 외롭지 않은 것이다. 외로움은 자기 안에 자기가 없기 때문에 생기는 것이다.

어느 법회에선가, 관세음보살님은 우리의 마음밖에 다른 곳에 계시지 않고 항상 우리 마음속에 계시므로, 아무리 어려운 고난에 처하더라도 관세음보살 세 번만 부르면 관세음보살을 부르는 그 마음 한가운데에 관세음보살님이 함께 하셔서 고난을 벗어나게 해주고 소망하는 바를 이루도록 이끌어주신다고 법문하신 것을 읽어본 적이 있다.

석가모니 부처님께서도 일체중생 실유불성(一切衆生 悉有佛性) 즉 모든 중생들은 남녀노소, 빈부귀천 차별없이 누구나 부처의 성품인 불성(佛性)을 지니고 있어, 자기 자신을 등불로 삼고(자등명自燈明), 자기 자신을 의지하며(자귀의自歸依) 수행을 정진하면 누구나 해탈의 지혜를 얻어 천상천하 유아독존(天上天下 唯我獨尊)인 부처가 될 수 있으니 자기 내면의 붓다를 알아차려라. 깨어나라고 가르치셨다. 자기 안에 지니고 있는 불성을 스스로 밝혀 회복해 나가는 것이 수행인 것이다.

모든 보살님과 모든 부처님도 처음에는 우리와 똑같은 중생이셨다. 다만, 수행정진을 통해 살아서 보살이 되고 부처가 되신 것이다. 그러므로 바다를 바라보며 서 계시는 해수관음상도, 대웅전 안에 모셔져 있는 불상도 사실은 우리들 본래의 모습이라 할 수 있다. 아직 중생인 우리가 경배해야 하는 대상인 동시에 우리 각자가 수행정진을 통해 찾아야 하는 자신의 참모습이기도 한 것이다.

○ 관(觀) : 볼 관(사물을 잘 주의하여 봄, 생각하여 봄)
　- 관(觀) : 볼 관(마음의 눈으로 보는 것)
　※ 간(看) : 볼 간(육안으로 보는 것)
○ 자(自) : 스스로 자, 자기 자
○ 재(在) : 있을 재
○ 보살(菩薩) : '깨달음을 추구하는 중생' 또는 '깨달은 중생'이라는 뜻으로, 부처의 다음가는 지위에 있는 성인을 일컬음
　- 보(菩) : 보살 보, 보리(菩提) 보
　- 살(薩) : 보살 살
○ 행(行) : 행할 행
○ 심(深) : 깊을 심
○ 시(時) : 때 시, 때때로 시
○ 개(皆) : 다 개, 모두 개
○ 공(空) : 빌 공, 하늘 공
○ 도(度) : 건널 도(제도濟度 : 부처의 불법으로써 일체 중생을 번뇌의 고해에서 건져 극락세계로 인도하여 줌을 이

르는 말)
○ 일체(一切) : 모든 것, 온갖 사물
　- 일(一) : 한 일
　- 체(切) : 모두 체, 온통 체
○ 고(苦) : 괴로울 고
○ 액(厄) : 재앙 액, 액운 액

④ 행심반야바라밀다시(行深般若波羅密多時)

대한불교조계종 해설	필자 해설
(관자재보살이) 깊은 반야바라밀다를 행할 때,	그리고 반야바라밀다 수행을 때때로 깊이 행하여 보라.

　대부분의 해설서에서는 반야바라밀다(prajñā-pāramitā, 般若波羅蜜多)에 대한 구체적인 해석이 없는 편이나, 필자는 반야바라밀다가 '지혜의 완성', '지혜로써 피안에 도달함' 등의 의미를 가지고 있으므로, 사바세계의 탐진치 번뇌와 고통에서 벗어나 해탈할 수 있는 지혜를 완성해가는 수행 방법을 의미하는 것으로 본다.

　그러므로 반야바라밀다 수행 방법이란, 무지를 없애는 연기법, 십이연기, 사성제, 팔정도의 진리를 토대로 타당한 이치로써 관찰하는 조건을 통해, 오온이 작용해서 일어난 결과인 자신의 몸과 마음의 상태를 깊이 관찰하여 고통의 원인인 무명의 어리석음을 없애는 방법으로 해탈의 지혜를 완성해감으로써 탐진치 번뇌로 인한 고통에서 벗어나 해탈하여 보살이 되고 부처가 될 수 있는 성불(成佛)의 수행 방법이라고 본다.

또한 '행심반야바라밀다시(行深般若波羅密多時)' 구절의 맨 끝에 있는 '시(時)'에 대해서도 대부분의 해설서에서는 '~~때에'로 해석하고 있으나 필자는 '때때로'라고 해석하는 것이 맞다고 본다.

논어 학이편에서도 '자왈, 학이**시습**지면 불역열호아(子曰, 學而**時習**之면 不亦說乎아)'의 경우 '시습時習'을 '때때로 익힘'으로 해석하여, '공자께서 말씀하셨다. 배우고 때때로 익히면 또한 기쁘지 아니한가!' 라고 해석하고 있기 때문이다.

학문이라는 것이 하나하나 알아가는 즐거움, 하나하나 내 것으로 만들어가는 기쁨이 있는 것처럼, 수행도 내가 내 힘으로 나를 치유하여 고통을 없애고 행복하게 하는 길이니 즐겁고 기쁜 일이다.

따라서 수행을 필사즉생(必死則生 : 죽기를 각오하면 살아남을 수 있음)의 비장한 각오로 고행하듯이 하는 것도 좋겠지만, 중도적인 균형을 유지하며 형편에 맞게 언제 어디서나 때때로라도 즐거운 마음으로 자유롭게 하는 것이 심신을 지치지 않게 하고 수행을 생활화할 수 있어 더 나을 수도 있는 것이다.

그래서 논어 옹야편에서도 '자왈, 지지자 불여 호지자, 호지자 불여 낙지자'(子曰, 知之者 不如 好之者 好之者 不如 樂之者)라고 하여 '(학문 등을 함에 있어서) 아는 사람은 그것을 좋아하는 사람만 못하고, 좋아하는 사람은 그것을 즐기는 사람만 못하다'라고 공자께서 말씀하고 계시는 것이다.

⑤ 조견오온개공 도일체고액(照見五蘊皆空 度一切苦厄)

대한불교조계종 해설	필자 해설
오온이 공한 것을 비추어 보고 온갖 고통에서 건너느니라	그리하여 오온이 다 공한 것임을 조견하여 꿰뚫어 보라. 그리함으로써 일체의 모든 고통과 액운에서 벗어나라.

조견(照見)이란, 산스크리트어인 '뷔아바로카야티 스마(vyavalokayati sma)'를 한문으로 번역한 용어인데, '뷔아바로카야티 스마(vyavalokayati sma)'의 의미를 살펴보면 뷔(vy : 낱낱이)+아바로카야티(avalokayati : 두루 관찰하다)+스마(sma : 확실히)의 뜻을 가지고 있다.

그리고 이 '뷔아바로카야티 스마(vyavalokayati sma)'를 한문으로 번역한 용어인 '조견(照見)'은 한자로 비출 조, 햇빛 조照와 볼 견見으로서, '비추어 보다', '빛을 환하게 비추어 모든 실체가 낱낱이 드러나게 보다', '근본 밑바탕까지 확실히 꿰뚫어 비추어 보다', '꿰뚫어 보다' 등의 의미를 담고 있다.

이 '조견'이란 단어가 처음으로 들어간 한문 반야심경은, 산스크리트어로 된 반야심경을 최초로 한문으로 번역한 삼장법사 구마라집 스님의 반야심경이다. 그러다 보니 이후에 번역된 다른 한문 반야심경에서도 '조견'이란 단어를 계속해서 사용하게 된 것 같다.

그런데 '조견'이란 단어의 의미가 어렵고 애매하여 명확하지 않아서 그랬는지 한문으로 번역된 8종의 반야심경 중에서 당(唐)나라 때 동천축국(東天竺國)의 법성(法成)이 번역한 반야심경에서는 '조견(照見)' 앞에 '관찰(觀察)'을 붙여 '관찰조견(觀察照見)'으로 번역하였고, 송(宋)나라의 시호(施護)가 번역한 반야심경에서는 '조견(照見)'을 '관견(觀見)'으로 번역하여 그 의미가 '관찰하여 보는 것'이라는 점을 강조하고 있다.

※ **관찰**(볼 관觀, 살필 찰察) : 사물의 있는 그대로의 현상을 주의 깊게 살펴 봄.

이러한 '조견'에 대하여 대부분의 해설서에서는 구체적인 해석이 없는 편이나, 필자는 조견이 '빛을 환하게 비추어 모든 실체가 낱낱이 드러나게 보다', '근본 밑바탕까지 확실히 꿰뚫어 비추어 보다' 등의 의미를 가지고 있으므로, 무지를 없애는 연기법, 십이연기, 사성제, 팔정도의 진리를 토대로 타당한 이치로써 오온의 상태를 깊이 관찰하여 오온의 작용으로 이루어진 그릇된 허상이 다 공하다는 사실을 깨달아 그동안 오온이 작용해서 일어난 허상에 가려져 있던 실상을 꿰뚫어 보는 수행 방법을 조견이라고 본다.

그러므로 조견이란, 석가모니 부처님의 핵심 가르침인 연기법, 십이연기, 사성제의 진리와 팔정도의 8가지 실천 수행 방법을 통해, 오온이 작용해서 일어난 결과인 자신의 몸과 마음의 상태는 물론 우주만물의 존재 상태를 깊이 관찰하여 모든 사람과 사물과 현상이 어떤 방식으로 생겨나고 사라지는지에 대한 법칙과 원리를 이치에 맞게 탐구해 탐진치 번뇌를 제거하는데 적용해 봄으로써 자신의 해탈의 지혜를 완성해가는 반야바라밀다 수행의 구체적인 수행 방법이라고 할 수 있는 것이다.

예컨대, 현재 자신에게 고통을 안겨 주고 있는 어떤 대상이나 현상이 있다면, 육안(肉眼)인 눈을 통한 외부 관찰은 물론 심안(心眼)인 마음의 눈을 통한 내면 관찰로 그 고통이 일어나게 된 근본 원인이 무엇인지를 석가모니 부처님의 가르침을 토대로 이치에 따라 깊이 관찰하고 생각하여 명확히 알아내야 한다.

그리고 그 고통이 일어나게 된 근본 원인을 제거할 수 있는 논리나 방법을 이치에 맞게 연구해 적용하여 고통의 원인을 제거함으로써 그 고통의 원인으로 인하여 생겨난 가짜 모습인 허상을 걷어내어 그동안 허상에 가려져 있던 진짜 모습인 본래의 실상을 정확하게 꿰뚫어 보는 것을 '조견'이라 할 수 있는 것이다.

따라서 조견은 쾌락이나 고행에 치우치지 않는 중도(中道)의 수행 방법인 팔정도 중에서 사람과 사물과 현상 등을 편견(偏見)으로 왜곡하지 않고 이치에 맞게 본래의 있는 그대로 바라보는 정견(正見)을 의미하기도 하는 것이다.

여기서 오온(五蘊)은 물질적·육체적 요소인 색(色)과 정신적 요소인 수(受)·상(想)·행(行)·식(識)의 4온을 합쳐서 부르는 말인데, 불교에서 인간이라는 존재는 색수상행식(色受想行識)의 오온이 잠시 모여 이루어진 오온 덩어리에 불과하다.

※ **오온**(다섯 오五, 쌓을 온蘊) : 색(색 색色)·수(받을 수受)·상(생각할 상想)·행(행할 행行)·식(알 식, 깨달을 식識)

색수상행식의 오온 중에서, 색(色)은 인간으로 말하면 몸이요. 몸은 지수화풍(地水火風)이라는 4가지 기본요소가 모여 만들어진 사지육신(四肢肉身)의 허우대(몸집을 말함)를 말하는데, 인간으로 태어나 생로병사의 과정을 거치며 고통을 겪다가 생명이 다하여 죽게 되면 다시 흩어져 한 줌 흙이 되어 지수화풍으로 돌아가게 된다.

오온 중에서, 수상행식(受想行識)은 수→상→행→식의 단계별 인식 과정을 통해 인간의 마음에 작용하는데 인간의 몸에 매여 있어 영원할 수 없기에 몸이 생명을 다하면 함께 사라지게 된다.

그래서 인간을 혼(넋 혼魂 : 정신을 주관하는 정기)과 백(넋 백魄 : 육체를 주관하는 정기)으로 이루어져 있다고 하고, 인간이 죽으면 정신인 혼은 날아가고 육체인 백은 흩어진다는 혼비백산(넋 혼魂, 날 비飛, 넋 백魄, 흩어질 산散)이라는 말이 있는 것이다.

이와 같이 색수상행식의 오온으로 이루어진 존재인 인간의 몸과 마음은 인간이 죽으면 공(空)의 상태로 돌아가지만, 죽는다고 고통이 영원히 사라지고 모든 것이 끝나는 게 아니다. 자기가 쌓은 업장을 인연으로 하여 또다시 육도를 윤회하며 생로병사를 반복해야 하기 때문이다.

석가모니 부처님께서도 우주의 진리인 연기법(緣起法)을 깨달으신 후, 중생들이 무지(無知)하여 고통이 어떠한 원인과 과정을 거쳐 생겨나고 어떻게 계속되는지에 대한 진리인 십이연기(十二緣起)를 알지 못해 억만 겁의 세월동안 반복되는 생·사의 육도윤회(六道輪廻) 속에서 전전하면서도 탐진치 번뇌와 고통과 윤회에서 벗어날 생각조차 못하고 있다고 한탄하시며, 탐진치 번뇌와 고통과 윤회의 순환을 끊고 해탈하기를 신신 당부하셨다.

따라서 인간으로 살아있는 지금, 여기, 현재의 삶 속에서 탐진치 번뇌와 고통과 윤회의 순환을 끊고 해탈하여 열반에 이르기 위한 수행에 힘쓰는 것이야말로 인생에 있어서 가장 이익되고 가치있는 삶인 것이다. 모든 보살님과 부처님도 처음에는 우리와 똑같은 중생이었지만 수행정진을 통해 생전에 보살이 되고 부처가 되신 것이다.

그래서 석가모니 부처님께서도 연기법과 십이연기, 사성제와 팔정도의 법을 등불로 삼고(법등명法燈明) 그 법을 의지하되(법귀의法歸依) 자기 자신을 등불로 삼고(자등명自燈明), 자기 자신을 의지하며(자귀의自歸依) 오온을 관찰하는 조견을 통해 해탈의 지혜를 완성하는 반야바라밀다 수행을 정진하면 누구나 현재의 살아있는 삶 속에서 해탈의 지혜를 얻을 수 있다고 가르치신 것이다.

그러므로 무지를 없애는 연기법과 십이연기, 사성제와 팔정도의 진리를 토대로 타당한 이치로써 관찰하여 해탈의 지혜를 완성해가는 반야바라밀다 수행 방법인 조견(照見)을 통해 오온(五蘊)의 상태를 깊이 관찰해야 하는 것이다.

그리하면 무지로 인한 무명(無明)의 어리석음에서 벗어날 수 있게 되어 그동안 무지와 무명의 어리석음 때문에 생긴 탐진치 번뇌가 사라지게 되고, 탐진치 번뇌가 사라지니 탐진치 번뇌로 인한 그릇된 상상이나 연상이나 회상 등의 망상을 하지 않게 되어, 그릇된 상상이나 연상이나 회상 등의 망상이 오온에 작용하여 생기는 그릇된 인식 때문에 몸과 마음에서 일어나는 현상인 그릇된 허상도 사라지게 되며, 그릇된 허상이 사라지니 그 그릇된 허상이 일어나기 전에 있던 그대로의 존재의 본래 모습인 실상이 드러나게 되는 청정한 공(空)의 상태로 돌아가게 되는 것을 꿰뚫어 볼 수 있게 되는 것이다.

그렇게 그릇된 허상이 사라지고 실상만이 남은 상태인 공의 상태로 돌아가게 됨으로써 그동안 탐진치 번뇌로 인한 그릇된 상상이나 연상이나 회상 등의 망상에 의한 그릇된 인식 때문에 일어난 그릇된 허상에 집착하게 되어 생긴 일체의 모든 고통과 액운에서 벗어나 해탈하여 열반에 이를 수 있게 된다는 가르침이 바로 조견오온개공(照見五蘊皆空) 도일체고액(度一切苦厄)인 것이다.

"인생은 나그네 길 어디서 왔다가 어디로 가는가?"라는 노래 가사처럼 오온으로 이루어진 존재인 인간은 본래 이 세상에 없었는데 연기법의 인연에 따라 오온이 임시로 모여 어느 날 이 세상에 태어나게 된 존재이고 세월이 흐르다 보면 다시 흩어져 한 줌 흙이 되어 이 세상에서 없어질 존재이므로 근본적으로는 있다가도 없고 없다가도 있는 물거품과도 같은 존재에 불과한 것이다.

따라서 오온의 작용으로 이루어지는 몸과 마음은 근본적으로 모두 허상에 불과한 것이지만, 비록 오온이 작용하여 일어난 결과인 허상일지라도 탐진치 삼독에 오염이 되지 않아 부처님 성품인 불성(佛性)과 부처님의 가르침인 팔정도에 어긋나지 않는 허상들(예컨대, 자연과 교감하거나 자기 신체의 기초적인 건강과 안전을 돌보거나 선업과 공덕같이 세상을 이롭게 하는 생각과 행동 등)은 그릇된 허상이 아니기 때문에 나에게 탐진치 번뇌와 고통을 일으키지 않는다.

반면에 오온으로 이루어진 허상들 중에 탐진치 삼독에 오염이 되어 부처님 성품인 불성과 부처님의 가르침인 팔정도에 맞지 않아 나를 괴롭히고 세상을 해롭게 하는 그릇된 허상들은 연기법에 따라 나를 탐진치 번뇌와 고통과 윤회의 순환에 빠뜨리므로 없애버려야 하는 것이다.

그러므로 탐진치 번뇌로 인한 그릇된 허상들이 없어져 비워진 상태가 바로 우리가 인생에서 살면서 수행으로 도달해야 할 공(空)의 상태인 것이지 오온으로 이루어진 것이라 하여 모두 다 없애버려야 공(空)의 상태가 된다고 하는 것은 의미가 없는 것이다.

오온으로 이루어진 것이라 하여 모두 다 없애버려야 비로소 공의 상태가 된다면 죽기 전에는 달성할 수 없는 행위가 되는 것이므로, 선업과 공덕을 쌓거나 해탈할 수 있는 기회인 삶을 포기하고 죽어 없어져야 공의 상태가 된다고 하는 것은, 석가모니 부처님이 팔정도의 정명(正命)에서 "바른 직업으로 떳떳하고 바르게 생계를 이어 바르게 생명을 유지하라"고 말씀하신 가르침과 금강경의 장엄정토분에서 "청정심을 내려면 색성향미촉법에 집착함이 없도록 마음을 내라"고 말씀하신 가르침에도 맞지 않을 뿐 아니라, 연기법의 진리에 따른 육도윤회의 고통을 망각한 무명의 어리석은 생각에 불과하기 때문이다.

따라서 탐진치 번뇌가 소멸된 상태를 공이라 하는 것이므로 공은 부처님 성품으로 의식수준을 회복하는 것이지 덧없는 허무(빌 허虛, 없을 무無 : 아무것도 없이 텅빔)한 상태로 떨어지는 것이 아닌 것이다.

　수행은 살아있는 자만이 할 수 있는 특권이므로 살아있음을 전제로 수행을 함에 있어서 불성과 팔정도에 어긋나지 않는 허상은 그릇된 허상이 아니기 때문이다.

　즉 순도(純度)의 차이는 있을지라도 오온의 작용으로 만들어져 고통을 주던 그릇된 허상들이 사라지고 불성과 부처님의 가르침인 팔정도에 맞게 된 상태 즉 어린아기와 같이 티없이 순수하고 천진난만하며 자연스러워진 청정한 마음 상태가 바로 공의 상태라 할 수 있는 것이다.

　그러므로 고통의 원인이 되는 탐진치 번뇌로 인한 그릇된 상상이나 연상이나 회상 등의 망상이 오온에 작용하여 생긴 그릇된 인식 때문에 만들어진 현상인 그릇된 허상이 없어져 공한 상태가 되면, 저절로 내안의 태양과 같은 부처님 성품이 밝고 환하게 드러나 그 그릇된 허상이 일어나기 전에 있던 그대로의 존재의 본래 모습인 실상을 볼 수 있게 되는 것이다.

　석가모니 부처님께서도 오온으로 이루어진 살아있는 인간으로서 삶을 영위하며 쾌락주의와 고행주의가 아니라 오온을 잘 관리하는 중도(中道)의 수행 방법으로 해탈의 깨달음을 얻어 성불할 수 있음을 보여주셨기 때문에, 우리도 석가모니 부처님처럼 이 삶 속에서 반야바라밀다 수행을 통해 해탈의 깨달음을 얻을 수 있는 것이다.

조견오온개공(照見五蘊皆空 : 오온이 다 공한 것임을 조견하여 꿰뚫어 보라)은 반야심경에서 석가모니 부처님이 우리들에게 탐진치 번뇌와 고통에서 벗어나 해탈할 수 있는 반야바라밀다 수행방법인 조견 방법을 알려주시며, 조견하여 탐진치 번뇌의 실체를 알고 보면 다 공한 허상에 불과하다는 사실을 꿰뚫어 보아 해탈의 지혜를 완성할 것을 신신당부하신 핵심 가르침이다.

우리도 주어진 인생의 시간이 다 흘러가 버리기 전에 어서어서 조견오온개공하여 사바세계의 탐진치 번뇌와 고통에서 벗어날 수 있는 해탈의 지혜를 성취하자!

〈 나옹선사 : 1320~1376 〉

청산은 나를 보고 말없이 살라하고
창공은 나를 보고 티없이 살라하네
탐욕도 벗어놓고 성냄도 벗어놓고
물처럼 바람처럼 살다가 가라하네

⑥ **사리자 색불이공 공불이색 색즉시공 공즉시색 수상행식 역부여시(舍利子 色不異空 空不異色 色卽是空 空卽是色 受想行識 亦復如是)**

대한불교조계종 해설	필자 해설
사리자여! 색이 공과 다르지 않고 공이 색과 다르지 않으며, 색이 곧 공이요 공이 곧 색이니, 수 상 행 식도 그러하니라.	사리자야, 무지(無知)를 없애는 연기법, 십이연기, 사성제, 팔정도의 진리를 토대로 타당한 이치로써 관찰하여 해탈의 지혜를 완성해가는 반야바라밀다 수행 방법인 조견(照見)을 통해 오온의 상태를 깊이 관찰해 보아라. 그리하면 무지로 인한 무명(無明)의 어리석음에서 벗어날 수 있게 되어 무명의 어리석음 때문에 생기는 탐진치(貪瞋癡) 번뇌가 사라지게 되고, 탐진치 번뇌가 사라지니 탐진치 번뇌로 인한 그릇된 상상(想像)이나 연상(聯想)이나 회상(回想) 등의 망상(妄想)을 하지 않게 되어, 그릇된 상상이나 연상이나 회상 등의 망상이 오온에 작용하여 몸과 마음에서 일어나는 현상인 그릇된 허상(虛像)도 사라지게 되며, 그릇된 허상이 사라지니 그 그릇된 허상이 일어나기 전에 있던 그대로의 존재의 본래 모습인 실상(實相)이 드러나게 되는 청정한 공(空)의 상태로 돌아가게 됨을 꿰뚫어 볼 수 있게 되느니라.

> 이와 같이 조견을 통해 오온의 상태를 깊이 관찰해 보면, 그릇된 상상이나 연상이나 회상 등의 망상이 오온에 작용하여 일어나는 그릇된 허상이 몸과 마음에서 완전히 사라지게 되어 청정한 공의 상태로 돌아가기 마련이므로, 그릇된 허상인 색(色)의 상태와 공의 상태가 다르지 않고, 공의 상태와 색의 상태가 다르지 않은 것이다. 따라서 색의 상태가 곧 공의 상태요. 공의 상태가 곧 색의 상태가 되는 것이니라.
>
> 수상행식(受想行識)의 경우에도 그러하니, 그릇된 허상인 수상행식의 상태와 공의 상태가 다르지 않고, 공의 상태와 수상행식의 상태가 다르지 않은 것이다. 따라서 수상행식의 상태가 곧 공의 상태요. 공의 상태가 곧 수상행식의 상태가 되는 것이니라.

고통의 근본 원인이 되는 무지(無知 : 아는 것이 없음)란, 모든 것은 인연따라 생겨났다가 인연이 다하면 사라지므로 인연의 원인을 제거하면 인연의 결과도 사라진다는 석가모니 부처님의 가르침인 연기법(緣起法), 십이연기(十二緣起), 사성제(四聖諦), 팔정도(八正道)의 진리를 모르는 것을 말하는데, 이렇게 석가모니 부처님의 가르침을 알지 못하는 무지 때문에 지혜가 어두워져 무명(無明 : 밝음이 없음)인 상태가 되는 것이고, 무명으로 인해 어리석음이 일어나게 되는 것이며, 어리석음 때문에 탐진치 번뇌가 생기게 되는 것이다.

그리고 이 탐진치 번뇌로 인한 그릇된 상상(想像)이나 연상(聯想)이나 회상(回想) 등의 망상이 오온(五蘊)에 작용하게 되어 수(受)→상(想)→행(行)→식(識)의 인식 과정을 거쳐 생긴 그릇된 인식 때문에 몸과 마음에서 일어나게 되는 현상인 그릇된 허상(虛像)이 생겨나게 되는 것이며, 무지와 무명의 어리석음 때문에 그 그릇된 허상에 집착을 하게 됨으로써, 그 어리석은 집착의 결과로 고통이 생겨나게 되는 것이다.

이렇게 무지와 무명과 탐진치 번뇌로 인해 고통이 생겨나는 구체적인 과정을 연기법에 따라 원인과 결과의 12가지 단계로 설명한 것이 십이연기설(十二緣起說)인데, 이 12가지 단계가 생사를 반복하며 돌고 도는 것이 바로 '윤회'인 것이며, 이 십이연기의 고통과 윤회를 끊는 방법이 사성제와 팔정도인 것이다.

따라서 탐진치 번뇌와 고통과 윤회를 끊고 해탈하려면 연기법, 십이연기, 사성제, 팔정도의 진리를 공부하고 수행하여 고통의 근본 원인이 되는 무지를 없애버려야 하는 것이다.

그리하여 무지를 없애는 연기법과 십이연기, 사성제와 팔정도의 진리를 토대로 타당한 이치로써 관찰하여 해탈의 지혜를 완성해가는 반야바라밀다 수행 방법인 조견(照見)을 통해 오온의 상태를 깊이 관찰해보면, 다음과 같은 이치로 오온의 실상이 다 공하다는 사실을 깨닫게 되어 일체의 고통과 액운에서 벗어나 해탈하게 되는 것이다.

석가모니 부처님의 핵심 가르침인 연기법과 십이연기, 사성제와 팔정도의 진리를 공부하고 수행하여 무지가 없어지게 되면 무지로 인해 일어나는 무명도 없게 되는 것이고, 무명이 없으면 무명 때문에 일어나는 어리석음도 없게 되는 것이고, 어리석음이 없으면 어리석음 때문에 일어나는 탐진치 번뇌도 없게 되는 것이고, 탐진치 번뇌가 없으면 탐진치 번뇌 때문에 일어나는 그릇된 상상이나 연상이나 회상 등의 망상도 없게 되는 것이고, 그릇된 상상이나 연상이나 회상 등의 망상이 없으면 육근과 육경과 육식의 열여덟 가지 인식 영역인 십팔계에서도 그릇된 상상이나 연상이나 회상 등의 망상에 의한 인식 작용이 없게 되는 것이고, 십팔계의 이러한 인식 작용이 없으면 오온인 수의 작용 또한 없게 되는 것이고, 수의 작용이 없으면 상의 작용 또한 없게 되는 것이고, 상의 작용이 없으면 행의 작용 또한 없게 되는 것이고, 행의 작용이 없으면 식의 작용 또한 없게 되는 것이고, 식의 작용이 없으면 허상인 아상(我相)이란게 생기지 않게 되는 것이고, 아상(我相)이 생기지 않아 무아(無我)가 되면 무지와 무명의 어리석음 때문에 생기는 탐진치 번뇌로 인한 그릇된 상상이나 연상이나 회상 등의 망상을 하지 않게 되어, 탐진치 번뇌로 인한 그릇된 상상이나 연상이나 회상 등의 망상이 오온에 작용하여 생기는 그릇된 인식 때문에 몸과 마음에서 일어나는 현상인 그릇된 허상이 더 이상 만들어지지 않게 됨으로써, 그 그릇된 허상이 일어나기 전에 있던 그대로의 존재의 본래 모습인 실상(實相)이 드러나게 되는 청정한 공(空)의 상태로 돌아가게 되는 것이다.

그렇게 그릇된 허상이 사라지고 실상만이 남은 상태인 공의 상태로 돌아가게 됨으로써, 그동안 탐진치 번뇌로 인한 그릇된 상상이나 연상이나 회상 등의 망상에 의한 그릇된 인식 때문에 일어난 그릇된 허상에 집착하게 되어 생긴 일체의 모든 고통과 액운에서 벗어나 해탈하여 열반에 이를 수 있게 되는 것이다.

이와 같이 반야바라밀다 수행 방법인 조견을 통해 오온의 상태를 깊이 관찰해 보면, 탐진치 번뇌로 인한 그릇된 상상이나 연상이나 회상 등의 망상이 오온에 작용하여 생긴 그릇된 인식 때문에 만들어진 현상인 그릇된 허상이 몸과 마음에서 사라지게 되어 공의 상태로 돌아가기 마련이므로 그릇된 허상인 색(色)의 상태와 공의 상태가 다르지 않고 공의 상태와 색의 상태가 다르지 않은 것이다. 따라서 색의 상태가 곧 공의 상태요. 공의 상태가 곧 색의 상태가 되는 것이다.

수상행식(受想行識)의 경우에도 그러하니, 그릇된 허상인 수상행식의 상태와 공의 상태가 다르지 않고 공의 상태와 수상행식의 상태가 다르지 않은 것이다. 따라서 수상행식의 상태가 곧 공의 상태요. 공의 상태가 곧 수상행식의 상태가 되는 것이다.

그러므로 무지와 무명의 어리석음 때문에 생기는 탐진치 번뇌가 색수상행식의 오온에 끼어들지 않으면 오온이 작용하더라도 나에게 탐진치 번뇌와 고통을 일으키지 않아 문제가 되지 않는다.

다만 탐진치 번뇌가 끼어든 채 오온이 작용하여 탐진치 번뇌에 물든 그릇된 허상이 생겨나게 되고 무지와 무명의 어리석음 때문에 그 그릇된 허상에 집착을 하게 되어 본래의 대상을 있는 그대로의 모습인 실상으로 볼 수 없게 됨으로써 탐진치 번뇌와 불성 간의 부딪힘에서 일어나는 마음의 교란으로 고통이 시작되므로 문제가 되는 것이다.

그러므로 마음에서 탐진치 번뇌로 인한 그릇된 허상을 없애야 실상을 볼 수 있는 것이다. 마음에서 탐진치 번뇌로 인한 그릇된 허상이 사라지고 실상만이 남은 상태가 공의 상태인 것이다. 마음속에 탐진치 번뇌가 하나도 남지 않아 텅 빈 상태가 바로 청정한 마음인 공의 상태인 것이다.

이처럼 탐진치 번뇌가 모든 고통과 불행의 원흉이니 서로서로 탐진치를 자극하지도 말고 자극받지도 말자! 마음에서 탐진치를 비우자! 탐진치를 없애 버리자!

○ 사리자(舍利子) : 부처님의 10대 제자 중 지혜 제일의 사리불을 가리키는 말
 - 사(舍) : 집 사
 - 리(利) : 이로울 리, 편리할 리, 날카로울 리
 - 자(子) : 아들 자, 자식 자

- 색(色) : 색 색
- 불(不) : 아닐 불, 아니 부
- 이(異) : 다를 이
- 즉(卽) : 곧 즉, 즉 즉
- 시(是) : 이 시
- 수(受) : 받을 수
- 상(想) : 생각할 상, 생각 상
- 행(行) : 행할 행, 다닐 행
- 식(識) : 알 식, 깨달을 식, 지식 식, 분별력 식
- 역(亦) : 또 역, 또한 역
- 부(復) : 회복할 복, 다시 부, 거듭 부
- 여(如) : 같을 여
- 탐진치(貪瞋癡) : 그릇된 욕심, 성냄, 어리석음, 이 세 가지 번뇌는 지혜를 어둡게 하고 악의 근원이 되어 열반에 이르는 데 장애가 되므로 마치 독약과 같다고 하여 삼독(三毒)이라 함.
  - 탐(貪) : 탐낼 탐, 욕심낼 탐
  - 진(瞋) : 성낼 진, 눈을 부릅뜨고 성낼 진
  - 치(癡) : 어리석을 치

⑦ 사리자 시제법공상 불생불멸 불구부정 부증불감(舍利子 是諸法空相 不生不滅 不垢不淨 不增不減)

대한불교조계종 해설	필자 해설
사리자여! 모든 법은 공하여 나지도 멸하지도 않으며, 더럽지도 깨끗하지도 않으며, 늘지도 줄지도 않느니라.	사리자야, 이와 같이 모든 존재의 본래 모습인 실상이 드러나게 되는 공의 상태는 그릇된 허상이 몸과 마음에서 완전히 사라져 텅비어진 청정한 모습이라, 그릇된 허상이 사라져 생겨나지 아니하니 없어지는 일도 일어나지 아니하고, 청정하여 더러워지지 아니하니 깨끗해지는 일도 일어나지 아니하며, 텅비어 늘어나지 아니하니 줄어드는 일도 일어나지 아니하는 있던 그대로의 변함없는 모습인 것이니라.

    사리자(舍利子)는 석가모니 부처님의 십대제자(十大弟子) 가운데서도 지혜가 가장 뛰어나 지혜제일(智慧第一)이라 칭송되었으며 석가모니 부처님의 외아들 라훌라의 스승이기도 한 사리불(舍利佛)을 말한다.

    사리불(舍利佛)은 산스크리트어 이름인 사리푸트라(śāriputra)를 그 소리 나는 음에 가까운 한자로 적은 음사어(音寫語)에 해당하므로 한자 舍利佛(사리불)에 대한 해석은 의미가 없다.

여기서 사리푸트라(śāriputra)는 그의 어머니가 지어준 이름으로 어머니 이름인 사리(śāri)에다가 아들이라는 뜻의 푸트라(putra)가 붙여져 '사리의 아들'이라는 뜻을 지닌 이름이다.

그리고 사리자(舍利子)는 삼장법사 구마라집이 산스크리트어 반야심경에 나오는 '사리푸트라(śāriputra)'를 그 소리 나는 음에 가까운 한자로 적어 '사리불'로 번역하였던 것을 삼장법사 현장이 '사리의 아들'이라는 사리푸트라(śāriputra) 이름의 뜻에 맞게 한자로 '사리자'라고 번역하면서 불리게 된 이름이다.

한편, 대부분의 해설서에서는 공(空)의 개념에 대하여 매우 추상적으로 설명하고 있는 편인데, 필자는 공의 개념을 마음에서 탐진치 번뇌로 인한 그릇된 허상이 사라지고 본래의 실상만이 남은 상태를 말하는 것으로 본다. 먹구름이 사라지면 푸른 하늘이 드러나듯이…

즉 탐진치 번뇌로 인한 그릇된 허상들이 없어져 비워진 상태가 바로 우리가 인생에서 살면서 수행으로 도달해야 할 공(空)의 상태인 것이다.

따라서 탐진치 번뇌가 소멸된 상태를 공이라 하는 것이므로 공은 부처님 성품으로 의식수준을 회복하는 것이지 덧없는 허무한 상태로 떨어지는 것이 아닌 것이다.

수행은 살아있는 자만이 할 수 있는 특권이므로 살아있음을 전제로 수행을 하는 것이기 때문이다.

그러므로 마음속에 탐진치 번뇌가 하나도 남지 않고 텅 빈 상태 즉 탐진치 번뇌로 인한 그릇된 허상들이 사라지고 실상만이 남은 상태가 바로 청정한 마음인 공의 상태가 되는 것이다.

> ○ 제(諸) : 모든 제, 여러 제
> ○ 법(法) : 법 법, 불교의 진리 법, 방법 법
>   ※ 불교에서의 법(法)은 불법(佛法), 진리, 법칙, 존재 등의 의미를 담고 있음
> ○ 상(相) : 모습 상, 모양 상
> ○ 생(生) : 날 생, 낳을 생, 생길 생
> ○ 멸(滅) : 멸망할 멸, 죽을 멸, 없어질 멸
> ○ 구(垢) : 때 구, 때묻을 구, 더러울 구
> ○ 정(淨) : 깨끗할 정
> ○ 증(增) : 더할 증, 많아질 증
> ○ 감(減) : 덜 감, 감할 감

⑧ 시고 공중무색 무수상행식 무안이비설신의 무색성향미촉법 무안계 내지 무의식계(是故 空中無色 無受想行識 無眼耳鼻舌身意 無色聲香味觸法 無眼界 乃至 無意識界)

대한불교조계종 해설	필자 해설
그러므로 공 가운데는 색이 없고 수 상 행 식도 없으며, 안 이 비 설 신 의도 없고, 색 성 향 미 촉 법도 없으며, 눈의 경계도 의식의 경계까지도 없고,	이러한 까닭에 공의 상태에서는 그릇된 허상을 일어나게 하는 색의 작용도 수상행식의 작용도 없게 되고, 이렇게 오온의 작용이 없게 되니 감각정보를 수집하여 오온에 전달하는 감각기관인 안(눈), 이(귀), 비(코), 설(혀), 신(피부), 의(뇌)의 육근(六根)이 작용하는 일도 없게 되며, 육근의 작용이 없게 되니 육근이 접촉하는 감각대상인 색(형태), 성(소리), 향(냄새), 미(맛), 촉(촉감), 법(생각)의 육경(六境)에 대한 감각정보도 없게 되므로, 그 감각정보를 인식하는 작용인 안식(眼識), 이식(耳識), 비식(鼻識), 설식(舌識), 신식(身識), 의식(意識)의 육식(六識)도 없게 되어, 인식이 이루어지는 안계부터 의식계까지의 열여덟 가지 역할 영역인 십팔계의 작용이 모두 없게 되는 것이니라.

오온(五蘊) 중에서 감각정보를 수집하는 기능을 담당하고 있는 수(受)가 작동하게 되는 과정을 살펴보면, 인간의 육체에 존재하는 6가지 감각기관인 안·이·비·설·신·의 즉 눈·귀·코·혀·피부·뇌가

감각정보를 수집하기 위해서는 우선 6가지 감각대상인 색·성·향·미·촉·법 즉 형태·소리·냄새·맛·촉감·생각과 일대 일로 접촉해야 가능해진다.

여기서 6가지 감각기관인 안·이·비·설·신·의를 육근(六根)이라 부르고, 6가지 감각대상인 색·성·향·미·촉·법을 육경(六境)이라 부른다.

> ※ **육근**(여섯 육六, 뿌리 근, 근본 근根) : 안근(눈 안眼)·이근(귀 이耳)·비근(코 비鼻)·설근(혀 설舌)·신근(몸 신身)·의근(뜻 의意)
> ⇒ 줄이면 안·이·비·설·신·의

> ※ **육경**(여섯 육六, 경계 경境) : 색경(색 색色)·성경(소리 성聲)·향경(냄새 향香)·미경(맛 미味)·촉경(닿을 촉觸)·법경(법 법法)
> ⇒ 줄이면 색·성·향·미·촉·법

그리고 6가지 감각기관인 육근(안근·이근·비근·설근·신근·의근)과 6가지 감각대상인 육경(색경·성경·향경·미경·촉경·법경)의 12가지 요소를 합쳐서 십이처(十二處)라 부르는데, 여기서 '처(處)'라는 한자 의 뜻은 '곳 처, 장소 처'로서, 감각정보를 인식하는 6가지 정신작용인 육식을 가능하게 해주는 곳이라는 의미로 육근과 육경을 가리켜 십이처(十二處)라 부르는 것이다.

십이처인 육근과 육경이 일대 일로 접촉하여 만나게 되면, 육근의 감각기관에 연결된 신경체계를 통해 감각대상인 육경에 대한 감각정보가 육근의 6가지 감각기관에 각각 연결된 뇌의 특정 부위로 전달되어 6가지의 인식이 이루어지게 되는데, 이렇게 인식된 6가지를 육식(六識)이라고 부르고, 육식(六識)에는 안식(眼識), 이식(耳識), 비식(鼻識), 설식(舌識), 신식(身識), 의식(意識)이 있다.

  ※ **육식**(여섯 육六, 알 식, 깨달을 식識) : 안식(眼識)·이식(耳識)·비식(鼻識)·설식(舌識)·신식(身識)·의식(意識)

  이와 같이 육식(六識)은 육근이 육경을 만났을 때를 '원인 또는 조건'으로 해서 일어나는 정신작용인 6가지 인식을 말하는 것이다. 예컨대, 육식에서 안식(眼識)은 눈이 그 감각대상인 색을 인식하게 된 것을 말하는 것이다.

  따라서 안식(眼識)은 안근(眼根)이 색경(色境)을 만나 생겨난 인식인 것이고, 이식(耳識)은 이근(耳根)이 성경(聲境)을 만나 생겨난 인식인 것이고, 비식(鼻識)은 비근(鼻根)이 향경(香境)을 만나 생겨난 인식인 것이고, 설식(舌識)은 설근(舌根)이 미경(味境)을 만나 생겨난 인식인 것이고, 신식(身識)은 신근(身根)이 촉경(觸境)을 만나 생겨난 인식인 것이며, 의식(意識)은 의근(意根)이 법경(法境)을 만나 생겨난 인식인 것이다.

  그래서 육근이 육경을 만나 6가지 인식이 이루어지는 육식까지 포함한 18가지 요소를 통틀어 십팔계(十八界)라 부르는데, 이 18가지 요소는 제각각 고유한 역할 영역을 담당하면서 육식을 만들어내고 있으므로 인식이 이루어지는 과정에 참여하는 이 18가지 각각의 요소에다가 '영역'을 의미하는 글자인 '계(세계 계界)'를 붙여 십팔계(十八界)라 부르고 있는 것이다.

'인식이 이루어지는 과정에 참여하는 18가지 각 요소의 역할의 영역'이라고 할 수 있는 18계에는 6근계(六根界)로 안계(眼界), 이계(耳界), 비계(鼻界), 설계(舌界), 신계(身界), 의계(意界)가 있고, 6경계(六境界)로 색계(色界), 성계(聲界), 향계(香界), 미계(味界), 촉계(觸界), 법계(法界)가 있으며, 6식계(六識界)로 안식계(眼識界), 이식계(耳識界), 비식계(鼻識界), 설식계(舌識界), 신식계(身識界), 의식계(意識界)가 있다.

이 십팔계의 작용에 따라 인식된 감각정보가 오온 중에서 감각정보를 수집하는 기능을 담당하고 있는 수(受)에 전달되어 접수되는 것이다. 그리고 수(受)에 접수된 감각정보는 수(受)→상(想)→행(行)→식(識)의 단계별 과정을 거치며 최종적으로 인식되고 기억되는 것이다.

○ 고(故) : 연고 고
○ 중(中) : 가운데 중
○ 무(無) : 없을 무
○ 안(眼) : 눈 안

- 이(耳) : 귀 이
- 비(鼻) : 코 비
- 설(舌) : 혀 설
- 신(身) : 몸 신
- 의(意) : 뜻 의, 생각 의
- 성(聲) : 소리 성
- 향(香) : 향기 향
- 미(味) : 맛 미
- 촉(觸) : 닿을 촉
- 계(界) : 지경 계, 한계 계, 세계 계
- 내지(乃至) : '얼마에서 얼마까지'의 뜻을 나타내는 말, 범위를 표시할 때 쓰는 말로서 예를 들어 법조문에서 제21조 내지 제24조라고 하면 제21조부터 제24조까지, 즉 제21조, 제22조, 제23조, 제24조를 뜻함.
  - 내(乃) : 이에 내, 곧 내
  - 지(至) : 이를 지, 다다를지

⑨ 무무명 역무무명진 내지 무노사 역무노사진(無無明亦無無明盡 乃至 無老死 亦無老死盡)

대한불교조계종 해설	필자 해설
	이렇게 인식이 이루어지는 열여

무명도 무명이 다함까지도 없으며, 늙고 죽음도 늙고 죽음이 다함까지도 없고,	덟 가지 역할 영역인 십팔계의 작용이 모두 없게 되니, 탐진치 번뇌로 인한 그릇된 상상이나 연상이나 회상 등의 망상이 오온에 작용하여 일어나는 그릇된 인식이 생겨나는 일이 없게 되고, 그릇된 인식이 생겨나는 일이 없게 되니 그릇된 인식이 만들어내는 현상인 그릇된 허상이 만들어지지 않게 되고, 그릇된 허상이 만들어지지 않게 되니 그릇된 허상에 어리석게 집착하게 하여 고통을 일어나게 하는 무명도 없게 되고, 무명이 없게 되니 무명이 계속해서 작용하는 일 또한 없게 되어, 무명이 계속해서 작용해 고통을 일어나게 하는 열두 과정인 십이연기의 무명에서부터 늙고죽음까지의 과정도 없게 되고, 이렇게 무명에서부터 늙고죽음까지의 열두 과정이 모두 없게 되니, 무명에서부터 늙고죽음까지의 열두 과정이 계속해서 반복되는 윤회 또한 없게 되어, 탐진치 번뇌와 고통에서 완전히 벗어나 해탈하여 열반에 이르게 되는 것이니라.

연기법(緣起法)에 의하면, 모든 존재나 현상은 직접적이거나 간접적인 원인이나 조건에 의하여 생겨나거나 사라지는 인과관계

(또는 연기관계)에 있기 때문에, 그 원인이나 조건이 변하게 되거나 없어지게 되면 그 존재나 현상도 변하게 되거나 없어지게 된다고 한다.

중생들이 살고 있는 사바세계는 고통(고苦)으로 가득하다고 하는 고성제(苦聖諦), 고통은 어떤 원인이 모여(집集) 발생하는 것이므로 모든 고통에는 다 원인이 있다고 하는 집성제(集聖諦), 어떠한 고통이라도 그 발생 원인을 소멸(멸滅)하면 없앨 수 있다고 하는 멸성제(滅聖諦), 고통의 발생 원인을 소멸하는 길(도道)이 있다고 하는 도성제(道聖諦)의 4가지 성스러운 진리인 사성제(四聖諦)에서도, 고성제와 집성제의 2가지 항목이 서로 원인과 결과에 해당하고, 멸성제와 도성제의 2가지 항목도 서로 원인과 결과에 해당하여 인과관계(또는 연기관계)에 있는 것이다.

왜냐하면 고(苦)는 인간의 생·노·병·사 등의 괴로움을 말하고, 집(集)은 그 괴로움의 원인(조건 또는 인연이라고도 함)을 말하는 것이므로, 괴로움의 원인(집集)이 있게 되면 그 결과로 괴로움(고苦)을 겪게 되는 것이고, 반면에 괴로움의 원인(집集)을 없애게 되면 그 결과로 괴로움(고苦)을 겪지 않게 되는 것이기 때문이다.

또한 멸(滅)은 괴로움의 원인을 소멸하여 괴로움이 완전히 없어진 열반의 상태를 말하고, 도(道)는 그 괴로움의 원인을 소멸시키는 방법인 팔정도(八正道)를 말하는 것이므로, 괴로움의 원인을 소멸시키는 방법인 팔정도(도道)를 수행하게 되면 그 결과로 괴로움의 원인이 소멸(멸滅)되어 괴로움이 완전히 없어진 열반에 이를 수 있게 되는 것이고, 반면에 팔정도(도道)를 수행하지 않으면 그 결과로 괴로움의 원인이 소멸(멸滅)되어 괴로움이 완전히 없어진 열반에 이를 수 없게 되는 것이기 때문이다.

그리고 석가모니 부처님께서는, 사바세계에서 겪는 중생의 고통은 어떤 원인이 모여 발생하는 것이므로 모든 고통에는 다 원인이 있다고 하는 집성제에 대하여 고통이 구체적으로 어떠한 원인과 과정을 거쳐 생겨나고 어떻게 계속되는지를 연기법에 따라 단계별로 구체적으로 설명해 주셨는데 십이연기설(十二緣起說)이 바로 그것이다.

십이연기설의 12가지 단계별 연기 항목과 그 단계별 12가지 연기 항목 간의 인과관계(또는 연기관계)는 ① 무명(無明) → ② 행(行) → ③ 식(識) → ④ 명색(名色) → ⑤ 육입(六入) → ⑥ 촉(觸) → ⑦ 수(受) → ⑧ 애(愛) → ⑨ 취(取) → ⑩ 유(有) → ⑪ 생(生) → ⑫ 노사(老死) 이다.

이 12가지 항목들을 고통이 일어나는 순서로 보면, 무명(無明)의 어리석음이 있기 때문에 탐진치 번뇌로 인한 행(行)이 있게 되는 것이고, 행이 있기 때문에 식(識)이 있게 되는 것이고, 식이 있기 때문에 명색(名色)이 있게 되는 것이고, 명색이 있기 때문에 6입(六入)이 있게 되는 것이고, 6입이 있기 때문에 촉(觸)이 있게 되는 것이고, 촉이 있기 때문에 수(受)가 있게 되는 것이고, 수가 있기 때문에 애(愛)가 있게 되는 것이고, 애가 있기 때문에 취(取)가 있게 되는 것이고, 취가 있기 때문에 유(有)가 있게 되는 것이고, 유가 있기 때문에 생(生)이 있게 되는 것이고, 생이 있기 때문에 노사(老死)가 있게 되는 이러한 과정들을 거치면서 생노병사 등의 온갖 고통과 윤회가 일어난다는 것이다.

반면에 12가지 항목들을 고통이 소멸하는 순서로 보면, 무명(無明)의 어리석음이 없으면 탐진치 번뇌로 인한 행(行)도 없게 되는 것이고, 행이 없으면 식(識)도 없게 되는 것이고, 식이 없으면 명색(名色)도 없게 되는 것이고, 명색이 없으면 6입(六入)도 없게 되는 것이고, 6입이 없으면 촉(觸)도 없게 되는 것이고, 촉이 없으면 수(受)도 없게 되는 것이고, 수가 없으면 애(愛)도 없게 되는 것이고, 애가 없으면 취(取)도 없게 되는 것이고, 취가 없으면 유(有)도 없게 되는 것이고, 유가 없으면 생(生)도 없게 되는 것이고, 생이 없으면 노사(老死)도 없게 되는 이러한 과정들을 거치면서 생노병사 등의 모든 고통과 윤회가 소멸된다는 것이다.

여기서 무명(無明)은 모든 번뇌와 고통의 시작이 되는 원인이므로 십이연기 12가지 항목의 바탕에 모두 깔려있어 이 무명으로 인해 12가지 연기 항목이 단계별로 일어나게 되는 것이다. 그런데 무명은 밝음이 없다는 뜻으로 광명(光明)인 지혜가 어두운 것을 말하며 무지(無知 : 아는 것이 없음)에서 비롯되는 것이다.

그리고 무지는 연기법, 십이연기, 사성제, 팔정도와 같은 석가모니 부처님의 가르침인 진리를 모른다는 것이다. 그러므로 무명을 밝히는 길은 연기법, 십이연기, 사성제, 팔정도를 공부하고 수행하여 무지를 없애는 것이다.

그래서 석가모니 부처님께서도 무지가 번뇌와 고통의 가장 큰 원인이라고 말씀하셨다. 신(神)을 믿지 않아서 예경(禮經)을 하지 않아서가 번뇌와 고통의 원인이 아니라 무지가 번뇌와 고통의 근본 원인이라고 말씀하신 것이다.

따라서 탐진치 번뇌와 고통과 윤회를 끊고 해탈하기 위하여 가장 힘써야 하는 것은 예불이나 예경보다 연기법, 십이연기, 사성제, 팔정도가 무엇인지를 반드시 공부해 알아서 무지에서 벗어나는 일이다.

석가모니 부처님의 가르침인 연기법, 십이연기, 사성제, 팔정도 수행의 원리는 모든 것은 인연따라 생겨났다가 인연이 다하면 사라지므로 인연의 원인을 제거하면 인연의 결과도 사라진다는 연기법의 진리이다. 그러므로 번뇌와 고통의 원인을 바로 알고 제거하여 그 번뇌와 고통을 없애야 비로소 해탈할 수 있는 것이다.

- 명(明) : 밝을 명, 밝힐 명
- 진(盡) : 다할 진
- 노(老) : 늙을 로
- 사(死) : 죽을 사
- 번뇌(번민할 번煩, 괴로워할 뇌惱) : '더러워진 마음', '괴로운 마음'이라는 뜻의 산스크리트어인 클레사(kléśa)의 뜻을 한자로 옮긴 번역어. 생각에 의해 생기는 괴로움, 마음의 평온을 얻지 못해 생겨나는 정신적인 모순 상태, 인간의

몸이나 마음을 괴롭히고 어지럽히며 미혹하게 하는 모든 정신작용을 말함. 번뇌는 마음속에 사악한 성질로 잠재되어 있다가 기회가 있을 때마다 겉으로 나타남.

○ 무명(無明) : 산스크리트어인 아비디야(avidyiā)의 뜻을 한자로 옮긴 번역어. 무명은 밝음이 없다는 뜻으로 불교의 진리를 알지 못하는 무지(無知) 때문에 지혜가 어두운 것을 말함.

- 즉 무명은 사물을 있는 그대로의 모습으로 보지 못하는 정신상태로, 탐(貪)·진(瞋)·치(癡)의 3대 번뇌 중 치(癡)에 해당하며, 무명에 빠지게 되면 경계를 대할 때마다 마음이 흔들리고 어리석어지게 되어 온갖 악업을 짓게 됨으로써 12인연(十二因緣)이 일어나고 육도윤회를 하게 되는 것임.

⑩ 무고집멸도 무지역무득(無苦集滅道 無智亦無得)

대한불교조계종 해설	필자 해설
고 집 멸 도도 없으며, 지혜도 얻음도 없느니라.	이와 같이 공의 상태가 되면 십이연기가 일어나지 않아 탐진치 번뇌와 고통에서 완전히 벗어나 해탈하여 열반에 이르게 되므로, 고통의 원인을 소멸하여 고통을 없애는 고집멸도의 4가지 성스러운 진리인 사성제도 더 이상 필요가 없게 되고, 사성

	제도 필요가 없게 되니 탐진치 번뇌와 고통을 없앨 수 있는 더 이상의 지혜도 더 얻어야 할 그 무엇도 필요가 없게 되는 것이니라.

- 고(苦) : 괴로울 고
- 집(集) : 모을 집
- 멸(滅) : 멸망할 멸, 죽을 멸, 없어질 멸
- 도(道) : 길 도, 이치 도
- 지(智) : 지혜 지
- 득(得) : 얻을 득

⑪ 이무소득고 보리살타 의반야바라밀다고(以無所得故 菩提薩埵 依般若波羅蜜多故)

대한불교조계종 해설	필자 해설
얻을 것이 없는 까닭에 보살은 반야바라밀다를 의지하므로	따라서 반야바라밀다 수행 방법인 조견을 통해 이르게 되는 공의 상태에서는 탐진치 번뇌와 고통에서 완전히 벗어나 해탈하여 열반에 이르게 되므로 탐진치 번뇌와 고통을 없애

	기 위한 그 밖의 더 얻을 것이 없는 까닭에, 보살은 반야바라밀다 수행 방법에 의지하여 해탈의 지혜를 완성해가는 것이니라.

- 이(以) : 써 이, 까닭 이
- 소(所) : 바 소, 것 소
- 득(得) : 얻을 득
- 고(故) : 연고 고
- 의(依) : 의지할 의
- 보리살타(菩提薩埵) : 보리와 살타의 합성어로 산스크리트어로는 보디삿트바(Boddhi-sattva), 팔리어로는 보디삿타(Bodhi-satta)라는 말의 음사어임. 깨달음을 뜻하는 보리가 보(菩)로 축약되고, 생명체 즉 중생을 뜻하는 살타가 살(薩)로 축약되어 보살(菩薩)이라 통칭함. 따라서 보살이란 자기와 남을 두루 이롭게 하는 보살행을 실천하며 깨달음을 얻어 부처가 되려고 수행하는 자를 의미함.
    - 보(菩) : 보살 보, 보리 보
    - 리(提) : 끌 제, 들 제(불교식으로 제를 리로 읽음)
      ※ 보리(菩提) : 깨달음(覺), 세속적인 번뇌를 끊고 얻는 깨달음의 경지
    - 살(薩) : 보살 살
    - 타(埵) : 단단한흙 타, 제방 타

⑫ 심무가애 무가애고 무유공포 원리전도몽상 구경열반(心無罣礙 無罣礙故 無有恐怖 遠離顚倒夢想 究竟涅槃)

대한불교조계종 해설	필자 해설
마음에 걸림이 없고 걸림이 없으므로 두려움이 없어서, 뒤바뀐 헛된 생각을 멀리 떠나 완전한 열반에 들어가며,	이렇게 반야바라밀다 수행 방법에 의지하여 수행을 하는 까닭에, 보살은 무지와 무명의 어리석음에서 벗어나게 되어 그 어리석음 때문에 생긴 탐진치 번뇌가 사라지게 되고, 탐진치 번뇌가 사라지게 되니 탐진치 번뇌로 인한 그릇된 인식으로 생겨난 허상이 사라진 공의 상태에 이르게 되며, 공의 상태에서는 허상에 대한 집착이 없으므로 마음에 아무런 걸림이 없게 되어 자유로와지게 되고, 마음에 아무런 걸림이 없게 되니 병이나 죽음 등의 모든 공포심도 없게 되어 평화로와지게 되며, 허상으로 인한 망령되고 헛된 몽상과도 같은 그릇된 생각도 멀리 사라지게 되어, 마침내 사바세계의 탐진치 번뇌와 고통에서 완전히 벗어나 해탈하여 열반에 이르게 되는 것이니라.

○ 가애(罣礙) : 괘애(거리끼는 것, 장애)
　- 가(罣) : 거리낄 괘, 걸릴 괘(불교식으로 괘를 가로 읽음)
　- 애(礙) : 막을 애, 가로막을 애, 방해할 애
○ 공포(恐怖) : 무서움과 두려움
　- 공(恐) : 두려울 공
　- 포(怖) : 두려워할 포, 두려움 포
○ 원(遠) : 멀 원, 멀리할 원
○ 리(離) : 떠날 리, 떨어질 리,
○ 전도(顚倒) : 차례, 위치, 이치, 가치관 따위가 뒤바뀌어 원래와 달리 거꾸로 됨, 엎어져 넘어지거나 넘어뜨림, 번뇌 때문에 잘못된 생각을 갖거나 현실을 잘못 이해하는 일을 말함(예시 : 주객이 전도되다, 본말이 전도되다, 목적이 수단과 전도되다)
　- 전(顚) : 넘어질 전
　- 도(倒) : 넘어질 도, 거꾸로 도
○ 몽상(夢想) : 실현성이 없는 헛된 생각
　- 몽(夢) : 꿈 몽, 꿈꿀 몽
　- 상(想) : 생각할 상, 생각 상
○ 구경(究竟) : 마지막에 이르는 것, 사물을 끝까지 연구하여 마침내 도달한 곳
　- 구(究) : 끝 구, 다할 구, 연구할 구
　- 경(竟) : 마침내 경, 마칠 경
○ 해(解) : 풀 해, 벗을 해
○ 탈(脫) : 벗을 탈

- ○ 열(涅) : 개흙 녈
- ○ 반(槃) : 쟁반 반

⑬ 삼세제불 의반야바라밀다고 득아뇩다라삼먁삼보리 (三世諸佛 依般若波羅蜜多故 得阿耨多羅三藐三菩提)

대한불교조계종 해설	필자 해설
삼세의 모든 부처님도 반야바라밀다를 의지하므로 최상의 깨달음을 얻느니라.	뿐만 아니라 과거와 현재와 미래의 모든 부처님도 역시 반야바라밀다 수행 방법에 의지하는 까닭에 가장 높고 완전한 바른 깨달음인 아뇩다라삼먁삼보리를 얻게 되는 것이니라.

- ○ 삼(三) : 석 삼, 셋 삼
- ○ 세(世) : 세상 세
- ○ 제(諸) : 모든 제, 여러 제
- ○ 불(佛) : 부처 불
- ○ 아뇩다라삼먁삼보리(阿耨多羅三藐三菩提) : 가장 높고 완전한 바른 깨달음을 뜻하는 산스크리트어인 '아눗따라 삼막 삼보디(anuttara-samyak-sambodhi)'의 음사어

(아누다라삼막삼보제 : 불교식으로 누를 녹으로 막을 먁으로 제를 리로 읽음)로 아뇩다라(anuttarā)는 위없는(無上), 삼먁(samyak)은 완전한(正等), 삼보리(saṃbodhi)는 참된 깨달음(正覺)을 의미함. 즉 무상정등정각(無上正等正覺)이라는 뜻으로, 삼세의 모든 부처님이 깨치게 되는 최고의 경지를 말함.

- 아(阿) : 언덕 아, 물가 아
- 누(耨) : 괭이 누, 김맬 누
- 먁(藐) : (작을, 업신여길, 멀) 묘, 막 (예 : 막막, 막연)
- 제(提) : 끌제, 들제(제휴 : 서로 손을 끎, 서로 도와 줌)

⑭ 고지 반야바라밀다 시대신주 시대명주 시무상주 시무등등주 능제일체고 진실불허(故知 般若波羅蜜多 是大神呪 是大明呪 是無上呪 是無等等呪 能除一切苦 眞實不虛)

대한불교조계종 해설	필자 해설
반야바라밀다는 가장 신비하고 밝은 주문이며 위없는 주문이며 무엇과도 견줄 수 없는 주문이니,	그러므로 반야바라밀다 수행 방법은 마치 가장 신령하고, 가장 밝으며, 더 이상 위도 없고, 무엇과도 비교할 수 없는 전능(全能)한 주문과도 같아서, 능히 본래의 모습인 실상을 드러나게 하고 그릇된 모습인 허상을

| 온갖 괴로움을 없애고 진실하여 허망하지 않음을 알지니라. | 사라지게 하여 일체의 모든 고통을 없애주는 효능이 있음을 잘 알아야 하느니라. |

불교는 실사구시(실제 실實, 일 사事, 구할 구求, 옳을 시是)의 종교다. 즉 사실에 근거하여 과학적 객관적으로 깨달음의 지혜를 탐구하고 완성해가는 종교인 것이다.

석가모니 부처님께서도, "책에서 읽은 것이거나 현자나 붓다의 말이라도 믿지 마라. 점검하고 확인해 본 다음에 비로소 믿어라. 어떤 지식이라도 확인 없이 그냥 믿지 마라. 스스로의 지성과 자기 지혜로 확인한 후 비로소 믿어라. 깨달음의 길에서 누구를 만나든 그를 바로 받아들이지 마라. 깨달음의 길에서 붓다나 아버지를 만나도 그에게 미혹되지 마라. 누구에게도 매이지 말고 자유롭고 당당하게 살아라"라고 말씀하셨다.

그래서 석가모니 부처님께서는 반야심경에서 조견오온개공(照見五蘊皆空)하여 도일체고액(度一切苦厄)하라고 말씀하신 것이다.

무지(無知)를 없애는 연기법과 십이연기, 사성제와 팔정도의 진리를 토대로 타당한 이치로써 관찰하여 해탈의 지혜를 완성해가는 반야바라밀다 수행 방법인 조견(照見)을 통해 오온(五蘊)의 상태를 깊이 관찰해 보면, 무지로 인한 무명(無明)의 어리석음에서 벗어날 수 있게 되어 탐진치 번뇌가 사라지게 되고, 탐진치 번뇌가 사라지니 탐진치 번뇌로 인한 그릇된 상상이나 연상이나 회상 등의 망상이 오온에 작용하여 생기는 그릇된 인식 때문에 몸과 마음에서 일어나는 현상인 그릇된 허상(빌 허虛, 형상 상像 : 실제 없는 것이 있는 것처럼 나타나 보이거나 실제와는 다른 것으로 드러나 보이는 모습)도 사라지게 되며, 그릇된 허상이 사라지니 그 그릇된 허상이 일어나기 전에 있던 그대로의 존재의 본래 모습인 실상(실제 실實, 모습 상相 : 실제 있는 그대로의 참모습)이 드러나게 되는 청정한 공(빌 공空)의 상태로 돌아가게 됨을 꿰뚫어 볼 수 있게 된다고 말씀하신 것이다.

그렇게 그릇된 허상이 사라지고 실상만이 남은 상태인 공의 상태로 돌아가게 됨으로써, 그동안 탐진치 번뇌로 인한 그릇된 상상이나 연상이나 회상 등의 망상이 오온에 작용하여 생기는 그릇된 인식 때문에 일어난 그릇된 허상에 집착하게 되어 생긴 일체의 모든 고(苦 : 고통, 괴로움)와 액(厄 : 액운, 재앙)에서 벗어나 해탈할 수 있게 된다는 불멸의 진리를 말씀하신 것이다.

그런데 반야심경의 "고지 반야바라밀다 시대신주 시대명주 시무상주 시무등등주 능제일체고 진실불허(故知 般若波羅蜜多 是大神呪 是大明呪 是無上呪 是無等等呪 能除一切苦 眞實不虛)" 구절에서 "진실불허(眞實不虛)"의 의미에 대하여, 대부분의 해설서에서는 반야바라밀다를 주문으로 보아 반야바라밀다 주문의 효능이 "진실하여 허망하지 않음, 진실이며 한 점의 허점도 없음" 등으로 해석하고 있다.

그러나 필자는 반야바라밀다를 주문 자체로 보지 않고 전능한 주문과도 같은 효능이 있는 수행 방법으로 보아, 반야바라밀다 수행 방법이라는 것이 조견을 통해 진리와 이치로써 오온의 상태를 깊이 관찰하여 오온이 작용해 일어난 허상에 가려져 있는 실상을 꿰뚫어 보는 방법이므로 진실불허(眞實不虛)에서의 실(實)은 실상(實相)을, 허(虛)는 허상(虛像)을 가리키는 것으로 본다.

이렇게 해석을 하면, 진(참 진, 진짜 진眞 : 참이게 하다. 진짜가 되게 하다, 드러나게 하다) + 실(참될 실, 실제 실實 : 실제 모습, 참된 모습, 진짜 모습) + 불(아닐 불不 : 참이지 않게 하다, 진짜가 되지 않게 하다, 드러나지 않게 하다, 사라지게 하다) + 허(빌 허, 헛될 허虛 : 헛된 모습, 거짓된 모습, 가짜 모습)의 뜻이 되므로 이를 종합하면, 반야바라밀다 수행 방법의 효능이 "본래의 진짜 모습인 실상을 드러나게 하고(眞實) 그릇된 가짜 모습인 허상을 사라지게 함(不虛)"으로 해석이 된다.

따라서 고지 반야바라밀다 시대신주 시대명주 시무상주 시무등등주 능제일체고 진실불허(故知 般若波羅蜜多 是大神呪 是大明呪 是無上呪 是無等等呪 能除一切苦 眞實不虛)의 내용은 "반야바라밀다 수행 방법은 마치 가장 신령하고, 가장 밝으며, 더 이상 위도 없고, 무엇과도 비교할 수 없는 전능한 주문과도 같아서, 능히 본래의 모습인 실상을 드러나게 하고 그릇된 모습인 허상을 사라지게 하여 일체의 모든 고통을 없애주는 효능이 있음을 잘 알아야 하느니라."라고 해석되는 것이다.

이러한 까닭에, 반야심경을 공부하고 좌우명처럼 늘 잊지 않으며 반야심경에서 알려주는 반야바라밀다 수행 방법을 일상에서 꾸준히 실천한다면, 스스로 탐진치 번뇌와 고통에서 벗어나 해탈할 수 있는 지혜를 얻을 수 있게 되어 망령되고 헛된 생각에 사로잡히지 않게 됨으로써 삶 속에서 부닥치는 온갖 번뇌와 고통들로부터 벗어나는 자유의 기쁨을 누구나 맛볼 수 있게 될 것이고, 몸의 건강과 마음의 평화를 이룰 수 있게 될 것이며, 모든 일이 뜻대로 잘 이루어지게 될 것이다.

이와 같이 반야심경은 위대하고 영험한 경전이라 그 제목에도 '마하' 즉 '위대한'이라는 수식어가 붙어있는 것이다.

○ 지(知) : 알 지
○ 대(大) : 큰 대
○ 신(神) : 신 신, 신령 신, 영묘할 신
○ 주(呪) : 빌 주, 기원할 주
○ 상(上) : 위 상
○ 등(等) : 등급 등
○ 능(能) : 능할 능, 능히할 능, 재능 능
○ 제(除) : 제거할 제, 버릴 제
○ 진(眞) : 참 진, 진짜 진
○ 실(實) : 참될 실, 실제 실, 사실 실
○ 허(虛) : 빌 허, 헛될 허

⑮ **고설 반야바라밀다주 즉설주왈 아제아제 바라아제 바라승아제 모지 사바하**(故說 般若波羅蜜多呪 即說呪曰 揭諦揭諦 波羅揭諦 波羅僧揭諦 菩提 娑婆訶)

대한불교조계종 해설	필자 해설
이제 반야바라밀다주를 말하리라. 아제아제 바라아제 바라승아제 모지 사바하	이에 탐진치 번뇌와 고통에서 벗어날 수 있는 해탈의 지혜를 완성해가는 반야바라밀다 수행 방법을 잘 알고 실천하여 반드시 해탈의 지혜를 완성해 완전한 깨달음을 이룰 수 있기를 모든 중생이 간절히 염원하도록 하는 내용을 담은 반야바라밀다 주문을 말해주려 하나니 다 같이 소리 내어 따라 하기 바라노라. 아제아제 바라아제 바라승아제 모지 사바하

반야심경의 마지막 구절인 반야바라밀다 주문(아제아제 바라아제 바라승아제 모지 사바하)의 산스트리트어 원문은 'गते गते पारगते परसंगते बोधि स्व'이고, 이 산스크리트어 원문의 발음을 영문자로 표기한 것이 'gate gate pāragate pārasaṃgate bodhi svāhā(가테 가테 파라가테 파라삼가테 보디 스와하)'이다.

이와 같이 산스크리트어로 된 반야바라밀다 주문을 한문으로 번역하면서, 구마라집 스님은 '아제아제 바라아제 바라승아제 모지 **승사하**(竭帝竭帝 波羅竭帝 波羅僧竭帝 菩提 **僧莎呵**)'로 변역하였고, 현장 스님은 아제아제 바라아제 바라승아제 모지 **사바하**(揭諦揭諦 波羅揭諦 波羅僧揭諦 菩提 **娑婆訶**)로 번역하여 끝부분 석자를 제외하고는 별 차이가 없다.

이는 삼장법사 현장의 경전 번역 5대 원칙인 오종불번(五種不飜)의 원칙 중 '비밀스런 말은 번역하지 않고 소리 나는 대로 적는다(비밀고 祕密故)'는 원칙이 현장법사 이전의 구마라집 시대에서도 통용되어 산스트리트어 문구의 뜻을 해석해 한문으로 번역하지 않는 대신 그 문구의 발음과 유사한 한문으로 적게 된 때문이다.

반야심경의 반야바라밀다 주문인 गते गते पारगते पारसंगते बोधि स्वा(gate gate pāragate pārasaṃgate bodhi svāhā : 가테 가테 파라가테 파라삼가테 보디 스와하)는 신비한 힘이 담긴 단어 또는 구절을 의미하는 만트라(mantra), 주문(呪文), 진언(眞言), 다라니 등으로 불리어지기도 하는데, 이와 같이 신이나 부처님만 알면 되는 비밀의 말은 사람이 몰라도 되므로 그 신비성을 간직하고자 번역하지 않는 것을 원칙으로 하였던 것이다.

우리나라에서는 삼장법사 현장이 한문으로 번역한 반야심경이 가장 많이 읽히고 있으므로, 현장 스님이 번역한 반야바라밀다 주문의 한문 소리음을 한글로 옮겨 '아제아제 바라아제 바라승아제 모지 사바하'라고 읽어 오고 있다.

'gate gate pāragate(가테 가테 파라가테)'는 1989년에 개봉되었던 임권택 감독의 불교 영화 제목인 「아제아제 바라아제」의 산스크리트어이기도 하다.

이와 같이 반야심경의 반야바라밀다 주문은 그 뜻을 해석하여 번역하지 않고 일반적으로 '아제아제 바라아제 바라승아제 모지 사바하(揭諦揭諦 波羅揭諦 波羅僧揭諦 菩提 娑婆訶)'라고 산스크리트어 발음으로만 읽거나 써오고 있지만, 일각에서는 반야바라밀다 주문의 산스크리트 단어의 뜻을 중심으로 다음과 같이 한글로 직역하거나 의역하여 해석하는 경우도 있다.

산스크리트어 반야바라밀다 주문의 각 단어의 뜻을 살펴보면, '아제(揭諦, gate) : 가자', '바라(波羅, pāra) : 피안(彼岸, 저 언덕)', '승(僧, saṃ) : 완전히', '모지(菩提, bodhi) : 깨달음', '사바하(娑婆訶, svāhā) : 불교에서 주문이나 기도문 등의 끝에 붙여 간절히 성취를 바라는 말로서 기독교의 아멘과 비슷한 의미를 지니고 있음'으로 나누어 볼 수 있는데, 기존에 시중에 나와 있는 한글 해석 사례들을 소개해 드리면 다음과 같으니 참고가 되었으면 좋겠다.

가자, 가자, 저 피안의 세계로 가자. 모두 함께 저 피안의 세계로 가자. 오, 깨달음이여, 축복이어라.

가자 가자, 피안으로 가자, 피안으로 완전히 가서, 깨달음을 얻자.

가신 분이여, 가신 분이여, 피안에 가신 분이여, 피안에 온전히 가신 분이여, 깨달음이여, 행운이 있으라.

이러한 사례들처럼 반야바라밀다 주문의 뜻을 해석해 보자면, 반야바라밀다 주문 18자는 석가모니 부처님께서 반야심경 본문 252자를 통해 우리들에게 전하시는 해탈의 수행 방법과 당부 말씀을 잊지 않도록 짧은 주문 형식으로 암송하기 좋게 압축하여 놓은 것으로, 탐진치 번뇌와 고통에서 벗어나 해탈할 수 있는 지혜를 완성해가는 반야바라밀다 수행 방법을 잘 알고 실천하여 반드시 해탈의 지혜를 완성해 완전한 깨달음을 이룰 수 있기를 모든 중생이 간절히 염원하도록 하는 내용을 담고 있다고 보아야 할 것이다. 따라서 이러한 의미를 담아 해석해 보면 다음과 같다.

가자 가자! 반야바라밀다 수행으로 탐진치 번뇌와 고통에서 벗어나 자유와 평화와 행복의 피안의 세계로 가자! 해탈의 지혜를 완성하여 완전히 피안의 세계로 가는 깨달음을 이루자! 반드시!

인도의 라다크 지역에 살고 있는 사람들은 꽤 많은 시간을 준명상의 상태에서 보낸다고 한다. 특히 나이든 사람들은 걷거나 일을 할 때 진언을 외우는 경우가 많다고 한다. 일상의 대화에서도 몇 마디의 말을 한 다음에는 습관적으로 '옴 마니 반메 훔'이라는 진언을 하고 다시 말을 이어간다고 한다.

그러니 우리도 일상에서 '아제아제 바라아제 바라승아제 모지 사바하(가테 가테 파라가테 파라삼가테 보디 스와하)'를 수시로 외움으로써 조견오온개공하여 도일체고액하라는 반야심경의 가르침을 잊지 않도록 늘 자신에게 상기시키고, 반야바라밀다 수행 방법인 조견을 통해 탐진치 번뇌의 실상이 다 공한 허상이라는 사실을 꿰뚫어 보아 고통이 일어나지 않도록 하여 마음을 항상 청정하게 정화시키며, 이러한 반야바라밀다 수행으로 반드시 해탈의 지혜를 완성해 모든 번뇌를 타파하여 완전한 깨달음을 꼭 이루고야 말겠다고 스스로 다짐하는 나날이 되었으면 좋겠다.

○ 설(說) : 말씀 설
○ 즉(卽) : 곧 즉, 이제 즉
○ 왈(曰) : 가로 왈(가로되, 말하기를 등의 뜻)
○ 아제아제 바라아제 바라승아제 모지 사바하 : 산스크리트어인 '가테가테 파라가테 파라삼가테 보디 스와하(gate gate pāragate pārasaṃgate bodhi svāhā)'의 음사어로서, 본래 음사어 한자 발음은 '게체게체 파라게체 파라승게체 보제사파가'인데 우리나라 불교식으로 '아제아제 바라아제 바라승아제 모지 사바하'로 읽고 있음.
　- 아(揭) : 높이들 게
　- 제(諦) : 살필 체, 이치 체
　- 바(波) : 물결 파(불교식으로 바로 읽음)
　- 라(羅) : 비단 라
　- 승(僧) : 중 승

- 모(菩) : 보살 보, 보리 보
- 지(提) : 끌 제, 들 제
- 사(娑) : 춤출 사
- 바(婆) : 할미 파
- 하(訶) : 꾸짖을 가

○ 사바하 : 산스크리트어 스와하(svāhā)의 음사어로서, 불교에서 주문이나 기도문을 외운 다음에 끝에 붙여 그 내용이 '이루어지게 하옵소서' 라는 뜻으로 사용하는 단어임.

17. 필자의 반야심경 한글 해설문

대한불교조계종 해설	필자 해설
摩訶般若波羅蜜多心經 **마하반야바라밀다심경**	해탈의 지혜를 완성해가는 위대한 반야바라밀다 수행 방법의 핵심을 전하는 경전
觀自在菩薩(관자재보살) 관자재보살이	(석가모니 부처님께서 말씀하셨다) 자기 안에 있는 보살을 보라.
行深般若波羅密多時(행심반야바라밀다시) **깊은 반야바라밀다를 행할 때,**	그리고 반야바라밀다 수행을 때때로 깊이 행하여 보라.
照見五蘊皆空(조견오온개공) **오온이 공한 것을 비추어 보고**	그리하여 오온이 다 공한 것임을 조견하여 꿰뚫어 보라.
度一切苦厄(도일체고액) **온갖 고통에서 건너느니라.**	그리함으로써 일체의 모든 고통과 액운에서 벗어나라.
舍利子(사리자) 사리자여!	사리자야,
色不異空 空不異色 色卽是空 空卽是色 受想行識 亦復如是(색불이공 공불이색 색즉시공 공	무지를 없애는 연기법, 십이연기, 사성제, 팔정도의 진리를 토대로 타당한 이치로써 관찰하여

즉시색 수상행식 역부여시)

**색이 공과 다르지 않고 공이 색과 다르지 않으며,
색이 곧 공이요 공이 곧 색이니,
수 상 행 식도 그러하니라.**

해탈의 지혜를 완성해가는 반야바라밀다 수행 방법인 조견을 통해 오온의 상태를 깊이 관찰해 보아라.

그리하면 무지로 인한 무명의 어리석음에서 벗어날 수 있게 되어 무명의 어리석음 때문에 생기는 탐진치 번뇌가 사라지게 되고, 탐진치 번뇌가 사라지니 탐진치 번뇌로 인한 그릇된 상상이나 연상이나 회상 등의 망상을 하지 않게 되어, 그릇된 상상이나 연상이나 회상 등의 망상이 오온에 작용하여 몸과 마음에서 일어나는 현상인 그릇된 허상도 사라지게 되며, 그릇된 허상이 사라지니 그 그릇된 허상이 일어나기 전에 있던 그대로의 존재의 본래 모습인 실상이 드러나게 되는 청정한 공의 상태로 돌아가게 됨을 꿰뚫어 볼 수 있게 되느니라.

이와 같이 조견을 통해 오온의 상태를 깊이 관찰해 보면, 그릇된 상상이나 연상이나 회상 등의 망상이 오온에 작용하여 일어나는 그릇된 허상이 몸과 마음에서 완전히 사라지게 되어

	청정한 공의 상태로 돌아가기 마련이므로, 그릇된 허상인 색의 상태와 공의 상태가 다르지 않고, 공의 상태와 색의 상태가 다르지 않은 것이다. 따라서 색의 상태가 곧 공의 상태요. 공의 상태가 곧 색의 상태가 되는 것이니라. 수상행식의 경우에도 그러하니, 그릇된 허상인 수상행식의 상태와 공의 상태가 다르지 않고, 공의 상태와 수상행식의 상태가 다르지 않은 것이다. 따라서 수상행식의 상태가 곧 공의 상태요. 공의 상태가 곧 수상행식의 상태가 되는 것이니라.
舍利子(사리자) **사리자여!**	사리자야,
是諸法空相 不生不滅 不垢不淨 不增不減(시제법공상 불생불멸 불구부정 부증불감) **모든 법은 공하여 나지도 멸하지도 않으며, 더럽지도 깨끗하지도 않으며, 늘지도 줄지도 않느니라.**	이와 같이 모든 존재의 본래 모습인 실상이 드러나게 되는 공의 상태는 그릇된 허상이 몸과 마음에서 완전히 사라져 텅비어진 청정한 모습이라, 그릇된 허상이 사라져 생겨나지 아니하니 없어지는 일도 일어나지 아니하고, 청정하여 더러워지지 아니하니 깨끗해지는 일도 일어나지

	아니하며, 텅비어 늘어나지 아니하니 줄어드는 일도 일어나지 아니하는 있던 그대로의 변함없는 모습인 것이니라.
是故 空中無色 無受想行識 無眼耳鼻舌身意 無色聲香味觸法 無眼界 乃至 無意識界(시고 공중 무색 무수상행식 무안이비설신의 무색성향미촉법 무안계 내지 무의식계) 그러므로 공 가운데는 색이 없고 수 상 행 식도 없으며, 안 이 비 설 신 의도 없고, 색 성 향 미 촉 법도 없으며, 눈의 경계도 의식의 경계까지도 없고,	이러한 까닭에 공의 상태에서는 그릇된 허상을 일어나게 하는 색의 작용도 수상행식의 작용도 없게 되고, 이렇게 오온의 작용이 없게 되니 감각정보를 수집하여 오온에 전달하는 감각기관인 안(눈), 이(귀), 비(코), 설(혀), 신(피부), 의(뇌)의 육근이 작용하는 일도 없게 되며, 육근의 작용이 없게 되니 육근이 접촉하는 감각대상인 색(형태), 성(소리), 향(냄새), 미(맛), 촉(촉감), 법(생각)의 육경에 대한 감각정보도 없게 되므로, 그 감각정보를 인식하는 작용인 안식, 이식, 비식, 설식, 신식, 의식의 육식도 없게 되어, 인식이 이루어지는 안계부터 의식계까지의 열여덟 가지 역할 영역인 십팔계의 작용이 모두 없게 되는 것이니라.
無無明 亦無無明盡 乃至 無老死 亦無老死盡(무무명 역무무명진 내지 무노사 역무노사진)	이렇게 인식이 이루어지는 열여덟 가지 역할 영역인 십팔계의 작용이 모두 없게 되니, 탐진치

무명도 무명이 다함까지도 없으며, 늙고 죽음도 늙고 죽음이 다함까지도 없고,	번뇌로 인한 그릇된 상상이나 연상이나 회상 등의 망상이 오온에 작용하여 일어나는 그릇된 인식이 생겨나는 일이 없게 되고, 그릇된 인식이 생겨나는 일이 없게 되니 그릇된 인식이 만들어내는 현상인 그릇된 허상이 만들어지지 않게 되고, 그릇된 허상이 만들어지지 않게 되니 그릇된 허상에 어리석게 집착하게 하여 고통을 일어나게 하는 무명도 없게 되고, 무명이 없게 되니 무명이 계속해서 작용하는 일 또한 없게 되어, 무명이 계속해서 작용해 고통을 일어나게 하는 열두 과정인 십이연기의 무명에서부터 늙고죽음까지의 과정도 없게 되고, 이렇게 무명에서부터 늙고죽음까지의 열두 과정이 모두 없게 되니, 무명에서부터 늙고죽음까지의 열두 과정이 계속해서 반복되는 윤회 또한 없게 되어, 탐진치 번뇌와 고통에서 완전히 벗어나 해탈하여 열반에 이르게 되는 것이니라.
無苦集滅道 無智亦無得(무고집멸도 무지역무득)	이와 같이 공의 상태가 되면 십이연기가 일어나지 않아 탐진치 번뇌와 고통에서 완전히 벗어

고 집 멸 도도 없으며, 지혜도 얻음도 없느니라.	나 해탈하여 열반에 이르게 되므로, 고통의 원인을 소멸하여 고통을 없애는 고집멸도의 4가지 성스러운 진리인 사성제도 더 이상 필요가 없게 되고, 사성제도 필요가 없게 되니 탐진치 번뇌와 고통을 없앨 수 있는 더 이상의 지혜도 더 얻어야 할 그 무엇도 필요가 없게 되는 것이니라.
以無所得故 菩提薩埵 依般若波羅蜜多故(이무소득고 보리살타 의반야바라밀다고) **얻을 것이 없는 까닭에 보살은 반야바라밀다를 의지하므로**	따라서 반야바라밀다 수행 방법인 조견을 통해 이르게 되는 공의 상태에서는 탐진치 번뇌와 고통에서 완전히 벗어나 해탈하여 열반에 이르게 되므로 탐진치 번뇌와 고통을 없애기 위한 그 밖의 더 얻을 것이 없는 까닭에, 보살은 반야바라밀다 수행 방법에 의지하여 해탈의 지혜를 완성해가는 것이니라.
心無罣礙 無罣礙故 無有恐怖 遠離顛倒夢想 究竟涅槃(심무가애 무가애고 무유공포 원리전도 몽상 구경열반) **마음에 걸림이 없고 걸림이 없으므로 두려움이 없어서, 뒤바뀐 헛된 생각을 멀리 떠나 완전한 열반에 들어가며,**	이렇게 반야바라밀다 수행 방법에 의지하여 수행을 하는 까닭에, 보살은 무지와 무명의 어리석음에서 벗어나게 되어 그 어리석음 때문에 생긴 탐진치 번뇌가 사라지게 되고, 탐진치 번뇌가 사라지게 되니 탐진치 번뇌로 인한 그릇된 인식으로 생겨난 허상이 사라진 공의 상태

	에 이르게 되며, 공의 상태에서는 허상에 대한 집착이 없으므로 마음에 아무런 걸림이 없게 되어 자유로와지게 되고, 마음에 아무런 걸림이 없게 되니 병이나 죽음 등의 모든 공포심도 없게 되어 평화로와지게 되며, 허상으로 인한 망령되고 헛된 몽상과도 같은 그릇된 생각도 멀리 사라지게 되어, 마침내 사바세계의 탐진치 번뇌와 고통에서 완전히 벗어나 해탈하여 열반에 이르게 되는 것이니라.
三世諸佛 依般若波羅蜜多故 得阿耨多羅三藐三菩提(삼세제불 의반야바라밀다고 득아뇩다라삼먁삼보리) **삼세의 모든 부처님도 반야바라밀다를 의지하므로 최상의 깨달음을 얻느니라.**	뿐만 아니라 과거와 현재와 미래의 모든 부처님도 역시 반야바라밀다 수행 방법에 의지하는 까닭에 가장 높고 완전한 바른 깨달음인 아뇩다라삼먁삼보리를 얻게 되는 것이니라.
故知 般若波羅蜜多 是大神呪 是大明呪 是無上呪 是無等等呪 能除一切苦 眞實不虛(고지반야바라밀다 시대신주 시대명주 시무상주 시무등등주 능제일체고 진실불허) **반야바라밀다는 가장 신비하고 밝은 주문이며 위없는 주문이며**	그러므로 반야바라밀다 수행 방법은 마치 가장 신령하고, 가장 밝으며, 더 이상 위도 없고, 무엇과도 비교할 수 없는 전능한 주문과도 같아서, 능히 본래의 모습인 실상을 드러나게 하고 그릇된 모습인 허상을 사라지게 하여 일체의 모든 고통을 없애

무엇과도 견줄 수 없는 주문이니, **온갖 괴로움을 없애고 진실하여 허망하지 않음을 알지니라.**	주는 효능이 있음을 잘 알아야 하느니라.
故說 般若波羅蜜多呪 卽說呪曰 (고설 반야바라밀다주 즉설주왈) **이제 반야바라밀다주를 말하리라.**	이에 탐진치 번뇌와 고통에서 벗어날 수 있는 해탈의 지혜를 완성해가는 반야바라밀다 수행 방법을 잘 알고 실천하여 반드시 해탈의 지혜를 완성해 완전한 깨달음을 이룰 수 있기를 모든 중생이 간절히 염원하도록 하는 내용을 담은 반야바라밀다 주문을 말해주려 하나니 다 같이 소리 내어 따라 하기 바라노라.
揭諦揭諦 波羅揭諦 波羅僧揭諦 菩提 娑婆訶(아제아제 바라아제 바라승아제 모지 사바하) **아제아제 바라아제 바라승아제 모지 사바하**	아제아제 바라아제 바라승아제 모지 사바하 (가자 가자! 반야바라밀다 수행으로 탐진치 번뇌와 고통에서 벗어나 자유와 평화와 행복의 피안의 세계로 가자! 해탈의 지혜를 완성하여 완전히 피안의 세계로 가는 깨달음을 이루자! 반드시!)

⟨참고문헌⟩

1. 『부처님의 생애』, 대한불교조계종 교육원 부처님의 생애 편찬위원회, 조계종출판사 2010.1.22.
2. 『반야심경』, 이기영 번역·해설, (사)한국불교연구원 1997.1.5.
3. 『반야심경』, 권영한 편역, 전원문화사 2000.4.10.
4. 『반야심경에서 찾아낸 108가지 성공비법』, 황태호 지음, 찬섬 2001.4.20.
5. 『왕초보 반야심경 박사 되다』 김명우 지음, 민족사 2011.3.25.
6. 『반야심경, 무슨 말을 하고 있나』, 관정 지음, 알아차림 2022.5.1.
7. 『반야심경 역해』, 김사철·황경환 지음, 김영사 2023.2.27.
8. 『더 시크릿(The Secret)』, 론다 번 지음, (주)살림출판사 2008.1.15.
9. 『물은 답을 알고 있다』, 에모토 마사루 지음, 더난콘텐츠 2008.3.27
10. 『단기연호 이젠 복원되어야 한다』, 고덕원 지음, 부연사 2012.9.25.
11. 『동양고전신서 논어』, 박일봉 역저, 육문사 1989.11.25.

※ 그 밖에도 인터넷 등에 올라와 있는 많은 분들의 글과 자료들이 큰 도움이 되었습니다. 진심으로 감사드립니다.

보물 반야심경

발 행 일   불기 2568년(단기 4357년, 서기 2024년) 10월 3일 초판 1쇄
지 은 이   전상억
발 행 인   전효정
편   집   전효정
관리총괄   전윤정

발 행 처   글빛향기
출판 등록   제2023-000030호
주   소   인천광역시 중구 햇내로 28번길 12
           더예스클라우드 B동 618호(운서동)
전   화   010-9507-5199
이 메 일   novemberfirth@gmail.com

ISBN   979-11-989246-0-5 03220
가 격   23,000원

※ 이 책의 주문은 위의 전화나 이메일로 요청해 주시면 감사하겠습니다.
※ 이 책의 내용은 저자의 동의를 얻어 사용할 수 있음을 알려드립니다.